Rechtsrahmen der Cybersicherheit und Privatheit

Reihe herausgegeben von

*Annika Selzer, ATHENE, Fraunhofer-Institut für Sichere Informationstechnologie,
Darmstadt, Deutschland*

In dieser Reihe erscheinen Konferenzbände, Herausgeberwerke und Dissertationen des Nationalen Forschungszentrums für angewandte Cybersicherheit ATHENE im Themenschwerpunkt "Rechtsrahmen der Cybersicherheit und Privatheit".

Annika Selzer
(*Hrsg.*)

Aktuelle Entwicklungen des Rechtsrahmens der Cybersicherheit und Privatheit

Sammelband zur
ATHENE-Konferenz 2025 in Darmstadt

Hrsg.
Annika Selzer
Nationales Forschungszentrum für
angewandte Cybersicherheit ATHENE
Fraunhofer-Institut für Sichere
Informationstechnologie
Darmstadt, Deutschland

ISSN 3059-4243   ISSN 3059-4251   (electronic)
Rechtsrahmen der Cybersicherheit und Privatheit
ISBN 978-3-658-49639-5   ISBN 978-3-658-49640-1   (eBook)
https://doi.org/10.1007/978-3-658-49640-1

Die Deutsche Nationalbibliothek verzeichnet diese Publikation in der Deutschen Nationalbibliografie; detaillierte bibliografische Daten sind im Internet über https://portal.dnb.de abrufbar.

Fraunhofer-Institut für Sichere Informationstechnologie

© Der/die Herausgeber bzw. der/die Autor(en), exklusiv lizenziert an Springer Fachmedien Wiesbaden GmbH, ein Teil von Springer Nature 2025

Dieses Buch ist eine Open-Access-Publikation.
Open Access Dieses Buch wird unter der Creative Commons Namensnennung - Nicht kommerziell - Keine Bearbeitung 4.0 International Lizenz (http://creativecommons.org/licenses/by-nc-nd/4.0/deed.de) veröffentlicht, welche die nicht-kommerzielle Nutzung, Vervielfältigung, Verbreitung und Wiedergabe in jeglichem Medium und Format erlaubt, sofern Sie den/die ursprünglichen Autor*in(nen) und die Quelle ordnungsgemäß nennen, einen Link zur Creative Commons Lizenz beifügen und angeben, ob Änderungen vorgenommen wurden. Die Lizenz gibt Ihnen nicht das Recht, bearbeitete oder sonst wie umgestaltete Fassungen dieses Werkes zu verbreiten oder öffentlich wiederzugeben.
Die in diesem Buch enthaltenen Bilder und sonstiges Drittmaterial unterliegen ebenfalls der genannten Creative Commons Lizenz, sofern sich aus der Abbildungslegende nichts anderes ergibt. Sofern das betreffende Material nicht unter der genannten Creative Commons Lizenz steht und die betreffende Handlung nicht nach gesetzlichen Vorschriften erlaubt ist, ist auch für die oben aufgeführten nicht-kommerziellen Weiterverwendungen des Materials die Einwilligung des/der betreffenden Rechteinhaber*in einzuholen.
Das Werk einschließlich aller seiner Teile ist urheberrechtlich geschützt. Jede kommerzielle Verwertung, die nicht ausdrücklich vom Urheberrechtsgesetz zugelassen ist, bedarf der vorherigen Zustimmung des/der Autor*in und ggf. des/der Herausgeber*in. Das gilt insbesondere für Vervielfältigungen, Bearbeitungen, Übersetzungen, Mikroverfilmungen und die Einspeicherung und Verarbeitung in elektronischen Systemen. Der Verlag hat eine nicht-exklusive Lizenz zur kommerziellen Nutzung des Werkes erworben.
Die Wiedergabe von allgemein beschreibenden Bezeichnungen, Marken, Unternehmensnamen etc. in diesem Werk bedeutet nicht, dass diese frei durch jede Person benutzt werden dürfen. Die Berechtigung zur Benutzung unterliegt, auch ohne gesonderten Hinweis hierzu, den Regeln des Markenrechts. Die Rechte des/der jeweiligen Zeicheninhaber*in sind zu beachten.
Der Verlag, die Autor*innen und die Herausgeber*innen gehen davon aus, dass die Angaben und Informationen in diesem Werk zum Zeitpunkt der Veröffentlichung vollständig und korrekt sind. Weder der Verlag noch die Autor*innen oder die Herausgeber*innen übernehmen, ausdrücklich oder implizit, Gewähr für den Inhalt des Werkes, etwaige Fehler oder Äußerungen. Der Verlag bleibt im Hinblick auf geografische Zuordnungen und Gebietsbezeichnungen in veröffentlichten Karten und Institutionsadressen neutral.

Shutterstock_2057476499

Springer Vieweg ist ein Imprint der eingetragenen Gesellschaft Springer Fachmedien Wiesbaden GmbH und ist ein Teil von Springer Nature.
Die Anschrift der Gesellschaft ist: Abraham-Lincoln-Str. 46, 65189 Wiesbaden, Germany

Wenn Sie dieses Produkt entsorgen, geben Sie das Papier bitte zum Recycling.

Vorwort

Sehr geehrte Leser*innen,
in unserer hoch digitalisierten Welt gewinnt der Rechtsrahmen der Cybersicherheit und Privatheit stetig an Bedeutung. Immer neue technologische Entwicklungen eröffnen einerseits Chancen für Innovation, Fortschritt und Wachstum, bergen andererseits aber auch Risiken für technische Infrastrukturen, natürliche Personen und Organisationen. Eine zentrale Herausforderung des digitalen Zeitalters für die Rechtswissenschaften besteht daher darin, einen rechtlichen Rahmen zu schaffen, der einerseits Innovationen fördert, ohne andererseits den Schutz der Privatheit und Cybersicherheit zu vernachlässigen.

Diese Balance zwischen einerseits Innovationsförderung und andererseits Privatheit und Cybersicherheit spiegelt sich auch in der rasanten Entwicklung der Europäischen und nationalen Gesetzgebung wider. So normieren unter anderem die DSGVO, die KI-VO, der CRA sowie die NIS-2-Richtlinie mit ihrer nationalen Umsetzung ein hohes Maß an Privatheit und Cybersicherheit. Doch die Geschwindigkeit des technologischen Fortschritts mit ihren immer kürzer werdenden Entwicklungszeiträumen und immer weiteren Möglichkeiten der Datenverknüpfbarkeit und -auswertbarkeit bleiben eine große Herausforderung für das Recht: Mehr als je zuvor gilt es daher, den technischen Fortschritt durch einen (möglichst) technikneutralen, flexiblen und zukunftsfähigen Rechtsrahmen zu gestalten, in dem Innovationen nicht nur ermöglicht sondern gefördert werden, ohne dabei den Schutz der Gesellschaft zu gefährden.

Der vorliegende Sammelband bündelt wissenschaftliche Beiträge zu diesem dynamischen Themenfeld. In den Beiträgen stellen die Autor*innen verschiedene aktuelle Themenschwerpunkte dar, die sich an der Schnittstelle zwischen Innovation, Cybersicherheit und Datenschutz bewegen. Sie beleuchten aktuelle Rechtsentwicklungen, zeigen derzeitige und zukünftige Problemfelder auf und geben (erste) Lösungsansätze, wie der Rechtsrahmen der Cybersicherheit und Privatheit zukunftsfähig gestaltet werden kann.

Herzliche Grüße
Annika Selzer
Fraunhofer SIT | ATHENE
Rheinstraße 75, 64295
Darmstadt, Deutschland

Danksagung

Unser Dank gilt zunächst dem Bundesministerium für Bildung und Forschung (BMBF) und dem Hessischen Ministerium für Wissenschaft und Kunst (HMWK), die den vorliegenden Sammelband im Rahmen ihrer gemeinsamen Förderung für das Nationale Forschungszentrum für angewandte Cybersicherheit ATHENE unterstützt haben.

Der vorliegende Sammelband enthält sowohl eingereichte als auch eingeladene Beiträge. Vor diesem Hintergrund danken wir unserem Programmkomitee für die Bewertung der eingereichten Beiträge sowie die Entscheidung über den besten eingereichten Beitrag – vielen Dank an Prof. Dr. Felix Hermonies, Prof. Dr. Katharina Kaesling, Prof. Dr. Dennis-Kenji Kipker, Prof. Dr. Steffen Kroschwald, Prof. Dr. Paulina Pesch, Prof. Dr. Domenik H. Wendt und Prof. Dr. Thomas Wilmer.

Schließlich danken wir der NOTOS Xperts GmbH, Darmstadt, für die Bereitstellung des Preisgeldes des unter den eingereichten Beiträgen vergebenen Best-Paper-Awards.

Inhaltsverzeichnis

Datenschutz in Metaversen 1
Ines Geissler und Lisa Schlindwein
1 Metaversen im Kurzüberblick 1
2 Vor- und Nachteile von Metaversen 1
3 Datenschutzrechtliche Verantwortlichkeit in Metaversen 3
4 Rechtmäßigkeit der Datenverarbeitung in Metaversen 6
5 Fazit 8
Literatur. 9

Von der Theorie zur Umsetzung: Die Datenschutzvorsorge im Planspiel und der Weg zur standardisierten Dokumentation 11
Alina Forina und Ines Geissler
1 Einleitung 11
2 Unvorhersehbare und unplanbare Datenverarbeitungen in der Praxis 12
3 Datenschutz-Vorsorge als Lösung 15
4 Erste exemplarische Umsetzung der DS-V 17
5 Dokumentationsvorschlag der DS-V 18
6 Fazit 20
Literatur. 21

Same Same but Different? 23
Dominik Appelt
1 Zwei Verordnungen, ein Prinzip. 23
2 Anwendungsbereich. 24
3 Risikobasierter Ansatz 26
4 Fazit 29
Literatur. 31

KI in der Personalauswahl: Rechtliche Anforderungen vereinen 33
Marina Steenbergen
1 KI und Diskriminierung in der Personalauswahl 33
2 Rolle der Arbeitgeber 34
3 Risikobasierte Vorgehensweise 35
4 Vereinbarkeit resultierender Pflichten 42
5 Fazit 49
Literatur. 50

KI-generierte, Verarbeitungskontext-spezifische Mitarbeiterschulungen zum Datenschutz als Ausprägung der angemessenen Umsetzung datenschutzrechtlicher Pflichten 53
Annika Selzer, Veronika Kurchyna, Jan Ole Berndt und Ingo J. Timm
1 Datenschutzschulungen in kleinen Unternehmen 53
2 KI-generierte Schulungsinhalte und deren KI-basierter Kontrolle 54
3 Angemessenheit KI-generierter Schulungsinhalte 58
4 Fazit 64
Literatur 64

Cybersicherheitsforschung im Spannungsfeld des Strafrechts – Überblick über bisherige Rechtsprechung zu einschlägigen strafrechtlichen Normen 66
Jessica Kriegel
1 Einleitung 66
2 Methodik 67
3 Überblick über die Entscheidungen 68
4 Fazit 89
Literatur 91

Globale Tendenzen in nationalen Cybersicherheitsstrategien: Ein Leitfaden für die Strategieentwicklung 92
Tanya Gärtner
1 Einleitung 92
2 Gang der Untersuchung 92
3 Wissenschaftlicher Kontext 93
4 Analyse häufig vorkommender Themenschwerpunkte 94
5 Schlussfolgerung 105
Literatur 107

Einordnung wesentlicher und wichtiger Einrichtungen nach der NIS-2-Richtlinie – eine Betrachtung mit Schwerpunkt auf dem Energiesektor 109
Mark Joshua Hardt
1 Einleitung 109
2 Anwendungsbereich der NIS-2-RL 110
3 Wesentliche und wichtige Einrichtungen als Adressaten der NIS-2-RL 115
4 Umsetzung der NIS-2-RL nach nationalem Recht 119
5 Fazit 124
Literatur 125

Ansätze zur Unterstützung eines hohen Cybersicherheitsniveaus im Energiesektor: Teilautomatisierte Verifizierung von Vorgaben des (geplanten) NIS-2-Umsetzungs- und Cybersicherheitsstärkungsgesetzes................................ 127
Soni Wadud Bakhtawer Rathore
1 Cybersicherheit als Herausforderung des Energiesektors 127
2 Metrikensystem als Hilfestellung für den Energiesektor............... 128
3 Fazit 153
Literatur... 153

Datenschutz in Metaversen

Ines Geissler und Lisa Schlindwein(✉)

Fraunhofer SIT und ATHENE, Darmstadt, Deutschland
{ines.geissler,lisa.schlindwein}@sit.fraunhofer.de

1 Metaversen im Kurzüberblick

Mit der fortschreitenden Digitalisierung gewinnen Metaversen zunehmend an Popularität. Bei Metaversen handelt es sich um virtuelle Umgebungen, die es Nutzern erlauben, in eine immersive, interaktive Welt einzutauchen, die oft durch Augmented Reality oder Virtual Reality ermöglicht wird. Grundsätzlich lassen sich alle Aktivitäten aus dem analogen Leben auch in Metaversen abbilden, sodass Menschen mithilfe von Avataren in diesen virtuellen Umgebungen z. B. arbeiten, spielen oder sich weiterbilden können.[1]

In diesem Zusammenhang wird eine Unmenge an Daten durch verschiedene Akteure verarbeitet. Neben dem Anbieter eines Metaverses selbst können u. a. auch Unternehmen, die ihre Produkte und Dienstleistungen in Metaversen anbieten oder sonstige Akteure wie Gesundheitsämter, Krankenkassen und Strafverfolgungsbehörden, personenbezogene Daten betroffener Personen erheben. Während Metaverse-Dienstanbieter i. d. R. personenbezogene Daten verarbeiten, um betroffenen Personen Dienstleistungen – wie z. B. die Teilnahme an einer in einem Metaverse durchgeführten Schulung – anbieten zu können, nutzen die letztgenannten drei Akteure die aus Metaversen gewonnenen Daten bspw., um Vorhersagen für Pandemien zu treffen, Leistungen anzubieten oder zu verwehren sowie zur Verhinderung von Straftaten.[2]

2 Vor- und Nachteile von Metaversen

2.1 Vorteile

Metaversen bieten Menschen zunächst die Chance, sich in einem virtuellen gemeinsamen Raum mit anderen Menschen auf der ganzen Welt zu vernetzen und in

---

[1] Geissler, Rechtlicher Schutz im Metaverse, INFORMATIK 2024, S. 109; Kaulartz/Schmid/Müller-Eising, RDi 2022, S. 521 f.
[2] Geissler, Rechtlicher Schutz im Metaverse, S. 109 f.; Garavand/Aslani, Metaverse phenomenon and its impact on health, Informatics in Medicine Unlocked 2022, 23, S. 1, 3; Martini/Botta, MMR 2023, S. 897.

© Der/die Autor(en) 2026
A. Selzer (Hrsg.): Aktuelle Entwicklungen des Rechtsrahmens der Cybersicherheit und Privatheit, P. 1–10. https://doi.org/10.1007/978-3-658-49640-1_1

computergenerierten, virtuellen Umgebungen wie Cafés, Restaurants und Bildungseinrichtungen in Echtzeit miteinander zu interagieren. So ergeben sich neue Möglichkeiten der Freizeitgestaltung und im Bereich der Unterhaltung, insbesondere in Bezug auf Gaming, virtuelle Konzerte sowie virtuelle Kinobesuche. Doch nicht nur für Menschen ergeben sich in Metaversen Vorteile: Die COVID-19-Pandemie hat das Wachstum virtueller Erfahrungen beschleunigt. Viele Branchen erkunden das Potenzial der Metaversen und es entstehen neue Arten von elektronischem Handel und Produktion. Menschen sehen virtuelle Räume als gleichwertig zu realen Räumen an, sodass Erfahrungen in der virtuellen Welt (wie z. B. im Bereich des eSports) weiter an Bedeutung gewinnen werden. Auch können die virtuellen Repräsentanten der Metaverse-Nutzer in Form von Avataren virtuelle Produkte kaufen, was ebenfalls ein großes wirtschaftliches Potenzial für in Metaversen agierende Unternehmen darstellt. Darüber hinaus können in Metaversen u. a. umfangreiche Produktionsprozesse simuliert werden, um sie zunächst virtuell und sodann in der analogen Realität zu optimieren, was Unternehmen zu Kosteneinsparungen verhelfen kann. Des Weiteren können über Metaversen auch umfangreiche Weiterbildungsmöglichkeiten angeboten werden, die sowohl den privaten Bereich (z. B. Teilnahme an einem virtuellen Workshop zur Gesundheitsvorsorge) als auch den beruflichen Bereich (z. B. Teilnahme an einem in Metaversen abgehaltenen Workshop über eine Programmiersprache) betreffen können. Metaversen bieten somit neue Arbeitsbedingungen und verändern zugleich gesellschaftlich relevante Bereiche, wie etwa den Gesundheitssektor, Bildung, politische Teilhabe und öffentliche Dienste. Diese Möglichkeiten treiben die Tech-Industrie an, Produkte und Dienstleistungen für Metaversen zu entwickeln und es scheint, dass die Weiterentwicklung von Metaversen ein unvermeidlicher Schritt mit Hinblick auf die Konvergenz von Mensch und Technologie sein wird.[3]

2.2 Nachteile

Neben den Möglichkeiten, die Metaversen bieten, bestehen zahlreiche Risiken, insbesondere hinsichtlich des Datenschutzrechts und der Ethik. Zunächst besteht die Gefahr der fehlenden Transparenz: in Metaversen können eine Vielzahl an Stellen personenbezogene Daten verarbeiten (neben dem Metaverse-Anbieter auch zahlreiche Unternehmen, die über die Metaverse-Plattform des Metaverse-Anbieters Dienste wie z. B. das Veranstalten von virtuellen Workshops, das Einrichten eines virtuellen Kaufhauses oder die Organisation eines virtuellen Konzerts anbieten). Die jeweiligen Plattformen können Unmengen an personenbezogenen Daten ihrer Nutzer sammeln, die auch besonders sensibel sein können. Dazu gehören Daten über den Standort, das Verhalten, die Interessen und Vorlieben, in Interaktionen mit anderen Metaverse-Nutzern preisgegebene Informationen zum Gesundheitszustand, zur sexuellen Orientierung oder zur politischen Einstellung, aber auch zum Teil Stimmdaten, etwa wenn

---

[3] Geissler, Leben in Metaversen und im Virtual Afterlife, INFORMATIK 2023, S. 512; Bossmann, Das Metaverse: Schöne neue Zukunft oder Datenschutz-Albtraum?, 2022, S. 59 ff.; Bitkom e. V., Wegweiser in das Metaverse, 2022, S. 30, 69; Neuburger, Arbeiten in und mit dem Metaverse, Wissensmanagement 4, 6, 2022, S. 17.

Avatare miteinander kommunizieren. Dabei handelt es sich um besondere Kategorien personenbezogener Daten i. S. d. Art. 9 DSGVO, deren Verarbeitung aufgrund ihrer Sensibilität einem besonders hohen Schutzbedarf unterliegt. Dieser Umstand beruht auf der Tatsache, dass die Verarbeitung bestimmter Arten personenbezogener Daten mit einem erhöhten Risiko für die Verletzung der Rechte betroffener Personen verbunden ist. Durch die Vielzahl der datenverarbeitenden Stellen kann es zu fehlender Transparenz für betroffene Personen kommen, da diese nicht überblicken können, wer ihre personenbezogenen Daten verarbeitet. Da für die Datenverarbeitung Verantwortliche die Anforderungen aus der DSGVO auch in Metaversen erfüllen müssen, muss folglich auch im Zusammenhang mit der Datenverarbeitung in Metaversen Transparenz geschaffen werden. Dies ist jedoch aufgrund der Masse an Verarbeitungskontexten, datenverarbeitenden Stellen und Produkten in Metaversen höchst problematisch, sodass für die in Metaversen agierenden natürlichen Personen das Risiko besteht, nicht einschätzen zu können, welche Stellen über welche Daten von ihnen verfügen und diese verarbeiten. Dieser Umstand kann zu Unsicherheiten bei natürlichen Personen und zu Hemmungen in ihrem Verhalten führen, sodass sie sich in ihrer Persönlichkeit einschränken. Außerdem führt diese fehlende Transparenz dazu, dass betroffene Personen nicht die Möglichkeit haben, ihre Rechte geltend zu machen, weil ihnen mögliche Rechtsverstöße nicht bekannt sind.[4]

Aus ethischer Sicht ergibt sich das Risiko, dass Menschen aus ihrem Alltag in die virtuelle Welt flüchten und sich dort ein ideales Selbst und ein ideales Leben aufbauen und kaum noch am Leben in der analogen Welt teilnehmen. Dies kann gesundheitliche Schäden verursachen und sich negativ auf das soziale Leben auswirken und den Verlust des Freundeskreises oder sogar den Verlust des Arbeitsplatzes bedeuten.[5]

3 Datenschutzrechtliche Verantwortlichkeit in Metaversen

3.1 Anbieter von Metaversen

Im folgenden Abschnitt wird die datenschutzrechtliche Verantwortlichkeit der unterschiedlichen Akteure in Metaversen betrachtet. Diese hängt von der spezifischen Rolle und den Aufgaben dieser ab. Ein Plattformanbieter stellt die Infrastruktur und Technologie bereit, die es den Nutzern ermöglicht, in der virtuellen Welt zu agieren. Dazu gehören bspw. die Server, die die Verbindung zwischen den Nutzern aufrechterhalten, die Software, die für die Erstellung und Verwaltung von Avataren verwendet wird, sowie die Schnittstellen, über die die Nutzer mit den Metaversen interagieren können. In einem zentral strukturiertem Metaverse kommt dem Plattformanbieter die Rolle des datenschutzrechtlich Verantwortlichen i. S. d. Art. 4 Nr. 7 DSGVO zu. Der

---

[4] Geissler, Metaversen und Virtual Afterlife, S. 512 f.; Gola/Heckmann, DSGVO BDSG, 2022, Art. 5 DSGVO, Rn. 12; BVerfG, Urteil vom 15.12.1983, 1 BvR 209/83, S. 33; Bender-Paukens/Werry, ZD 2023, S. 129; Bitkom e. V., Wegweiser in das Metaverse, S. 29 f.

[5] Geissler, Metaversen und Virtual Afterlife, S. 513; Savin-Baden/Mason-Robbie, Digital Afterlife, 2020, S. 161 ff.

Plattformanbieter entscheidet sowohl über die Zwecke als auch über die Mittel der Datenverarbeitung, z. B. darüber, welche Daten zur Registrierung erforderlich sind, welche Funktionalitäten die Plattform enthalten kann und mit welchen Schutzmaßnahmen den Risiken für die Rechte und Freiheiten der betroffenen Personen begegnet wird. Für Teile seines Metaverse-Angebots könnte der Plattformanbieter jedoch mit anderen Stellen gemeinsam verantwortlich sein (s. u.).[6]

3.2 Dienstanbieter in Metaversen

Organisationen können in Metaversen Dienste anbieten. So können etwa Events in Metaversen veranstaltet sowie virtuelle Gegenstände zum Kauf angeboten werden. Diese Organisationen können dabei als datenschutzrechtlich Verantwortliche gem. Art. 4 Nr. 7 DSGVO handeln. Während der Nutzung von Metaversen verarbeiten diese Organisationen regelmäßig personenbezogene Daten der in den Metaversen agierenden Personen. Dazu gehören bspw. Anmeldedaten im Rahmen einer Anmeldung zu einem Workshop. Für diese Datenverarbeitungen entscheiden sie über Zwecke und Mittel.[7]

In Metaversen kann es allerdings auch vorkommen, dass mehrere Stellen an einer personenbezogenen Datenverarbeitung beteiligt sind. So ist es bspw. möglich, dass sich mehrere virtuelle Einzelhändler zu einem virtuellen Kaufhaus zusammenschließen und bspw. ein gemeinsames Treuepunktesystem anbieten. In diesem Fall entscheiden alle virtuellen Einzelhändler gemeinsam über die Zwecke und Mittel der Datenverarbeitung des Treuepunktsystems und sind somit hierfür gem. Art. 26 DSGVO gemeinsam verantwortlich, während sie für die sonstigen Datenverarbeitungen ihres Einzelhandels in Metaversen nicht mit den anderen Einzelhändlern gemeinsam verantwortlich sind.[8]

Organisationen können als Nutzer jedoch auch eine gemeinsame datenschutzrechtliche Verantwortlichkeit mit dem Plattformanbieter eingehen. Zwischen Organisationen als Nutzer sowie einem Plattformanbieter bestehen Parallelen zu dem Sozialen Netzwerk Facebook sowie den durch Organisationen betriebenen Facebook-Fanpages. Hierbei stellt Facebook die Plattform bereit und Organisationen können innerhalb der Plattform über ihre Fanpages eigene Dienste wie bspw. Umfragen, Marktanalysen oder Informationsaufbereitung anbieten. In diesem Zusammenhang werden Facebook weitere personenbezogene Daten der Nutzer bekannt, ohne dass

---

[6] Geissler, Datenschutzrechtliche Rollen in Metaversen und im virtuellen Weiterleben, INFORMATIK 2023, P337, 2023: S. 499; Bossmann, Metaverse: Zukunft oder Datenschutz-Albtraum?, S. 103 ff.; Kaulartz/Schmid/Müller-Eising, Metaverse: Rechtliche Einführung, S. 526; Bitkom e. V., Wegweiser in das Metaverse, S. 56 f.

[7] Geissler, Datenschutzrechtliche Rollen in Metaversen, S. 451; Sury, Metaverse – parallele Welt(en), Informatik Spektrum 45, 6, 2022, S. 407 f.; Bender-Paukens/Werry, Datenschutz im Metaverse, S. 129; Bitkom e. V., Wegweiser in das Metaverse, S. 29.

[8] Geissler, Datenschutzrechtliche Rollen in Metaversen, S. 451; Vernaza/Armuelles/Ruiz, Towards to an open and interoperable virtual learning environment using Metaverse at University of Panama, Technologies Applied to Electronics Teaching, 2012, S. 320 ff.

die Betreiber der Fanpages dies beeinflussen können. Bei diesen Fanpages werden durch Facebook personenbezogene Daten der Fanpage-Besucher verarbeitet, während die Fanpage-Inhaber unter Umständen lediglich aggregierte Statistiken erhalten. Facebook-Fanpage-Inhaber sind laut einer EuGH-Entscheidung mit Facebook gemeinsam verantwortlich. In Metaversen ist dies ähnlich: Organisationen können als Nutzer ihre Dienste innerhalb einer Metaverseplattform anbieten. So ist jeder virtuelle Einzelhändler wie eine Fanpage zu betrachten, durch den es dem Plattformanbieter ermöglicht wird, mehr Informationen über die betroffenen Personen zu erhalten. Dieser Parallele folgend wird hier die Meinung vertreten, dass auch der Plattformanbieter gem. Art. 26 DSGVO gemeinsam mit den Organisationen datenschutzrechtlich verantwortlich ist.[9]

3.3 Gesundheitsämter, Krankenkassen und Strafverfolgungsbehörden als Dienstnutzer in Metaversen

Des Weiteren können Organisationen in Metaversen auftreten, um die dort zugänglichen Daten zu nutzen. Dies kann besonders interessant für Krankenkassen, Gesundheitsämter, Krankenhäuser und ähnliche Institutionen sein, die Daten der Nutzer, die sie selbst z. B. über ihren aktuellen Gesundheitszustand und Symptome preisgeben, in Metaversen analysieren, um bspw. Pandemien vorherzusagen, Krankheitsverläufe zu untersuchen oder Versicherungsleistungen zu begünstigen oder zu verwehren. Auch Datenzugriffe, -auswertungen und -verknüpfungen durch staatliche Stellen wie z. B. Strafverfolgungsbehörden sind denkbar und werden zum Teil bereits vorbereitet. Strafverfolgungsbehörden könnten bspw. per Beobachtung von Avataren auffällige Verhaltensmuster erkennen und so Straftaten aufdecken oder gar verhindern. Die vorgenannten Stellen erheben diese Daten i. d. R. zu eigenen Zwecken und mit von ihnen selbst gewählten Mitteln, sodass sie für derartige Datenverarbeitungen datenschutzrechtlich verantwortlich sind. Anders als bei Facebook-Fanpages entscheiden diese Organisationen selbst über die Zwecke und Mittel der Verarbeitung und nutzen die Metaversen lediglich als Datenerhebungsquelle. Die durch sie erfolgende Datenspeicherung und -auswertung erfolgt i. d. R außerhalb des jeweiligen Metaverses und der Plattformanbieter erhält somit keinen zusätzlichen Zugang zu personenbezogenen Daten. Eine gemeinsame Verantwortlichkeit mit dem Plattformanbieter besteht daher regelmäßig nicht.[10]

---

[9] Geissler, Datenschutzrechtliche Rollen in Metaversen, S. 451; Bitkom e. V., Wegweiser in das Metaverse, S. 22; EuGH, Urteil vom 05.06.2018, C-210/16.
[10] Geissler, Datenschutzrechtliche Rollen in Metaversen, S. 499 f.

4 Rechtmäßigkeit der Datenverarbeitung in Metaversen

4.1 Anbieter von Metaversen

Nachdem die datenschutzrechtlichen Verantwortlichkeiten der Akteure in Metaversen beleuchtet wurden, wird nun betrachtet, auf welche Rechtsgrundlagen sich diese in typischen Verarbeitungssituationen stützen können. Grundsätzlich lässt sich ein großer Teil der anfallenden (Nutzungs-)Daten für den Anbieter von Metaversen auf Grundlage des Art. 6 Abs. 1 lit. b DSGVO verarbeiten. So sind bspw. Anmeldedaten und Daten, die bei der Nutzung von Metaversen anfallen, erforderlich, um einen Nutzungsvertrag abzuschließen und zu erfüllen. Jedoch kann nicht jede erdenkliche Verarbeitung in Metaversen auf diese Grundlage gestützt werden. Zu berücksichtigen ist, dass bspw. eine umfassende Profilerstellung über den Interaktionsverlauf mit anderen Nutzern möglicherweise nicht mehr auf diese Grundlage gestützt werden kann. Diese können einzelfallabhängig insbesondere auf Basis einer Einwilligung gem. Art. 6 Abs. 1 lit. a DSGVO oder des berechtigten Interesses gem. Art. 6 Abs. 1 lit. f DSGVO erfolgen, sofern keine besonderen Kategorien personenbezogener Daten verarbeitet werden. Für die Verarbeitung besonderer Kategorien personenbezogener Daten besteht gem. Art. 9 Abs. 1 DSGVO ein grundsätzliches Verarbeitungsverbot, sofern keine Ausnahme gem. Abs. 2 der Vorschrift vorliegt.[11]

4.2 Dienstanbieter in Metaversen

Für einschlägige Rechtsgrundlagen der Verarbeitung personenbezogener Daten durch Dienstanbieter kann zunächst auf die Ausführungen der Datenverarbeitungen durch Anbieter von Metaversen verwiesen werden.

Ein Fall für die Verarbeitung besonderer Kategorien könnte vorliegen, wenn der Dienstanbieter Nutzerdaten speziell zu dem Zweck analysiert, aus diesen sensible Rückschlüsse zu ziehen und darauf aufbauend wiederum eine spezielle Dienstleistung anzubieten. Ein mögliches Beispiel hierfür könnte die Analyse des Spielverhaltens in Metaversen sein, um Rückschlüsse auf eine Spielsucht zu ziehen und darauf aufbauend ein virtuelles Angebot zur Spielsuchtbekämpfung zu unterbreiten. Besonders relevant wäre in derartigen Fällen die Zulässigkeit der Verarbeitung besonderer Kategorien personenbezogener Daten in Form der durch die Auswertung des Spielverhaltens getroffenen Annahmen zum Vorliegen eines Suchtverhaltens. Eine Verarbeitung derartiger Daten setzt das Vorliegen einer Ausnahme nach Art. 9 Abs. 2 DSGVO voraus. Als Legitimationsgrundlage scheint regelmäßig nur eine ausdrückliche Einwilligung in die Verarbeitung besonderer Kategorien personenbezogener Daten gem. Art. 9 Abs. 2 lit. a DSGVO infrage zu kommen.[12]

---

[11] Geissler, Rechtlicher Schutz im Metaverse, S. 110; Interpol, Interpol Technology Assessment Report on Metaverse, 2022, S. 2, 4; Athar et al., Applications and Possible Challenges of Healthcare Metaverse, 25th International Conference on Advanced Communication Technology, 2023, S. 328.

[12] Geissler, Rechtlicher Schutz im Metaverse, S. 111.

4.3 Gesundheitsämter, Krankenkassen und Strafverfolgungsbehörden als Dienstnutzer in Metaversen

Deutsche Gesundheitsämter verarbeiten personenbezogene Daten, um Krankheitsausbrüche zu überwachen, Kontaktverfolgungen durchzuführen, epidemiologische Forschung zu betreiben und die Gesundheitsversorgung zu verbessern. Gesundheitsämter könnten u. a. Schnittstellen zu Gesundheitsangeboten in Metaversen schaffen – z. B. zu (seriösen) Angeboten für virtuelle Sprechstunden in Krankenhäusern oder Arztpraxen – um gesetzlich vorgeschriebenen Meldepflichten ohne Medienbruch nachkommen zu können.[13]

Daneben verarbeiten deutsche Krankenkassen personenbezogene Daten, um die Gesundheitsversorgung ihrer Mitglieder zu verwalten, Kosten zu kontrollieren und gezielte Gesundheitsförderungsmaßnahmen umzusetzen. Insbesondere gesetzliche Krankenkassen könnten daran interessiert sein, Daten aus Metaversen zu nutzen, um das Gesundheitsverhalten ihrer Versicherten genauer zu beobachten. Unter anderem wäre dies in Form eines entsprechenden Angebots von gesundheitsfördernden Aktionen in Metaversen (wie z. B. Vorträge zu Gesundheitsthemen, Angebot von virtuellen Meditationskursen und Angebot von virtuellen Sportprogrammen) und des Trackings der Teilnahme an diesen möglich.[14]

Zudem haben Strafverfolgungsbehörden ein Interesse daran, personenbezogene Daten aus Metaversen zu nutzen, da fast jedes Delikt auch im Internet begangen werden kann. Mit diesen Daten ist es möglich, potenziell verdächtiges Verhalten zu erkennen, Ermittlungen durchzuführen und kriminelle Aktivitäten innerhalb der digitalen Umgebung zu bekämpfen. So könnten deutsche Landespolizeibehörden etwa auf zunehmende Berichte über virtuelle Straftaten in Metaversen reagieren, die von Belästigung der Öffentlichkeit bis hin zur Volksverhetzung reichen könnten. Die Polizei könnte selbst als Avatar in virtuelle Welten eintauchen und mit verdächtigen Personen in Kontakt treten, um Informationen zu sammeln und potenzielle Straftaten zu verhindern. Durch den direkten Kontakt mit Verdächtigen könnte die Polizei wichtige Informationen über geplante Straftaten oder kriminelle Netzwerke sammeln.[15]

Sofern dieselben personenbezogenen Daten ausschließlich zu denselben Zwecken von denselben Stellen in Metaversen statt außerhalb der Metaversen verarbeitet werden, ist i. d. R. keine gesonderte Rechtsgrundlage erforderlich, die die Datenverarbeitung speziell in Metaversen legitimiert (Drittstaatsaspekte werden im vorliegenden Beitrag nicht berücksichtigt). Insofern ergeben sich Rechtsgrundlagen für die oben beschriebenen Datenverarbeitungen

---

[13] Geissler, Rechtlicher Schutz im Metaverse, S. 111; Garavand/Aslani, Metaverse phenomenon and health, S. 1, 3.
[14] Geissler, Rechtlicher Schutz im Metaverse, S. 111; Martini/Botta, Staat und Metaversum, S. 891.
[15] Geissler, Rechtlicher Schutz im Metaverse, S. 112.

- für Gesundheitsämter zur Verarbeitung von Daten aus Meldebögen über meldepflichtige Krankheiten insbesondere aus §§ 11 Infektionsschutzgesetz,
- für gesetzliche Krankenkassen zur Verarbeitung von Daten im Rahmen der Erhaltung, Wiederherstellung und Verbesserung des Gesundheitszustands ihrer Versicherten insbesondere aus § 1 des fünften Sozialgesetzbuches sowie
- für Landespolizeibehörden zur Prävention von Straftaten aus den jeweiligen Gesetzen über die öffentliche Sicherheit und Ordnung der Länder – z. B. für Hessen insbesondere aus § 13 HSOG.[16]

5 Fazit

Dieser Beitrag hat gezeigt, dass es für Plattformanbieter, Dienstanbieter und andere Akteure, die die personenbezogenen Daten von Nutzern in Metaversen nutzen und verarbeiten, von essenzieller Bedeutung ist, sich im Vorfeld Klarheit über die eigene Rolle in der jeweiligen Datenverarbeitung und die damit einhergehenden Rechten und Pflichten verschaffen müssen, um datenschutzkonformes Verhalten zu gewährleisten. Gleiches gilt für die entsprechende Identifikation der jeweils relevanten Rechtsgrundlage.

Weiterhin wären im Kontext der Metaversen die meisten der hier dargestellten Datenverarbeitungen aus Sicht der Metaverse-Nutzer überraschend. Daher ist es außerdem entscheidend, eine gründliche Umsetzung von Informationspflichten zu gewährleisten, soweit diese im Einzelfall bestehen. Insbesondere bei der Einbindung solcher Datenverarbeitungen sollten betroffene Personen aktiv informiert werden, anstatt darauf zu vertrauen, dass sie eine am Rande verlinkte Datenschutzerklärung ohne weitere Anreize oder Hinweise lesen. Da die Aufmerksamkeitsspanne und das Interesse der Nutzer an rechtlichen Dokumenten wie Datenschutzerklärungen begrenzt sind, ist eine proaktive Informationsbereitstellung unerlässlich, um Transparenz zu gewährleisten.[17]

Danksagung. Der Beitrag gibt die persönliche Meinung der Autorinnen wieder. Dieser Beitrag wurden vom Bundesministerium für Bildung und Forschung (BMBF) im Rahmen des Projektes PriMeta sowie vom BMBF und vom Hessischen Ministerium für Wissenschaft und Kunst (HMWK) im Rahmen ihrer gemeinsamen Förderung für das Nationale Forschungszentrum für angewandte Cybersicherheit ATHENE unterstützt.

---

[16] Geissler, Rechtlicher Schutz im Metaverse, 112; Specht-Riemenschneider/Mantz, Handbuch Europäisches und deutsches Datenschutzrecht, 2019, § 21, Rn. 21.
[17] Geissler, Rechtlicher Schutz im Metaverse, 112; Vettermann, ZD 2021, S. 257.

Literatur

Athar, Ali/Ali, Shah Mahsoom/Mozumder, Md Ariful Islam/Ali, Sikander/Kim, Hee-Cheol: Applications and Possible Challenges of Healthcare Metaverse, S. 328–332. In: *IEEE (Hrsg.):* 25th International Conference on Advanced Communication Technology (ICACT), Pyeongchang 2023.

Bender-Paukens, Leonie/Werry, Susanne: Datenschutz im Metaverse – Datenschutzrechtliche Herausforderungen im Zusammenhang mit der DS-GVO, ZD 2023, S. 127.

Bitkom e. V. (Hrsg.): Wegweiser in das Metaverse – Technologische und rechtliche Grundlagen, geschäftliche Potenziale, gesellschaftliche Bedeutung, Berlin 2022.

Bossmann, Oliver: Das Metaverse: Schöne neue Zukunft oder Datenschutz-Albtraum?, Neuss 2022.

Garavand, Ali/Aslani, Nasim: Metaverse phenomenon and its impact on health: A scoping review, IMU 2022, S. 1.

Geissler, Ines: Datenschutzrechtliche Rollen in Metaversen und im virtuellen Weiterleben – Von betroffenen Personen über Auftragsverarbeiter zu Verantwortlichen, S. 497–510. In: *Klein, Maike/Krupka, Daniel/Winter, Cornelia/Wohlgemuth, Volker (Hrsg.):* INFORMATIK 2023 – Designing Futures: Zukünfte gestalten, Bonn 2023.

Geissler, Ines: Leben in Metaversen und im Virtual Afterlife – Chancen und Risiken zukünftiger Formen des virtuellen (Weiter-)Lebens, S. 511–521. In: *Klein, Maike/Krupka, Daniel/Winter, Cornelia/Wohlgemuth, Volker (Hrsg.):* INFORMATIK 2023 – Designing Futures: Zukünfte gestalten, Bonn 2023.

Geissler, Ines: Rechtlicher Schutz im Metaverse – Von umfassenden Datenverarbeitungen über Straftaten gegen Avatare bis hin zu Eingriffen in den postmortalen Persönlichkeitsschutz, S. 109–120. In: *Klein, Maike/Krupka, Daniel/Winter, Cornelia/Gergeleit, Martin/Martin, Ludger (Hrsg.):* INFORMATIK 2024 – Lock-in or log out? Wie digitale Souveränität gelingt, Bonn 2024.

Gola, Peter/Heckmann, Dirk (Hrsg.): Datenschutz-Grundverordnung, Bundesdatenschutzgesetz – Kommentar, 3. Auflage, München 2022.

Interpol (Hrsg.): Interpol Technology Assessment Report on Metaverse, 2022.

Kaulartz, Markus/Schmid, Alexander/Müller-Eising, Felix: Das Metaverse – eine rechtliche Einführung, RDi 2022, S. 521.

Martini, Mario/Botta, Jonas: Der Staat und das Metaversum – Zur Ordnungs- und Gestaltungsmacht im Internet von morgen, MMR 2023, S. 887.

Neuburger, Rahild: Arbeiten in und mit dem Metaverse: Eine realistische Vision?, Wissensmanagement 2022, S. 16.

Savin-Baden, Maggi/Mason-Robbie, Victoria: Digital Afterlife – Death Matters in a Digital Age, 1. Auflage, Boca Raton 2020.

Specht, Louisa/Mantz, Reto (Hrsg.): Handbuch Europäisches und deutsches Datenschutzrecht – Bereichsspezifischer Datenschutz in Privatwirtschaft und öffentlichem Sektor, 1. Auflage, München 2019.

Sury, Ursula: Metaverse – parallele Welt(en), Informatik Spektrum 2022, S. 407.

Vernaza, Ariel/Armuelles, Ivan/Ruiz, Isaac: Towards to an Open and Interoperable Virtual Learning Environment using Metaverse at University of Panama, S. 320–325. In: *IEEE (Hrsg.):* 2012 Technologies Applied to Electronics Teaching (TAEE), Vigo 2012.

Vettermann, Oliver: Datenschutzrechtliche Informationspflichten zwischen Kreativität und Transparenz – Urheberrechtlicher Schutz von Datenschutzerklärungen, ZD 2021, S. 257.

Open Access Dieses Kapitel wird unter der Creative Commons Namensnennung - Nicht kommerziell - Keine Bearbeitung 4.0 International Lizenz (http://creativecommons.org/licenses/by-nc-nd/4.0/deed.de) veröffentlicht, welche die nicht-kommerzielle Nutzung, Vervielfältigung, Verbreitung und Wiedergabe in jeglichem Medium und Format erlaubt, sofern Sie den/die ursprünglichen Autor(en) und die Quelle ordnungsgemäß nennen, einen Link zur Creative Commons Lizenz beifügen und angeben, ob Änderungen vorgenommen wurden. Die Lizenz gibt Ihnen nicht das Recht, bearbeitete oder sonst wie umgestaltete Fassungen dieses Werkes zu verbreiten oder öffentlich wiederzugeben.

Die in diesem Kapitel enthaltenen Bilder und sonstiges Drittmaterial unterliegen ebenfalls der genannten Creative Commons Lizenz, sofern sich aus der Abbildungslegende nichts anderes ergibt. Sofern das betreffende Material nicht unter der genannten Creative Commons Lizenz steht und die betreffende Handlung nicht nach gesetzlichen Vorschriften erlaubt ist, ist auch für die oben aufgeführten nicht-kommerziellen Weiterverwendungen des Materials die Einwilligung des jeweiligen Rechteinhabers einzuholen.

Von der Theorie zur Umsetzung: Die Datenschutzvorsorge im Planspiel und der Weg zur standardisierten Dokumentation

Alina Forina[(✉)] und Ines Geissler

Fraunhofer-Institut für Sichere Informationstechnologie SIT und Nationales Forschungszentrum für angewandte Cybersicherheit ATHENE, Darmstadt, Deutschland
alina.forina@sit.fraunhofer.de

1 Einleitung

Das geltende Datenschutzrecht – insbesondere die Datenschutz-Grundverordnung (DSGVO) und das Bundesdatenschutzgesetz (BDSG) – setzt voraus, dass vor Beginn einer personenbezogenen Datenverarbeitung wesentliche datenschutzrechtliche Pflichten, wie etwa die Festlegung des Verarbeitungszwecks, die Auswahl einer geeigneten Rechtsgrundlage sowie die Umsetzung technischer und organisatorischer Maßnahmen, bereits bestimmbar und umgesetzt sind.[1] In der Praxis zeigt sich jedoch, dass diese Voraussetzung nicht immer gegeben ist: Insbesondere im Bereich der Cybersicherheitsforschung und bei dem Einsatz neuer Technologien – etwa bei explorativen Datenanalysen, Darknet-Recherchen oder maschinellen Lernverfahren – werden personenbezogene Datenverarbeitungen häufig nicht antizipiert, können aber auch nicht vollständig ausgeschlossen werden. In derartigen Fällen ist daher häufig unklar, ob und in welchem Umfang welche personenbezogenen Daten verarbeitet werden.[2] Gleichwohl greifen die datenschutzrechtlichen Vorgaben auch in Fällen unbeabsichtigter personenbezogener Datenverarbeitungen, was sowohl für Forschende als auch für andere Verarbeitende erhebliche Unsicherheiten mit sich bringt.[3] Verstöße gegen datenschutzrechtlichen Verpflichtungen – etwa aufgrund fehlender Transparenz, unzureichender technischer Maßnahmen oder mangelhafter Dokumentation – können

---

[1] Der vorliegende Beitrag gibt die persönliche Meinung der Autorinnen wieder. Die Hauptautorin des vorliegenden Beitrags hat zu dem Thema zuvor unter dem Namen A. Boll veröffentlicht.
Boll/Esser/Schröder, Unvorhersehbare, unplanbare personenbezogene Datenverarbeitungen, INFORMATIK 2024, S. 135 ff.

[2] Boll/Stummer/Selzer, DuD 2024, S. 172 ff.

[3] Boll/Selzer/Spiecker gen. Döhmann, Datenschutz in der offensiven Cybersicherheitsforschung, https://background.Tagesspiegel.de/cybersecurity/datenschutz-in-der-offensiven-cybersicherheitsforschung, Stand: 11.04.2025; Boll/Stummer/Selzer, Positionspapier zur zweiten DSGVO-Evaluation (2024), https://www.athene-center.de/fileadmin/content/PDF/Positionspapier-DSGVO.pdf?_=1708420158, Stand: 11.04.2025; Poncza, ZfD 2023, S. 8 ff.

empfindliche Sanktionen nach sich ziehen. Neben aufsichtsbehördlichen Maßnahmen und Bußgeldern gemäß Art. 83 DSGVO drohen in bestimmten Fällen auch zivilrechtliche Schadensersatzansprüche nach Art. 82 DSGVO.[4]

Vor diesem Hintergrund stellt sich die Frage, wie datenschutzrechtliche Verpflichtungen bereits sinnvoll berücksichtigt werden können, wenn noch gar nicht feststeht, ob eine personenbezogene Datenverarbeitung überhaupt stattfinden wird. Zur Bewältigung dieser Herausforderung wurde die Datenschutzvorsorge (DS-V) konzipiert.[5] Sie verfolgt den Ansatz, datenschutzrechtliche Verpflichtungen bereits im Vorfeld einer hinreichend wahrscheinlichen personenbezogenen Datenverarbeitung zum Schutz der Rechte und Freiheiten potenziell betroffener Personen umzusetzen.

Zur Prüfung der Praxistauglichkeit der DS-V wurde ein Planspiel durchgeführt, das von Wissenschaftlerinnen des Fraunhofer SIT umgesetzt wurde.[6] Ziel war es, die sechsstufige Vorgehensweise der DS-V exemplarisch anhand eines realitätsnahen Szenarios zu erproben und daraus einen fundierten Vorschlag für die Dokumentation der DS-V abzuleiten. Letzterer dient als Grundlage für die strukturierte und nachvollziehbare Erfüllung der Rechenschaftspflicht nach Art. 5 Abs. 2 DSGVO.

Der Beitrag stellt zunächst die rechtlichen und praktischen Herausforderungen unvorhersehbarer Datenverarbeitungen dar (Abschn. 2) und präsentiert anschließend das Instrument der DS-V sowie dessen Umsetzungsschritte als Lösungsvorschlag (Abschn. 3). Daraufhin wird das durchgeführte Planspiel beschrieben (Abschn. 4) und der daraus entwickelte Dokumentationsvorschlag vorgestellt (Abschn. 5). Abschließend werden die zentralen Erkenntnisse zusammengefasst (Abschn. 6).

2 Unvorhersehbare und unplanbare Datenverarbeitungen in der Praxis

Unvorhersehbare oder unplanbare Verarbeitungen personenbezogener Daten treten insbesondere in Bereichen auf, in denen sich der Personenbezug von Daten im Vorfeld nicht mit Sicherheit feststellen lässt – etwa in der offensiven Cybersicherheitsforschung,[7] im Rahmen derer häufig vor Beginn einer Forschungsaktivität nicht klar

---

[4] Selzer, Umbruch im Datenschutz, INFORMATIK 2023, S. 705 ff.; Boll/Selzer, DuD 2024, S. 44 ff.; Boll/Stummer/Selzer, Positionspapier zur zweiten DSGVO-Evaluation (2024), https://www.athene-center.de/fileadmin/content/PDF/Positionspapier-DSGVO.pdf?_=1708340158, 2024, Stand: 11.04.2025.

[5] Boll/Selzer, DuD 2024, S. 44 ff.; Boll/Stummer/Selzer, Positionspapier zur zweiten DSGVO-Evaluation (2024), https://www.athene-center.de/fileadmin/content/PDF/Positionspapier-DSGVO.pdf?_=1708340158, 2024, Stand: 11.04.2025.

[6] Boll/Geissler, Durchführung der ersten Datenschutz-Vorsorge, https://www.athene-center.de/fileadmin/Downloads/Planspiel-Datenschutzvorsorge.pdf?_=1743605197, Stand: 11.04.2025.

[7] Selzer/Spiecker gen. Döhmann/Boll, DuD 2023, S. 785 ff.; Boll/Stummer/Selzer, DuD 2024, S. 172 ff.; Boll/Stummer/Selzer, Positionspapier zur zweiten DSGVO-Evaluation (2024), https://www.athene-center.de/fileadmin/content/PDF/Positionspapier-DSGVO.pdf?_=1708340158, 2024, Stand: 11.04.2025; Boll/Esser/Schröder, Unvorhersehbare, unplanbare personenbezogene Datenverarbeitungen, INFORMATIK 2024, S. 135 ff.

ist, ob – und in welchem Umfang – personenbezogene Daten verarbeitet werden. Gleichwohl kann durch eine unbeabsichtigte oder zunächst nicht erkennbare Datenverarbeitung eine datenschutzrechtliche Verantwortlichkeit im Sinne der DSGVO und des BDSG ausgelöst werden.

Die Methoden der offensiven Cybersicherheitsforschung werden als Reaktion auf die zunehmende Bedrohung des Cyberraums durch politisch, wirtschaftlich oder ideologisch motivierte Cyberangriffe angepasst.[8] Im Unterschied zur defensiven IT-Sicherheit zielen offensive Maßnahmen darauf ab, aktiv nach Schwachstellen, Angriffsmustern und Bedrohungen zu suchen. Dies geschieht häufig durch Analysen oder explorative Recherchen. Forschende müssen hierbei oftmals die Perspektive potenzieller Angreifender übernehmen, um Sicherheitslücken frühzeitig aufzudecken und daraus Schutzmaßnahmen abzuleiten.[9] Ob und inwieweit dabei personenbezogene Daten verarbeitet werden, ist im Vorfeld häufig nicht bestimmbar.[10] In vielen Fällen wird erst im Verlauf der Forschungsmaßnahme deutlich, ob und in welchem Umfang personenbezogene Daten verarbeitet werden. Beispielsweise kann es im Rahmen von Recherchen durch Cybersicherheitsforschende im Darknet und im Clearnet zu zufälligen Entdeckungen personenbezogener Daten kommen. Forschende haben dabei in der Regel keinen Einfluss auf die konkreten Inhalte, auf die sie bei ihrer Arbeit stoßen, da diese von Dritten in Leak-Foren, Paste-Sites oder öffentlich zugänglichen Datenbanken abgelegt wurden.[11] Zahlreiche dieser Daten sind im Klartext einsehbar – entweder vollständig oder in Form von Teasern, die als Vorschau für kostenpflichtige Vollversionen dienen oder auf konkrete Sicherheitsvorfälle aufmerksam machen sollen. Besonders bekannt sind die frei kursierenden Leak-Sammlungen „Collection #1–#5", die Millionen von E-Mail-Adressen, Passwörtern und sonstigen personenbezogenen Daten enthalten.[12] Diese Dateien sind oft unter generischen oder irreführenden Namen gespeichert, sodass sie von Forschenden zufällig gefunden werden können.[13] Solche Verarbeitungsvorgänge sind vorab typischerweise nicht konkret planbar, aber auch nicht gänzlich unwahrscheinlich – insbesondere bei systematischer

---

[8] Bundesamt für Sicherheit in der Informationstechnik, Bericht zur Lage der IT-Sicherheit in Deutschland 2023, https://www.bsi.bund.de/SharedDocs/Downloads/DE/BSI/Publikationen/Lageberichte/Lagebericht2023.pdf?__blob=publicationFile&v=8, Stand: 11.04.2025; European Union Agency for Cybersecurity: Threat Landscape 2023, https://www.enisa.europa.eu/sites/default/files/publications/ENISA%20Threat%20Landscape%202023.pdf, Stand: 11.04.2025.
[9] Selzer/Spiecker gen. Döhmann/Boll, DuD 2023, S. 785 ff.
[10] Selzer/Spiecker gen. Döhmann/Boll, DuD 2023, S. 785 ff.; Boll/Stummer/Selzer, Positionspapier zur zweiten DSGVO-Evaluation (2024), https://www.athene-center.de/fileadmin/content/PDF/Positionspapier-DSGVO.pdf?_=1708340158, Stand: 11.04.2025; Poncza, ZfD 2023, S. 8 ff.
[11] Troy Hunt, The 773 Million Record "Collection #1" Data Breach, https://www.troyhunt.com/the-773-million-record-collection-1-data-reach/, Stand: 16.07.2025.
[12] Troy Hunt, The 773 Million Record "Collection #1" Data Breach, https://www.troyhunt.com/the-773-million-record-collection-1-data-reach/, Stand: 16.07.2025.
[13] Troy Hunt, The 773 Million Record "Collection #1" Data Breach, https://www.troyhunt.com/the-773-million-record-collection-1-data-reach/, Stand: 16.07.2025.

Recherche in bekannten Leak-Quellen. Ein solcher zufälliger Fund von personenbezogenen Daten unterfällt gleichwohl dem Anwendungsbereich der DSGVO, da eine Verarbeitung weder vorsätzlich noch zielgerichtet erfolgen muss, um datenschutzrechtliche Pflichten auszulösen.[14] Da es für die Fallgruppe der unvorhersehbaren und unplanbaren Datenverarbeitung keine speziellen Regelungen gibt, greifen die allgemeinen Bestimmungen der DSGVO und des BDSG.[15] Bereits die bloße Einsichtnahme in diese Daten stellt daher eine Verarbeitung im Sinne von Art. 4 Nr. 2 DSGVO dar.[16]

Auch die Verarbeitung anonymisierter Daten birgt vergleichbare Herausforderungen.[17] Zwar unterfallen anonymisierte Informationen grundsätzlich nicht dem Anwendungsbereich der DSGVO, da sie keinen keine Rückschlüsse mehr auf die dahinterstehende Person zulassen.[18] In der Praxis besteht jedoch das Risiko, dass ursprünglich anonymisierte Datensätze durch zusätzliche Informationen oder technische Fortschritte (re-)identifizierbar werden.[19] Diese Möglichkeit der De-Anonymisierung führt dazu, dass nachträglich wieder eine personenbezogene Verarbeitung im Sinne von Art. 4 Nr. 1 DSGVO vorliegen kann. Somit ist hier ebenfalls nicht sicher vorhersehbar, ob und wann der datenschutzrechtliche Regelungsbereich eröffnet wird.

Ähnliche Problemlagen bestehen beim Einsatz von KI-Systemen, insbesondere im Bereich des maschinellen Lernens und der automatisierten Entscheidungsfindung.[20] KI-Modelle können durch Trainingsdaten, Optimierung oder die Kombination verschiedener Datenquellen unvorhersehbare Korrelationen erzeugen, die eine (Re-)Identifikation natürlicher Personen ermöglichen – auch dann, wenn diese ursprünglich nicht im Fokus der Verarbeitung standen.[21] So entstehen Datenschutzrisiken, die

---

[14] Boll/Esser/Schröder, Unvorhersehbare, unplanbare personenbezogene Datenverarbeitungen, INFORMATIK 2024, S. 135 ff.
[15] Selzer/Spiecker gen. Döhmann/Boll, DuD 2023, 785 ff.; Boll/Stummer/Selzer, Positionspapier zur zweiten DSGVO-Evaluation (2024), https://www.athene-center.de/fileadmin/content/PDF/Positionspapier-DSGVO.pdf?_=1708340158, Stand: 11.04.2025; Poncza, ZfD 2023, S. 8 ff.
[16] Bäcker, in: Kühling/Buchner, DS-GVO/BDSG, 2024, Art. 4 Nr. 2, Rn. 21; Arning/Rothkegel, in: Taeger/Gabel, DS-GVO, 2022, Art. 4, Rn. 73; Boll/Esser/Schröder, Unvorhersehbare, unplanbare personenbezogene Datenverarbeitungen, INFORMATIK 2024, S. 135 ff.
[17] Boll/Stummer/Selzer, DuD 2024, S. 172 ff.; Boll/Esser/Schröder, Unvorhersehbare, unplanbare personenbezogene Datenverarbeitungen, INFORMATIK 2024, S. 135 ff.
[18] Karg, DuD 2015, S. 523; Klar/Kühling, in: Kühling/Buchner, DS-GVO/BDSG, 2024, Art. 4 Nr. 1, Rn. 31; Roßnagel, ZD 2021, S. 189; Stummer, Issues of Verifying Anonymity: An Overview, INFORMATIK 2022, S. 184; ErwGr. 26 DSGVO.
[19] Hornung/Wagner, CR 2019, S. 565, 568; Hornung/Wagner, ZD 2020, S. 223 f.; Stummer, Issues of Verifying Anonymity: An Overview, INFORMATIK 2022, S. 189; Boll/Stummer/Selzer, DuD 2024, S. 172 ff.
[20] Boll/Stummer/Selzer, DuD 2024, S. 172 ff.; Boll/Esser/Schröder, Unvorhersehbare, unplanbare personenbezogene Datenverarbeitungen, INFORMATIK 2024, S. 135 ff.
[21] Boll/Stummer/Selzer, DuD 2024, S. 172 ff.; Boll/Esser/Schröder, Unvorhersehbare, unplanbare personenbezogene Datenverarbeitungen, INFORMATIK 2024, S. 135 ff.

sich nicht allein aus der Menge der verarbeiteten Daten ergeben, sondern aus der inhärenten Unvorhersehbarkeit der Verarbeitungslogik selbst. Die DSGVO setzt demgegenüber voraus, dass die maßgeblichen Umstände einer Verarbeitung – einschließlich Zweck, Datenkategorien und betroffener Personen – bereits vor Beginn der Verarbeitungstätigkeit feststehen.[22] In dynamischen und selbstlernenden Systemen ist diese Voraussetzung jedoch häufig nicht erfüllt.

Diese Beispiele zeigen: Das geltende Datenschutzrecht knüpft die Einhaltung zentraler datenschutzrechtlicher Verpflichtungen – etwa das Vorliegen einer Rechtsgrundlage (Art. 6 Abs. 1, Art. 9 Abs. 2 DSGVO), die Bestimmung des Verarbeitungszwecks (Art. 5 Abs. 1 lit. b. DSGVO) oder der Sicherheit der Verarbeitung (Art. 32 DSGVO) – regelmäßig an die vorherige Bestimmbarkeit der Verarbeitungsumstände.[23] In Fällen unvorhersehbarer oder unplanbarer Datenverarbeitung entsteht dadurch ein strukturelles Spannungsverhältnis zwischen Rechtsrahmen und technischer Realität. Für Verantwortliche und Auftragsverarbeiter bedeutet dies eine erhebliche Rechtsunsicherheit.[24] Auch unbeabsichtigte Verstöße gegen datenschutzrechtliche Pflichten können zu Bußgeldern nach Art. 83 DSGVO und Schadensersatzforderungen nach Art. 82 DSGVO führen.[25]

3 Datenschutz-Vorsorge als Lösung

Vor dem aufgezeigten Hintergrund, dass das aktuelle Datenschutzrechtssystem eine unvorhersehbare, unplanbare, aber hinreichend wahrscheinliche Verarbeitung personenbezogener Daten nicht rechtssicher ermöglicht, wurde im Jahr 2023 das neue Instrument der Datenschutz-Vorsorge (DS-V) vorgeschlagen[26] und weiterentwickelt.[27]

Bevorstehende Verarbeitungen personenbezogener Daten, die hinreichend wahrscheinlich sind oder – in Einzelfällen – ein hohes Risiko für betroffene Personen bergen, sollen mithilfe der DS-V datenschutzkonform vorbereitet werden. Grundlage dafür sind Annahmen zur jeweiligen Aktivität, basierend auf Vorerfahrungen

---

[22] Boll/Esser/Schröder, Unvorhersehbare, unplanbare personenbezogene Datenverarbeitungen, INFORMATIK 2024, S. 135 ff.
[23] Boll/Esser/Schröder, Unvorhersehbare, unplanbare personenbezogene Datenverarbeitungen, INFORMATIK 2024, S. 135 ff.
[24] Selzer/Spiecker gen. Döhmann/Boll, DuD 2023, S. 785 ff.
[25] Selzer/Spiecker gen. Döhmann, Warum es einen Rechtsrahmen für die offensive Cybersicherheitsforschung braucht, https://background.tagesspiegel.de/cybersecurity/warum-es-einen-rechtsrahmen-fuer-die-offensivecybersicherheitsforschung-braucht, Stand: 11.04.2025; Selzer/Spiecker gen. Döhmann/Boll, DuD 2023, S. 785 ff.
[26] Selzer, Umbruch im Datenschutz, INFORMATIK 2023, S. 705 ff.; Selzer/Spiecker gen. Döhmann/Boll, DuD 2023, S. 785 ff.
[27] Boll, DuD 2023, S. 785 ff.; Boll/Selzer, DuD 2024, S. 44 ff.; Boll/Stummer, DuD 2024, S. 118 ff.; Boll/Stummer/Selzer, DuD 2024, S. 172 ff.; Boll, DuD 2024, S. 383 ff.; Boll/Geissler, Durchführung der ersten Datenschutz-Vorsorge, https://www.athene-center.de/fileadmin/Downloads/Planspiel-Datenschutzvorsorge.pdf?_=1743605197, Stand: 11.04.2025.

und bestehenden Erkenntnissen.[28] Diese Annahmen bilden den Ausgangspunkt für die Bewertung der Wahrscheinlichkeit einer bevorstehenden Verarbeitung personenbezogener Daten und die Bewertung des im Einzelfall bestehenden Risikos für potenziell betroffene Personen.[29] Anschließend sollen auf Basis dieser Annahmen datenschutzrechtliche Kernaspekte – wie Rechtsgrundlagen, Informationspflichten und technische sowie organisatorische Maßnahmen – vorbereitet und noch vor der tatsächlichen Verarbeitung personenbezogener Daten umgesetzt werden.[30]

Die DS-V bewirkt auf diese Weise eine datenschutzkonforme und rechtssichere Verarbeitung, falls es tatsächlich zu einer Verarbeitung personenbezogener Daten kommen sollte.[31] Personenbezogene Datenverarbeitungen, deren Eintritt als unwahrscheinlich angenommen wird, bleiben im Rahmen der DS-V unberücksichtigt.[32] Dadurch wird erreicht, dass die Anforderungen an die Umsetzung datenschutzrechtlicher Kernaspekte im Rahmen der DS-V angemessen sind. Sollte es dennoch zu einer solchen unwahrscheinlichen Verarbeitung personenbezogener Daten kommen, soll dies nicht mit Bußgeldern geahndet werden.[33] Dabei steht die Durchführung einer DS-V dem Ziel einer Entbürokratisierung[34] nicht entgegen, da sie keinen zusätzlichen Umsetzungsaufwand verursacht, sondern die bereits nach der DSGVO bestehenden Pflichten lediglich zeitlich vor den Zeitpunkt verlagert, vor dem sicher feststeht, ob es zu einer personenbezogenen Datenverarbeitung kommen wird – und dies ausschließlich in Fällen, in denen die Erhebung personenbezogener Daten mit hinreichender Wahrscheinlichkeit zu erwarten ist. Eine überobligatorische Belastung der Verantwortlichen ist damit i. d. R. nicht verbunden. Vielmehr eröffnet die DS-V einen systematischen und risikoadaptierten Handlungsrahmen, um datenschutzrechtliche Anforderungen frühzeitig und vorausschauend zu implementieren. Da die Einhaltung der DSGVO ohnehin verpflichtend ist, stellt die DS-V kein Mehr an Regulierung dar, sondern ermöglicht eine präventive und zugleich praktikable Umsetzung bestehender Vorgaben unter Bedingungen epistemischer Unsicherheit. Dies trägt nicht nur zur Rechtssicherheit bei, sondern stärkt auch den Schutz der Rechte und Freiheiten potenziell betroffener Personen.

Die DS-V umfasst folgende Schritte[35]:

---

[28] Boll/Selzer, DuD 2024, S. 44 ff.; Boll/Stummer, DuD 2024, S. 118.
[29] Boll/Stummer, DuD 2024, S. 119 ff.
[30] Boll/Selzer, DuD 2024, S. 44 ff.; Boll/Stummer, DuD 2024, S. 118 ff.; Boll/Stummer/Selzer, DuD 2024, S. 172 ff.; Boll, DuD 2024, S. 383 ff.
[31] Boll/Stummer, DuD 2024, S. 118 ff.; Boll/Selzer, DuD 2024, S. 44 ff.
[32] Boll/Stummer, DuD 2024, S. 119 ff.
[33] Boll/Stummer/Selzer, Positionspapier zur zweiten DSGVO-Evaluation (2024), https://www.athene-center.de/fileadmin/content/PDF/Positionspapier-DSGVO.pdf?_=1708340158, Stand: 11.04.2025.
[34] https://www.bundesregierung.de/breg-de/aktuelles/buerobratie-abbauen-2264628
[35] Boll/Selzer, DuD 2024, S. 44 ff.; weiter ausgeführt in: Boll/Stummer, DuD 2024, S. 118 ff.; Boll/Stummer/Selzer, DuD 2024, S. 172 ff.; Boll, DuD 2024, S. 383 ff.

1. Beschreibung der geplanten Aktivität und der Verarbeitungsumstände, einschließlich der Annahmen zu hinreichend wahrscheinlichen Verarbeitungen personenbezogener Daten.
2. Identifizierung einschlägiger Rechtsgrundlagen für diese potenziell erfolgenden Verarbeitungen personenbezogener Daten sowie gegebenenfalls Schließen von Verträgen.
3. Überprüfung des Bestehens von Informationspflichten im Rahmen der potenziell erfolgenden Verarbeitungen personenbezogener Daten und gegebenenfalls die Vorbereitung der Umsetzung.
4. Identifizierung geeigneter technischer und organisatorischer Maßnahmen für die potenziell erfolgenden Verarbeitungen personenbezogener Daten sowie gegebenenfalls die Vorbereitung der Umsetzung
5. Fortlaufende Betreuung des Datenschutzes im Wirkbetrieb der Aktivität inklusive unter anderem der Umsetzung von Löschpflichten und eines Abgleichs der in Schritt 1 getroffenen Annahmen sowie der real stattgefundenen Datenverarbeitung.
6. Dokumentation aller vorgenannten Schritte.

4 Erste exemplarische Umsetzung der DS-V

Um die praktische Anwendbarkeit der DS-V zu überprüfen, wurde im Jahr 2024 ein Planspiel durchgeführt.[36] Ziel war, das sechsstufige Vorgehen der DS-V exemplarisch umzusetzen, Herausforderungen zu identifizieren und erste Erkenntnisse zum Aufwand, zur Rollenverteilung und zur Dokumentation zu gewinnen. Das Planspiel diente zugleich als Machbarkeitsnachweis für die in der Theorie entwickelte Konzeption.

Ausgangspunkt des Planspiels war ein fiktives Fallbeispiel aus der offensiven Cybersicherheitsforschung. Die Umsetzung des Planspiels wurde von einer Rechtswissenschaftlerin koordiniert, die im Planspiel die Rolle der Verfahrenseignerin einnahm und erfolgte in enger Abstimmung mit der Datenschutzbeauftragten, dem Informationssicherheitsbeauftragten, einem externen Auftragsverarbeiter und drei potenziell betroffenen Personen. Die Durchführung der sechs Schritte der DS-V erfolgte über einen Zeitraum von etwa sechs Wochen in Form von Gesprächen, Workshops und schriftlichen Abstimmungen. Sämtliche Schritte – von der initialen Wahrscheinlichkeitsprüfung bis zur Identifikation und Planung geeigneter technischer und organisatorischer Maßnahmen – wurden dokumentiert.

Der Gesamtaufwand des Planspiels belief sich auf rund 78 h, wobei der Hauptteil der Arbeit bei der Verfahrenseignerin lag. Die übrigen Beteiligten waren im Rahmen ihrer jeweiligen Rollen eingebunden. Das Planspiel ging von einer Ausgangslage aus, in der bei der verantwortlichen Stelle bereits grundlegende Datenschutzprozesse etabliert waren (z. B. Verfahren zur Wahrnehmung von Betroffenenrechten, ein Löschkonzept und bestehende TOMs).

---

[36] Zum Ganzen: Boll/Geissler, Durchführung der ersten Datenschutz-Vorsorge, https://www.athene-center.de/fileadmin/Downloads/Planspiel-Datenschutzvorsorge.pdf?_=1743605197, Stand: 11.04.2025.

Das Planspiel konnte die Praxistauglichkeit und das sinnvolle Ineinandergreifen der sechs Schritte der DS-V bestätigen. Auf Grundlage dieser Bestätigung wurde zum Ende des Planspiels ein Vorschlag zur Dokumentation der DS-V erarbeitet, die im nächsten Kapitel vorgestellt werden soll.

5 Dokumentationsvorschlag der DS-V

Auf Grundlage der im Planspiel gewonnenen Erkenntnisse zur Praxistauglichkeit und zum sinnvollen Ineinandergreifen der sechs Schritte der DS-V wurde ein Vorschlag zur Dokumentation der ersten fünf Schritte der DS-V entwickelt (die somit den sechsten Schritt der DS-V – die Dokumentation der DS-V-Durchführung und somit auch die Rechenschaftspflicht aus Art. 5 Abs. 2 DSGVO – umsetzt). Ziel ist es, Verantwortlichen mit dem Dokumentationsvorschlag eine praxisorientierte Vorlage an die Hand zu geben, mit der sich die Umsetzung der DS-V im Einklang mit den Anforderungen der DSGVO dokumentieren lassen könnte. Dabei steht nicht die Formalisierung im Vordergrund, sondern vielmehr die Nachvollziehbarkeit der getroffenen Annahmen und der Vorbereitung und Umsetzung datenschutzrechtlichen Maßnahmen.

Die nachfolgenden Tabellen[37] stellen die Struktur und wesentlichen Elemente der vorgeschlagenen Dokumentation der DS-V vor (Tab. 1, 2, 3, 4 und 5).

Tab. 1. Schritt 1 der DS-V

Schritt 1: Beschreibung	
Beschreibung des Zwecks der Aktivität	Benennung des Zwecks:
	Übergeordnetes Ziel der Zweckerreichung:
Beschreibung der Notwendigkeit der Aktivität	Feststellung der Notwendigkeit:
	Begründung der Notwendigkeit:
	Diskussion milderer Mittel:
Beschreibung der Aktivität	Beschreibung des Vorgehens:
	Beschreibung des Vorgehens zur Erreichung des festgelegten Ziels:
	Geplante Dauer der Aktivität:
Beschreibung der wahrscheinlichen Datenverarbeitung	Wahrscheinliche Verarbeitung personenbezogener Daten:
	Verarbeitung besonderer Datenkategorien und/oder Daten über Straftaten:
	Bestehen von Aufbewahrungspflichten:
	Meldung an betroffene Personen:
	Sonstiges:

---

[37] Siehe zur konkreten Ausgestaltung der Tabellen: Boll/Geissler, Durchführung der ersten Datenschutz-Vorsorge, https://www.athene-center.de/fileadmin/Downloads/Planspiel-Datenschutzvorsorge.pdf?_=1743605197, Stand: 11.04.2025.

Tab. 2. Schritt 2 der DS-V

Schritt 2: Identifizierung der Rechtsgrundlage	
Identifizierung der Rechtsgrundlage für den Verantwortlichen	Rechtsgrundlage für die Verarbeitung personenbezogener Daten:
	Begründung:
	Rechtsgrundlage für die Verarbeitung besonderer Kategorien personenbezogener Daten:
	Begründung:
Ggf. Identifizierung der Rechtsgrundlage für Datenweitergabe	Rechtsgrundlage für die Verarbeitung personenbezogener Daten:
	Begründung:
	Rechtsgrundlage für die Verarbeitung besonderer Kategorien personenbezogener Daten:
	Begründung:
Ggf. Abschluss von Verträgen über AV/gem. Verantwortlichkeit/Drittstaatübermittlung	Auftragsverarbeitung:
	Gemeinsame Verantwortlichkeit:
	Drittstaatübermittlung:

Tab. 3. Schritt 3 der DS-V

Schritt 3: Umsetzen von Informationspflichten	
Identifizierung der Informationspflichten	Direkterhebung:
	Dritterhebung:
	Kontaktmöglichkeit über Dritte:
	Keine Kontaktmöglichkeit über Dritte:
Compliance-Management für Informationspflichten	Einrichtung eines unternehmensinternen Prozesses:
	Schritte vor Beginn der Verarbeitung:
	Schritte nach Beginn der Verarbeitung:
Erstellen von Datenschutzinformationen	Direkterhebung: Datenschutzinformation gemäß Artikel 13 DSGVO
	Dritterhebung – Kontaktmöglichkeit über Dritte: Anschreiben Datenschutzinformation gemäß Artikel 14 DSGVO
	Dritterhebung – keine Kontaktmöglichkeit über Dritte: Datenschutzinformation gemäß Artikel 14 DSGVO (ggf. nach entsprechender Prüfung): Einbetten auf der Webseite der Organisation

Tab. 4. Schritt 4 der DS-V

Schritt 4: Umsetzen technischer und organisatorischer Maßnahmen	
Identifizierung geeigneter technisch und organisatorischer Maßnahmen	Verarbeitungsspezifische TOMs:
Workshop mit potenziell betroffenen Personen	Durchführung eines Workshops:
Implementierung der technischen und organisatorischen Maßnahmen	Anweisung zur Umsetzung der TOMs: Der [Informationssicherheitsbeauftragte] wurde am [Datum einfügen] angewiesen, die verarbeitungsspezifischen technischen und organisatorischen Maßnahmen umzusetzen
	Bestätigung zur Umsetzung der TOMs: Die Umsetzung der technischen und organisatorischen Maßnahmen wurde durch den [Informationssicherheitsbeauftragten] am [Datum einfügen] bestätigt

Tab. 5. Schritt 5 der DS-V

Schritt 5: Betreuung	
Monitoring der konkreten Datenerhebung	Beginn der Verarbeitung: Die [Verarbeitung] startet am [Datum] um [Uhrzeit]
	Verlauf der Verarbeitung:
	Löschen nicht-relevanter Daten: Feststellung der Speicherung Platz für Löschregeln/-konzept Platz zur Protokollierung der Löschung
Dokumentation der zufälligen Zugriffe auf personenbezogene Daten	Beschreibung des Zugriffs:
Abgleich mit den in Schritt 1 getroffenen Annahmen	Abweichungen: Anzahl der erhobenen Daten: Art der erhobenen Daten:
Dokumentation der unerwarteten Datenverarbeitungen	Unerwartete Verarbeitungen personenbezogener Daten (sofern im zuvor vorgenommenen Abgleich Abweichungen festgestellt wurden):
Unerwartete Verarbeitungen personenbezogener Daten (sofern im zuvor vorgenommenen Abgleich Abweichungen festgestellt wurden):	Ergebnis der Überprüfung:
Ggf. Umsetzung von Betroffenenrechten	Ggf. Umsetzung von Betroffenenrechten

6 Fazit

Datenschutzrechtliche Herausforderungen unvorhersehbarer und unplanbarer Datenverarbeitungen können mittels des neu vorgeschlagenen Instruments der DS-V gelöst werden. Die hier vorgestellte Dokumentation bündelt die wesentlichen Schritte der DS-V in nachvollziehbarer Weise und schafft eine überprüfbare Grundlage für die Erfüllung der Rechenschaftspflicht nach Art. 5 Abs. 2 DSGVO. Sie dokumentiert risikobasierte Entscheidungen transparent und stellt sicher, dass Maßnahmen auch in dynamischen oder ungewissen Verarbeitungssituationen systematisch vorbereitet und dokumentiert werden können. Die Dokumentation ist dabei nicht nur Nachweis, sondern zugleich Werkzeug: Sie macht komplexe Abstimmungsprozesse greifbar, schafft interne Orientierung und kann bei künftigen Projekten als wiederverwendbare Vorlage dienen.

Danksagung. Der Beitrag gibt die persönliche Meinung der Autorinnen wieder. Die diesem Beitrag zugrunde liegenden Forschungsarbeiten wurden vom Bundesministerium für Bildung und Forschung (BMBF) und vom Hessischen Ministerium für Wissenschaft und Kunst (HMWK) im Rahmen ihrer gemeinsamen Förderung für das Nationale Forschungszentrum für angewandte Cybersicherheit ATHENE unterstützt.

Literatur

Boll, Alina: Ohne Cybersicherheit kein Datenschutz, ohne Datenschutz keine Cybersicherheit?, DuD 2023, S. 785.
Boll, Alina: Datenschutz-Vorsorge: Schritte 3–6 – Umsetzen von Informations- und Dokumentationspflichten, TOMs sowie der Wirkbetrieb-Betreuung, DuD 2024, S. 383.
Boll, Alina/Esser, Julia/Schröder, Lilly: Unvorhersehbare, unplanbare personenbezogene Datenverarbeitungen – Eine strukturierte Problemanalyse sowie eine Diskussion der Vor- und Nachteile der Datenschutz-Vorsorge als mögliche Lösung, INFORMATIK 2024, S. 135.
Boll, Alina/Geisler, Ines: Durchführung der ersten Datenschutz-Vorsorge – ein Planspiel, über: https://www.athene-center.de/fileadmin/Downloads/Planspiel-Datenschutzvorsorge.pdf?_=1743605197.
Boll, Alina/Selzer, Annika/Spiecker gen. Döhmann, Indra: Datenschutz in der offensiven Cybersicherheitsforschung, Tagesspiegel-Online, über: https://background.tagesspiegel.de/cybersecurity/datenschutz-in-der-offensiven-cybersicherheitsforschung.
Boll, Alina/Selzer, Annika: Die Datenschutz-Vorsorge (DS-V) – Systematisierung eines neuen Instruments für das Datenschutzrecht, DuD 2024, S. 44.
Boll, Alina/Stummer, Sarah: Erste Schritte im Rahmen der Datenschutz-Vorsorge – Beschreibung und Rechtsgrundlagen, DuD 2024, S. 118.
Boll, Alina/Stummer, Sarah/Selzer, Annika: Datenschutz-Vorsorge – Anwendbarkeit jenseits der Forschung und Einbettung in das geltende Datenschutzrecht, DuD, S. 172.
Boll, Alina/Stummer, Sarah/Selzer, Annika: Positionspapier zur zweiten DSGVO-Evaluation (2024), über: https://www.athene-center.de/fileadmin/content/PDF/PositionspapierDSGVO.pdf?_=1708340158.
Bundesamt für Sicherheit in der Informationstechnik: Bericht zur Lage der IT-Sicherheit in Deutschland 2023, über: https://www.bsi.bund.de/SharedDocs/Downloads/DE/BSI/Publikationen/Lageberichte/Lagebericht2023.pdf.
Die Bundesregierung: Bürokratie abbauen, über: https://www.bundesregierung.de/breg-de/aktuelles/buerobratie-abbauen-2264628.
European Union Agency for Cybersecurity: ENISA Threat Landscape 2023, über: https://www.enisa.europa.eu/sites/default/files/publications/ENISA%20Threat%20Landscape%202023.pdf.
Hornung, Gerrit/Wagner, Bernd: Der schleichende Personenbezug – Die Zwickmühle der Re-Identifizierbarkeit in Zeiten von Big Data und Ubiquitous Computing, CR 2019, S. 565.

Hornung, Gerrit/Wagner, Bernd: Anonymisierung als datenschutzrelevante Verarbeitung? – Rechtliche Anforderungen und Grenzen für die Anonymisierung personenbezogener Daten, ZD 2020, S. 223.

Hunt, Troy: The 773 Million Record "Collection #1" Data Breach, über: https://www.troyhunt.com/the-773-million-record-collection-1-data-reach/.

Karg, Moritz: Anonymität, Pseudonyme und Personenbezug revisited?, DuD 2015, S. 520.

Kühling, Jürgen/Buchner, Benedikt (Hrsg.): Datenschutz-Grundverordnung/BDSG – Kommentar, 4. Auflage, München 2024.

Paal, Boris P./Pauly, Daniel A. (Hrsg.): Datenschutz-Grundverordnung, Bundesdatenschutzgsetz – Kommentar, 3. Auflage, München 2021.

Poncza, Manuel: Datenschutzrechtliche Grundlagen der sog. „Penetration Tests" – Die Erlaubnistatbestände nach der DS-GVO, ZfD 2023, S. 8.

Roßnagel, Alexander: Datenlöschung und Anonymisierung Verhältnis der beiden Datenschutzinstrumente nach DS-GVO, ZD 2021, S. 188.

Selzer, Annika: Datenschutzvorsorge in der Cybersicherheitsforschung – Verifizierung von Anonymität und Berücksichtigung der Nutzerbedürfnisse, INFORMATIK 2023, S. 705.

Selzer, Annika/Spiecker gen. Döhmann, Indra: Warum es einen Rechtsrahmen für die offensive Cybersicherheitsforschung braucht, Tagesspiegel-Online, über: https://background.tagesspiegel.de/cybersecurity/warum-es-einen-rechtsrahmen-fuer-die-offensivecybersicherheitsforschung-braucht.

Selzer, Annika/Spiecker gen. Döhmann, Indra/Boll, Alina: Datenschutzvorsorge in der offensiven Cybersicherheitsforschung, DuD 2023, S. 785.

Stummer, Sarah: Issues of Verifying Anonymity: An Overview, INFORMATIK 2022, S. 179.

Taeger, Jürgen/Gabel, Detlev (Hrsg.): DSGVO – BDSG – TTDSG – Kommentar, 4. Auflage, Frankfurt am Main 2022.

Open Access Dieses Kapitel wird unter der Creative Commons Namensnennung - Nicht kommerziell - Keine Bearbeitung 4.0 International Lizenz (http://creativecommons.org/licenses/by-nc-nd/4.0/deed.de) veröffentlicht, welche die nicht-kommerzielle Nutzung, Vervielfältigung, Verbreitung und Wiedergabe in jeglichem Medium und Format erlaubt, sofern Sie den/die ursprünglichen Autor(en) und die Quelle ordnungsgemäß nennen, einen Link zur Creative Commons Lizenz beifügen und angeben, ob Änderungen vorgenommen wurden. Die Lizenz gibt Ihnen nicht das Recht, bearbeitete oder sonst wie umgestaltete Fassungen dieses Werkes zu verbreiten oder öffentlich wiederzugeben.

Die in diesem Kapitel enthaltenen Bilder und sonstiges Drittmaterial unterliegen ebenfalls der genannten Creative Commons Lizenz, sofern sich aus der Abbildungslegende nichts anderes ergibt. Sofern das betreffende Material nicht unter der genannten Creative Commons Lizenz steht und die betreffende Handlung nicht nach gesetzlichen Vorschriften erlaubt ist, ist auch für die oben aufgeführten nicht-kommerziellen Weiterverwendungen des Materials die Einwilligung des jeweiligen Rechteinhabers einzuholen.

Same Same but Different?
Der risikobasierte Ansatz nach DSGVO und CRA im Vergleich

Dominik Appelt(✉)

Fraunhofer-Institut für Sichere Informationstechnologie | Nationales Forschungszentrum für angewandte Cybersicherheit ATHENE, IT Law and Interdisciplinary Privacy Research, Darmstadt, Deutschland
{dominik.appelt, sarah.stummer}@sit.fraunhofer.de

1 Zwei Verordnungen, ein Prinzip

Die Datenschutz-Grundverordnung (DSGVO) hat den risikobasierten Ansatz als zentrales Steuerungsinstrument im Datenschutzrecht der EU etabliert. Organisationen sind seither verpflichtet, technische und organisatorische Maßnahmen (TOMs) zum Schutz personenbezogener Daten abhängig vom jeweiligen Risiko für die Rechte und Freiheiten der von der Verarbeitung betroffenen Personen auszuwählen und zu ergreifen. Mit der Verordnung über Cyberresilienz (Cyber Resilience Act, CRA) ist nun ein weiteres Regelwerk hinzugekommen, das ebenfalls auf einen risikobasierten Ansatz setzt – jedoch mit anderer Zielrichtung: Im Zentrum steht die Gewährleistung der Cybersicherheit vernetzter Produkte mit digitalen Elementen.

Viele Organisationen – dies betrifft insbesondere Hersteller von vernetzten Produkten und digitalen Diensten, etwa im Bereich Wearables oder Smart-Home-Anwendungen, die dabei auch personenbezogene Daten verarbeiten[1] – stehen nun vor der Herausforderung, die beiden Regelwerke parallel anwenden zu müssen. Dies wirft nicht nur Fragen der praktischen Umsetzung auf, sondern ebenso grundlegende Fragen zur konzeptionellen Ausrichtung beider Regelwerke: Wo liegen die Gemeinsamkeiten und Unterschiede? Welche Risiken stehen jeweils im Fokus? Und: Wie können Synergien genutzt werden?

Vor diesem Hintergrund untersucht der vorliegende Beitrag systematisch die Gemeinsamkeiten, Unterschiede und Überschneidungen der beiden Verordnungen. Dazu werden in Abschn. 2 zunächst die jeweiligen Anwendungsbereiche analysiert und anhand eines praxisnahen Beispiels die Bedingungen der parallelen Anwendbarkeit veranschaulicht. In Abschn. 3 folgt eine detaillierte Gegenüberstellung des risikobasierten

---

[1] *Appelt/Enzmann/Selzer/Wolf,* Datenschutz und Cybersicherheit gemeinsam angehen, https://background.tagesspiegel.de/digitalisierung-und-ki/briefing/datenschutz-und-cybersicherheit-gemeinsam-angehen.

© Der/die Autor(en) 2026
A. Selzer (Hrsg.): Aktuelle Entwicklungen des Rechtsrahmens der Cybersicherheit und Privatheit, P. 23–32. https://doi.org/10.1007/978-3-658-49640-1_3

Ansatzes: Es wird gezeigt, wie Risiken in beiden Verordnungen definiert und bewertet werden, und welche technischen und organisatorischen Maßnahmen zur Mitigation dieser zur Verfügung stehen. Auf dieser Grundlage werden in Abschn. 4 zentrale Erkenntnisse für Praxis und Weiterentwicklung abgeleitet: Wo ergänzen sich DSGVO und CRA? Wo bestehen Zielkonflikte? Und wie lässt sich ein integriertes, interdisziplinäres Risikomanagement entwickeln, das beiden Regelungszielen gerecht wird?

Ziel ist es, Datenschutz und Cybersicherheit nicht getrennt, sondern im Sinne eines integrierten Risikoverständnisses zu denken – unter dem Leitgedanken „Same same but different" – mit dem Ziel, Synergien zu identifizieren und praxisnahe Lösungsansätze zu fördern.

2 Anwendungsbereich

Um beurteilen zu können, wann eine parallele Anwendung von DSGVO und CRA rechtlich geboten und praktisch relevant ist, bedarf es zunächst einer klaren Abgrenzung ihrer jeweiligen Anwendungsbereiche. Auf dieser Grundlage, wird sodann exemplarisch anhand eines praxisnahen Beispiels veranschaulicht, in welchen Fällen beide Regelwerke gleichzeitig zur Anwendung gelangen können.

2.1 DSGVO

Die Datenschutz-Grundverordnung (DSGVO) gilt gemäß Art. 2 Abs. 1 für die ganz oder teilweise automatisierte Verarbeitung personenbezogener Daten sowie für nichtautomatisierte Verarbeitungen, sofern dieser Teil eines Dateisystems sind oder sein solle. Unter den Begriff der automatisierten Verarbeitung fallen dabei sämtliche computergestützten Prozesse – von der einfachen Speicherung über algorithmische Auswertungen bis hin zu KI-gestützten Analysen. Auch analoge Verarbeitungen unterfallen der Verordnung, sofern sie Teil eines strukturierten Dateisystems sind. Ausgenommen vom Anwendungsbereich sind die in Art. 2 Abs. 2 DSGVO genannten Fälle, etwa rein persönliche oder familiäre Tätigkeiten, Maßnahmen im Bereich der nationalen Sicherheit oder bestimmte Formen der Strafverfolgung.[2]

Zentraler Adressat der DSGVO ist der Verantwortliche im Sinne von Art. 4 Nr. 7 DSGVO. Als solcher gilt jede natürliche oder juristische Person, Behörde, Einrichtung oder andere Stelle, die allein oder gemeinsam mit anderen über die Zwecke und Mittel der Verarbeitung entscheidet.[3] Die Verordnung sieht für Verantwortliche umfassende Pflichten vor – etwa zur rechtmäßigen Datenverarbeitung (Art. 5 ff. DSGVO), zur Gewährleistung eines angemessenen Schutzniveaus (Art. 24), zur datenschutzfreundlichen Technikgestaltung (Art. 25), zur Durchführung und zur Sicherheit der Verarbeitung (Art. 32).

---

[2] *Roßnagel* in *Simitis/Hornung/Spieker,* DSGVO/BDSG, Art. 2, Rdnr. 17 ff.
[3] *Gola* in *Gola/Heckmann,* DSGVO BDSG, Art. 4 Rdnr. 63.

2.2 CRA

Der CRA gilt gemäß Art. 2 Abs. 1 CRA für Produkte mit digitalen Elementen, die direkt oder indirekt mit anderen Geräten oder Netzwerken verbunden werden können. Der sachliche Anwendungsbereich richtet sich damit nicht nach der Verarbeitung einer bestimmten Art von Daten, sondern nach der technischen Beschaffenheit und Konnektivität des Produkts.[4] Erfasst werden sowohl physische Produkte wie Router, Smartwatches oder vernetzte Haushaltsgeräte als auch immaterielle digitale Produkte wie Apps, Betriebssysteme oder Softwaredienste.[5]

Zentraler Adressat des CRA ist der Hersteller im Sinne von Art. 3 Nr. 19 CRA. Als Hersteller gilt jede natürliche oder juristische Person, die ein Produkt mit digitalen Elementen entwickelt oder herstellen lässt und es unter ihrem Namen oder ihrer Marke vermarktet.[6] Die Verordnung enthält für Hersteller weitreichende Pflichten – etwa zur sicheren Konzeption, Entwicklung und Herstellung der Produkte (Art. 13 Abs. 1 CRA), zur Risikobewertung (Art. 13 Abs. 2 CRA), zur technischen Dokumentation (Art. 13 Abs. 12 CRA) sowie zur Schwachstellenbehandlung (Art. 13 Abs. 8 CRA).[7]

2.3 Parallele Anwendbarkeit

In zahlreichen praktischen Konstellationen können sich die Anwendungsbereiche von DSGVO und CRA überschneiden. Dies betrifft insbesondere Produkte mit digitalen Elementen im Sinne des CRA, die zugleich personenbezogene Daten im Sinne der DSGVO verarbeiten – etwa Smartwatches, Fitness-Tracker oder digitale Gesundheits-Apps.[8]

Ein Beispiel: Eine internetfähige Smartwatch misst kontinuierlich die Herzfrequenz ihrer Trägerin und übermittelt diese Daten zusammen mit Standortinformationen an eine Cloud-Plattform des Herstellers. Die Daten werden dort analysiert, um personalisierte Gesundheitsberichte und Bewegungsprofile zu generieren.

Die DSGVO ist anwendbar, da es sich bei den Herzfrequenz- und Standortdaten um personenbezogene Daten im Sinne von Art. 4 Nr. 1 DSGVO handelt, deren Verarbeitung datenschutzrechtlich zu reguliert wird; der CRA greift, weil die Smartwatch

---

[4] *Rockstroh*, DuD, 332 (333 f.).
[5] *Arzt et al.*, Der EU Cyber Resilience Act: Ein Überblick aus rechtlicher Sicht, S. 9, https://publica-rest.fraunhofer.de/server/api/core/bitstreams/e8011c2c-f784-410f-ae98-849806f768dd/content.
[6] *Arzt et al.*, Der EU Cyber Resilience Act: Ein Überblick aus rechtlicher Sicht, S. 15, https://publica-rest.fraunhofer.de/server/api/core/bitstreams/e8011c2c-f784-410f-ae98-849806f768dd/content.
[7] *Arzt et al.*, Der EU Cyber Resilience Act: Ein Überblick aus rechtlicher Sicht, S. 20, https://publica-rest.fraunhofer.de/server/api/core/bitstreams/e8011c2c-f784-410f-ae98-849806f768dd/content.
[8] *Appelt/Enzmann/Selzer/Wolf*, Datenschutz und Cybersicherheit gemeinsam angehen, https://background.tagesspiegel.de/digitalisierung-und-ki/briefing/datenschutz-und-cybersicherheit-gemeinsam-angehen.

ein vernetztes Produkt mit digitalen Elementen darstellt, das cybersicherheitsbezogenen Anforderungen unterliegt.

Ist der Hersteller der Smartwatch zugleich Betreiber der App, so ist er verpflichtet, sowohl die datenschutzrechtlichen Anforderungen der DSGVO – etwa zur Rechtmäßigkeit der Verarbeitung der personenbezogenen Daten – als auch die cybersicherheitsbezogenen Vorgaben des CRA – etwa zur Konzeption, Entwicklung und Herstellung des Produkts – zu erfüllen.[9]

3 Risikobasierter Ansatz

Sowohl die DSGVO als auch der CRA beruhen auf einem risikobasierten Regelungskonzept. In beiden Fällen richtet sich der Umfang der zu treffenden technischen und organisatorischen Maßnahmen nach der Bewertung der mit der jeweiligen Verarbeitung (DSGVO) bzw. dem jeweiligen Produkt (CRA) verbundenen Risiken.

Trotz dieser gemeinsamen Grundstruktur unterscheiden sich die beiden Regelwerke in wesentlichen Aspekten: Der risikobasierte Ansatz der DSGVO zielt auf den Schutz der Grundrechte und Freiheiten natürlicher Personen bei der Verarbeitung personenbezogener Daten. Der CRA hingegen dient der Sicherstellung eines angemessenen Cybersicherheitsniveaus für vernetzte Produkte mit digitalen Elementen – unabhängig davon, ob personenbezogene Daten betroffen sind.

Im Folgenden werden die jeweiligen Regelungsansätze systematisch gegenübergestellt. Dabei stehen insbesondere der normative Maßstab der Risikobewertung, die methodische Ausgestaltung sowie die Art der daraus abzuleitenden Schutzmaßnahmen im Fokus.

3.1 DSGVO

Die Datenschutz-Grundverordnung (DSGVO) basiert auf einem risikobasierten Ansatz, der insbesondere in Art. 24, 25, 32 und 35 DSGVO normativ verankert ist. Ziel ist es, den Schutz der Grundrechte und Freiheiten natürlicher Personen durch technische und organisatorische Maßnahmen sicherzustellen, deren Art, Umfang und Intensität sich nach dem mit der konkreten Verarbeitung verbundenen Risiko bemessen.[10]

Verantwortliche sind daher verpflichtet, frühzeitig – idealerweise bereits in der Konzeptionsphase – zu prüfen, welche potenziellen Risiken sich aus einer geplanten oder laufenden Verarbeitung personenbezogener Daten ergeben können. Diese Analyse dient als Grundlage für die Auswahl geeigneter Schutzmaßnahmen.[11] Eine formalisierte Datenschutz-Folgenabschätzung im Sinne von Art. 35 DSGVO ist nur

---

[9] Unterstellt, dass es sich dabei um den Verantwortlichen (im Sinne der DSGVO) und Hersteller (im Sinne des CRA) handelt.
[10] *Roth-Isigkeit*, MMR 2024, 621 (623).
[11] *Piltz* in *Gola/Heckmann*, DSGVO BDSG, Art. 24 Rdnr. 23 f.

in besonders risikogeneigten Fällen verpflichtend,[12] wohl aber verlangt die DSGVO in jedem Fall eine strukturierte Risikoabwägung. Art. 24 DSGVO verpflichtet Verantwortliche, geeignete Maßnahmen zu treffen, um die Einhaltung der Verordnung sicherzustellen und dies auch nachweisen zu können. Art. 32 konkretisiert diese Pflicht für die Sicherheit der Verarbeitung – insbesondere durch Maßnahmen zur Wahrung von Vertraulichkeit, Integrität, Verfügbarkeit und Belastbarkeit der Systeme. Beide Normen bilden gemeinsam den normativen Kern des risikobasierten Ansatzes.[13]

Art. 24 und 25 Abs. 1 DSGVO verpflichtet den Verantwortlichen dazu, die mit der Verarbeitung verbundenen Risiken systematisch zu bewerten und geeignete technische und organisatorische Maßnahmen zu ergreifen, um diese Risiken auf ein akzeptables Maß zu reduzieren. Wie die Risikobewertung im Einzelnen auszugestalten ist – insbesondere, welches Restrisiko noch als vertretbar gilt – bleibt unbestimmt. Die DSGVO enthält hierzu weder eine Legaldefinition noch eine abschließende Liste von Bewertungskriterien. Die Normen operieren mit offenen Begriffen wie „angemessen", „geeignet" oder „erforderlich", deren Auslegung sich stets am konkreten Risiko orientieren muss. Maßgeblich ist, dass die Maßnahmen in einem angemessenen Verhältnis zur Eintrittswahrscheinlichkeit und zum möglichen Schaden für die betroffene Person stehen.[14] Zur Beurteilung der Risikolage sind nach Art. 24 Abs. 1 S. 1 DSGVO insbesondere folgende Faktoren zu berücksichtigen:

- Art der Verarbeitung (z. B. besonders sensible Daten),
- Umfang der Verarbeitung (Menge der Daten und betroffener Personen),
- Umstände (z. B. ob anonymisiert oder öffentlich einsehbar),
- Zweck (z. B. De-Pseudonymisierung).

Dabei ist abzuwägen, welche Schäden – etwa Diskriminierung, Identitätsdiebstahl oder Reputationsverlust – entstehen könnten und wie wahrscheinlich deren Eintritt ist. Selbst ein geringer Schaden kann bei hoher Eintrittswahrscheinlichkeit ein hohes Risiko darstellen; umgekehrt kann ein schwerwiegender Schaden durch geringe Eintrittswahrscheinlichkeit relativiert werden.[15]

Zu den daraus abzuleitenden technischen und organisatorischen Maßnahmen zählen unter anderem:

- Pseudonymisierung und Verschlüsselung: Verhindern, dass unbefugte Dritte personenbezogene Daten ohne zusätzliche Informationen einer Person zuordnen oder einsehen können.
- Vertraulichkeit, Integrität, Verfügbarkeit und Belastbarkeit der Systeme: Schützen Daten vor unbefugtem Zugriff, Manipulation, Verlust oder Systemausfällen.
- Notfallkonzepte zur Wiederherstellung des Zugangs: Stellen sicher, dass bei technischen oder physischen Zwischenfällen ein schneller Zugriff auf die Daten wiederhergestellt werden kann.

---

[12] *Piltz* in *Gola/Heckmann*, DSGVO BDSG, Art. 24 Rdnr. 52.
[13] *Jandt* in *Kühling/Buchner*, DSGVO BDSG, Art. 32 Rdnr. 1a.
[14] *Richter*, in *Jandt/Steidle*, Datenschutz und Internet, VI. Rdnr. 24 ff.
[15] *Bertermann* in *Ehmann/Selmayr*, DSGVO, Art. 24 Rdnr. 6 ff.

- Regelmäßige Überprüfung der Maßnahmen: Dient der Evaluierung der Wirksamkeit und Anpassung an neue Risiken oder technische Entwicklungen.
- Berücksichtigung bereits in der Planungsphase („Security by Design"): Sicherheitsanforderungen sollen von Anfang an in die Systemgestaltung integriert werden, nicht erst im laufenden Betrieb.

Ergänzend fordert die DSGVO, dass die Wirksamkeit der eingesetzten Schutzmaßnahmen regelmäßig überprüft, bewertet und gegebenenfalls angepasst wird, um ein dauerhaft angemessenes Schutzniveau sicherzustellen.[16]

Ein wesentliches Umsetzungsproblem des risikobasierten Ansatzes der DSGVO liegt in der fehlenden strukturierten und kontinuierlichen Überwachung der gewählten technischen und organisatorischen Maßnahmen. In der Praxis erfolgt diese Überprüfung meist punktuell, manuell und mit erheblichem Dokumentationsaufwand – etwa im Rahmen klassischer Datenschutzaudits. Eine fortlaufende, risikoadäquate Anpassung der Maßnahmen ist auf dieser Grundlage nur eingeschränkt möglich. Diese Lücke in der Umsetzungspraxis adressieren Gärtner und Selzer mit ihrem Vorschlag zum Einsatz von Datenschutzmetriken als Mittel zur effektiveren Umsetzung des risikobasierten Ansatzes vor. Dabei handelt es sich um Kennzahlen, die den Umsetzungsgrad technischer und organisatorischer Schutzmaßnahmen – etwa in den Bereichen Datenminimierung, Zugriffskontrolle oder Speicherbegrenzung – systematisch und (teil-)automatisiert bewerten. Diese Metrikensysteme erlauben eine objektive, kontinuierliche Erhebung und Auswertung datenschutzrelevanter Zustände innerhalb einer Organisation und können zur frühzeitigen Erkennung von Defiziten beitragen. Dadurch lassen sich Schutzmaßnahmen dynamisch an veränderte Risikolagen anpassen und überdimensionierte Maßnahmen gezielt zurückfahren. Neben einem Effizienzgewinn für Verantwortliche soll durch Metriksysteme auch die Rechenschaftspflicht gemäß Art. 24 Abs. 1 DSGVO besser erfüllt werden können. Zugleich steige die Nachvollziehbarkeit für Aufsichtsbehörden, und es entstehe ein positiver Anreiz, Datenschutz nicht nur als regulatorische Last, sondern als steuerbares Compliance-Instrument zu begreifen.[17]

Letztlich ist entscheidend, dass Verantwortliche ihre Risikobewertung nachvollziehbar dokumentieren und aufzeigen können, dass die Risiken systematisch geprüft, angemessen gewichtet und mit geeigneten Maßnahmen adressiert wurden – ganz im Sinne des Rechenschaftsprinzips gemäß Art. 5 Abs. 2 DSGVO.[18]

3.2 CRA

Auch der Cyber Resilience Act (CRA) folgt einem risikobasierten Regelungskonzept, das jedoch einen anderen normativen Fokus als die DSGVO aufweist: Während die DSGVO auf den Schutz der Grundrechte natürlicher Personen im Kontext der Datenverarbeitung abzielt, verfolgt der CRA das Ziel, ein einheitlich hohes Niveau

---

[16] *Jandt* in *Kühling/Buchner,* DSGVO BDSG, Art. 32 Rdnr. 14 ff.
[17] *Gärtner/Selzer,* DuD 2023, 367 (370 f.).
[18] *Richter,* in *Jandt/Steidle,* Datenschutz und Internet, VI. Rdnr. 24 ff.

der Cybersicherheit für Produkte mit digitalen Elementen in der EU sicherzustellen. Im Mittelpunkt steht dabei der Schutz vor sicherheitsrelevanten Störungen wie unbefugtem Zugriff, Manipulation oder dem Ausnutzen von Schwachstellen – unabhängig davon, ob personenbezogene Daten betroffen sind.[19]

Gemäß Art. 13 Abs. 2 CRA sind Hersteller verpflichtet, vor dem Inverkehrbringen eines Produkts eine systematische Risikobewertung durchzuführen. Diese muss sämtliche Phasen des Produktlebenszyklus abdecken – von der Konzeption über die Entwicklung bis hin zu Wartung und Betrieb – und bildet die Grundlage für die Auswahl geeigneter technischer und organisatorischer Maßnahmen. Letztere sind in Anhang I Teil I der Verordnung konkretisiert.

In Abhängigkeit von der Risikobewertung sind unter anderem folgende Maßnahmen zu ergreifen:

- Die Produkte dürfen keine bekannten, ausnutzbaren Schwachstellen aufweisen (Anhang I Teil I Abs. 2 lit. a CRA);
- Schwachstellen müssen durch Sicherheitsaktualisierungen behoben werden können (Anhang I Teil I Abs. 2 lit. c CRA);
- es sind angemessene Zugriffskontrollen und Schutzmechanismen gegen unbefugten Zugriff vorzusehen
- (Anhang I Teil I Abs. 2 lit. d CRA).

Die gewählten Maßnahmen sind in die technische Dokumentation gemäß Art. 31 Abs. 1 CRA aufzunehmen und müssen dem identifizierten Risikoniveau angemessen sein. Darüber hinaus besteht gemäß Art. 31 Abs. 2 CRA die Pflicht zur kontinuierlichen Aktualisierung der Risikobewertung während des gesamten Unterstützungszeitraums. Dieser Zeitraum muss so bemessen sein, dass ein angemessenes Schutzniveau über die zu erwartende Nutzungsdauer hinweg sichergestellt ist – mindestens jedoch für fünf Jahre (Art. 13 Abs. 8 CRA).

In der Zusammenschau zeigt sich, dass der CRA einen strukturierten, technisch orientierten Risikobewertungsansatz verfolgt, der stärker auf objektivierbare Kriterien abstellt als die eher offen formulierte DSGVO. Ob und inwieweit dabei auch systematische Instrumente wie das von Gärtner und Selzer entwickelte Metrikensystem zur Anwendung kommen oder weiterentwickelt werden können, bleibt Gegenstand zukünftiger Forschung und regulatorischer Ausgestaltung.

4 Fazit

Same same but different – DSGVO und CRA folgen im Grundsatz derselben Steuerungslogik, nämlich dem risikobasierten Ansatz, setzen jedoch unterschiedliche normative Schwerpunkte. Während die DSGVO auf den Schutz der Grundrechte und

---

[19] *Appelt/Enzmann/Selzer/Wolf*, Datenschutz und Cybersicherheit gemeinsam angehen, https://background.tagesspiegel.de/digitalisierung-und-ki/briefing/datenschutz-und-cybersicherheit-gemeinsam-angehen.

Freiheiten natürlicher Personen bei der Verarbeitung personenbezogener Daten abzielt, fokussiert der CRA auf die Gewährleistung der Cybersicherheit vernetzter digitaler Produkte. Wer beide Ansätze nicht isoliert, sondern im Verbund denkt, schafft die Grundlage für ein zukunftsfähiges, kohärentes Risikomanagement im digitalen Raum – eines, das sowohl individuelle Freiheitsrechte als auch die technische Resilienz digitaler Infrastrukturen adressiert.

Beide Verordnungen beruhen auf der Pflicht, Risiken systematisch zu analysieren und entsprechende technische und organisatorische Maßnahmen abzuleiten. Doch bei näherer Betrachtung offenbaren sich grundlegende Unterschiede in Zielrichtung, Adressatenkreis, Risikobegriff und Steuerungsstil:

- Regulierungsziel: Die DSGVO schützt individuelle Rechte – insbesondere das Grundrecht auf Datenschutz gemäß Art. 8 GRCh – und misst Risiken an potenziellen Beeinträchtigungen für natürliche Personen. Der CRA hingegen adressiert die Funktionsfähigkeit digitaler Produkte und deren Widerstandsfähigkeit gegenüber externen Angriffen – unabhängig vom Personenbezug.
- Adressatenkreis: Die DSGVO richtet sich an datenverarbeitende Stellen („Verantwortliche"), der CRA dagegen insbesondere an Hersteller vernetzter Produkte. Beide Regelungsbereiche können in ein- und derselben Organisation zusammentreffen – etwa bei Herstellern digitaler Gesundheitsgeräte.
- Risikoverständnis: Die DSGVO verwendet einen offenen, kontextabhängigen Risikobegriff, der normative Wertungen voraussetzt. Die Beurteilung, was ein „angemessenes Restrisiko" darstellt, bleibt dem Verantwortlichen überlassen – was in der Praxis erhebliche Rechtsunsicherheiten verursacht. Der CRA hingegen arbeitet mit einem eher objektivierenden Maßstab, etwa durch konkretisierte Vorgaben zu Schwachstellenmanagement und Updatepflichten. Allerdings besteht auch hier weiterer Konkretisierungsbedarf, etwa im Hinblick auf die Ausgestaltung risikoadäquater Maßnahmen über unterschiedliche Produktkategorien und Lebenszyklusphasen hinweg.
- Maßnahmenbezug und Verbindlichkeit: Beide Verordnungen verlangen „angemessene" Maßnahmen, doch der CRA spezifiziert diese technischer und verbindlicher – z. B. in Anhang I. Die DSGVO bleibt bewusst flexibel, was die Skalierbarkeit verbessert, zugleich aber Nachvollziehbarkeit und Vergleichbarkeit erschwert.

Gerade in Konstellationen, in denen beide Verordnungen gleichzeitig Anwendung finden entstehen nicht nur Herausforderungen, sondern auch Synergiepotenziale: Eine koordinierte, interdisziplinär konzipierte Risikobewertung kann sowohl datenschutzrechtliche als auch cybersicherheitsbezogene Anforderungen berücksichtigen und dadurch konsistente Schutzkonzepte ermöglichen.

Ein besonders vielversprechender Ansatz liegt in der Weiterentwicklung von Metrikensystemen im Sinne von Gärtner und Selzer. Diese ermöglichen eine systematische, nachvollziehbare Bewertung und Steuerung technischer und organisatorischer Maßnahmen auf Basis standardisierter Kennzahlen. Sie tragen damit nicht nur zur Erfüllung der Rechenschaftspflicht bei, sondern könnten perspektivisch auch auf CRA-relevante Prozesse – wie Produktüberwachung oder Patch-Management – übertragen werden. Eine solche methodische Brücke könnte helfen, beide Regelwerke in einem kohärenten Risikomanagement zu integrieren. Die Herausforderung besteht somit nicht nur in der parallelen Anwendung beider Regelungen, sondern in ihrer konzeptionellen Verschränkung. Wer Datenschutz und Cybersicherheit als zwei Seiten desselben Risikobegriffs versteht, kann nicht nur Doppelarbeit vermeiden, sondern gezielt Effektivität, Effizienz und Transparenz verbessern – im Sinne eines europäischen digitalen Binnenmarkts, der Sicherheit und Grundrechte gleichermaßen wahrt.

Danksagung. Die diesem Beitrag zugrunde liegenden Forschungsarbeiten wurden vom Bundesministerium für Bildung und Forschung (BMBF) und vom Hessischen Ministerium für Wissenschaft und Kunst (HMWK) im Rahmen ihrer gemeinsamen Förderung für das Nationale Forschungszentrum für angewandte Cybersicherheit ATHENE unterstützt.

Literatur

Appelt, Dominik/Enzmann, Matthias/Selzer, Annika/Wolf, Ruben: Datenschutz und Cybersicherheit gemeinsam angehen, über https://background.tagesspiegel.de/digitalisierung-und-ki/briefing/datenschutz-und-cybersicherheit-gemeinsam-angehen.

Arzt, Steven/Fischer, Leonie/Kreutzer, Michael/Scheel, Kristin/Schneider, Markus/Schreiber, Linda/Selzer, Annika: Der EU Cyber Resilience Act: Ein Überblick aus rechtlicher Sicht, über https://publica-rest.fraunhofer.de/server/api/core/bitstreams/e8011c2c-f784-410f-ae98-849806f768dd/content.

Ehmann, Eugen/Selmayr, Martin: Datenschutz-Grundverordnung, 3. Auflage, München 2024.

Gärtner, Tanya/Selzer, Annika: Metriksysteme als Beitrag zur Umsetzung des risikobasierten Ansatzes – Angemessene Umsetzung des technisch-organisatorischen Datenschutzes durch Metriksysteme, DuD 2023, S. 367.

Gola, Peter/Heckmann, Dirk: Datenschutz-Grundverordnung, Bundesdatenschutzgesetz – Kommentar, 3. Auflage, München 2022.

Jandt, Silke/Steidle, Roland: Datenschutz im Internet – Rechtshandbuch zu DSGVO und BDSG, 2. Auflage, Baden-Baden 2025.

Kühling, Jürgen/Buchner, Benedikt: Datenschutz-Grundverordnung Kommentar, 4. Auflage, München 2024.

Rockstroh, Sebastian: EU-Cybersicherheitsrecht für Produkte – Ein Überblick – Der Flickenteppich braucht Struktur, DuD, S. 332.

Roth-Isigkeit, David: Der risikobasierte Ansatz als Paradigma des Digitalverwaltungsrechts – Die KI-VO im Kontext europäischer Risikoregulierung, MMR 2024, S. 621.

Simitis, Spiros/Hornung, Gerrit/Spiecker, Indra: Datenschutzrecht – DSGVO mit BDSG (Kommentar), 2. Auflage, Baden Baden 2024.

Open Access Dieses Kapitel wird unter der Creative Commons Namensnennung - Nicht kommerziell - Keine Bearbeitung 4.0 International Lizenz (http://creativecommons.org/licenses/by-nc-nd/4.0/deed.de) veröffentlicht, welche die nicht-kommerzielle Nutzung, Vervielfältigung, Verbreitung und Wiedergabe in jeglichem Medium und Format erlaubt, sofern Sie den/die ursprünglichen Autor(en) und die Quelle ordnungsgemäß nennen, einen Link zur Creative Commons Lizenz beifügen und angeben, ob Änderungen vorgenommen wurden. Die Lizenz gibt Ihnen nicht das Recht, bearbeitete oder sonst wie umgestaltete Fassungen dieses Werkes zu verbreiten oder öffentlich wiederzugeben.

Die in diesem Kapitel enthaltenen Bilder und sonstiges Drittmaterial unterliegen ebenfalls der genannten Creative Commons Lizenz, sofern sich aus der Abbildungslegende nichts anderes ergibt. Sofern das betreffende Material nicht unter der genannten Creative Commons Lizenz steht und die betreffende Handlung nicht nach gesetzlichen Vorschriften erlaubt ist, ist auch für die oben aufgeführten nicht-kommerziellen Weiterverwendungen des Materials die Einwilligung des jeweiligen Rechteinhabers einzuholen.

KI in der Personalauswahl: Rechtliche Anforderungen vereinen

Marina Steenbergen(✉)

Fraunhofer SIT und ATHENE, Darmstadt, Deutschland
`marina.steenbergen@sit.fraunhofer.de`

1 KI und Diskriminierung in der Personalauswahl

Der Einsatz von KI gewinnt in verschiedenen Bereichen zunehmend an Bedeutung. Ein Anwendungsfeld, das besonders für Arbeitgeber attraktiv erscheint, ist die Personalauswahl, um den Rekrutierungsprozess zu optimieren, die Effizienz zu steigern und die Qualität der Auswahlentscheidungen zu verbessern. Hierbei kommen verschiedene Einsatzzwecke in Betracht, die nachfolgend näher untersucht werden sollen:

1. Das **Zusammenfassen und Sortieren** von Bewerbungsunterlagen, ohne die Eignung der Bewerber zu bewerten. Dazu sollen relevante Informationen durch die Lern- und Ableitungsfähigkeit sowie Entscheidungsfindungen der KI zusammengefasst werden.
2. Das **Führen unstrukturierter Bewerbungsgespräche** mit freier Gesprächsführung[1] und anschließender Berichterstattung. Hierzu soll KI eigene, vertiefende Fragen basierend auf dem Gesprächsverlauf und den Antworten der Bewerber stellen.
3. Die gezielte Ermittlung geeigneter Bewerber, indem KI eine **Bewertung, Analyse und Herleitung von Charaktereigenschaften** solcher anhand der eingereichten Bewerbungsunterlagen vornimmt. Daten aus Bewerbungsgesprächen oder Videotelefonaten können zusätzlich in Hinblick auf Mimik, Gestik, Stimme und Verhalten analysiert werden, wodurch weitere Persönlichkeitsmerkmale und Soft Skills der Bewerber abgeleitet[2] oder die Glaubwürdigkeit bewertet werden können.[3]

Zu berücksichtigen ist dabei jedoch, dass KI-Systeme auch Risiken bergen, die der Unionsgesetzgeber jüngst im Rahmen der KI-VO[4] adressiert hat. Sogenannte

---

[1] Leutner/Mondragon, in: Stulle/Justenhoven, Personalauswahl 4.0. KI, Machine Learning, Gamification und andere Innovationen in der Praxis, 2023, S. 151 f.
[2] Schepers, Digitalisierte Personalauswahl. Die Zulässigkeit algorithmenbasierter Verfahren der Eignungsdiagnostik, 2024, S. 135.
[3] Stulle, in: Stulle/ Justenhoven, S. 13.
[4] Die Verordnung (EU) 2024/1689 vom 13. Juni 2024 zur Festlegung harmonisierter Vorschriften für künstliche Intelligenz trat am 1. August 2024 in Kraft. Einzelne Normen gelten bereits ab Beginn und Mitte 2025, während die Verordnung als Ganze erst ab dem 2. August 2026 gelten wird.

© Der/die Autor(en) 2026
A. Selzer (Hrsg.): Aktuelle Entwicklungen des Rechtsrahmens der Cybersicherheit und Privatheit, P. 33–52. https://doi.org/10.1007/978-3-658-49640-1_4

Verzerrungseffekte, also fehlerhafte Annahmen – in Art. 10 Abs. 2 lit. f KI-VO auch als „*Bias*" bezeichnet – können dazu führen, dass KI von (reproduzierter) Diskriminierung geprägt wird und befangene Entscheidungen trifft.[5] Jene Entscheidungen können eine mittelbare oder unmittelbare, verbotene Benachteiligung nach § 3 AGG darstellen. So sind besonders mittelbare Benachteiligungen durch KI denkbar,[6] etwa wenn anhand von Bewerbungsfotos und den darauf erkennbaren, äußeren Merkmalen Korrelationen zum möglichen Alter der Bewerber geschlossen und Bewerber dadurch – ohne Rechtfertigung durch ein berechtigtes, billigenswertes und schutzwürdiges Interesse des Arbeitgebers – aussortiert werden.

In diesem Beitrag wird in Hinblick auf jene Benachteiligungsgefahr untersucht, welche Maßnahmen Arbeitgeber für einen rechtskonformen Einsatz von KI zur Bewerberauswahl ergreifen müssen. Nach einer Bestimmung der Rolle von Arbeitgebern bei einem solchen Einsatz von KI (2.), erfolgt hierzu eine Risikoeinordnung gemäß der KI-VO (3.). Im Anschluss zeigt der Beitrag erste Handlungsempfehlungen auf, wie Arbeitgeber neue Maßnahmen gemäß der KI-VO mit den Rahmenbedingungen des Arbeits- und Datenschutzrechts und bereits bestehenden Prozessen vereinen können (4.). Der Beitrag schließt mit einem Fazit, wie sich folglich ein fairer und rechtskonformer Einsatz von KI in der Personalauswahl durch Arbeitgeber realisieren lässt (5.).

2 Rolle der Arbeitgeber

2.1 Betreiber nach der KI-VO

Nach Art. 2 Abs. 1 KI-VO sind es vor allem KI-Anbieter bzw. Entwickler, die Maßnahmen ergreifen müssen, um den Risiken eines KI-Systems entgegenzuwirken. Aber auch KI-Betreiber werden gemäß Art. 2 Abs. 1 lit. b und lit. c KI-VO vom Anwendungsbereich umfasst. Dies ist nach der Begriffsbestimmung in Art. 3 Nr. 4 KI-VO jeder, der ein KI-System in eigener Verantwortung für nicht-persönliche Tätigkeiten verwendet. Arbeitgeber, die KI-Systeme für die Personalauswahl einsetzen, werden diese regelmäßig bei einem entsprechenden Anbieter beziehen und anschließend innerhalb der europäischen Union – als räumlicher Geltungsbereich der KI-VO – einsetzen. Folglich nehmen Arbeitgeber die Rolle des KI-Betreibers ein.

2.2 Verantwortliche nach der DSGVO

Für einen Einsatz in der Personalauswahl ist zugleich unerlässlich, dass dem KI-System personenbezogene Daten in Form von Bewerberdaten als Eingabedaten[7] bereit-

---

[5] Pek, in: Chibanguza/Kuß/Steege, Künstliche Intelligenz, 2022, § 6 Kap. B, Rn. 4.
[6] v. Lewinski/Barros Fritz, Arbeitgeberhaftung nach dem AGG infolge des Einsatzes von Algorithmen bei Personalentscheidungen, NZA 2018, S. 620.
[7] Art. 3 Nr. 33 KI-VO: „Eingabedaten, die in ein KI-System eingespeisten oder von diesem direkt erfassten Daten, auf deren Grundlage das System eine Ausgabe hervorbringt."

gestellt werden. Dies können je nach Einsatzzweck eingereichte Bewerbungsunterlagen sein, aber auch Daten aus Bewerbungsgesprächen. Arbeitgeber, welche durch den Einsatz von KI über Zwecke und Mittel einer Verarbeitung entscheiden, sind somit zugleich Verantwortliche nach der DSGVO, deren Anwendungsbereich bei der Verarbeitung personenbezogener Daten ebenfalls eröffnet ist. Da die KI-VO die DSGVO gemäß Art. 2 Abs. 7 S. 2 KI-VO unberührt lässt, finden beide Verordnungen vollständig parallel zueinander Anwendung.[8]

2.3 Arbeitgeber im arbeitsrechtlichen Sinne

Neben der DSGVO und der KI-VO, die den allgemeinen Einsatz von KI-Systemen bzw. die Verarbeitung personenbezogener Daten zum Gegenstand haben, gelten für die jeweiligen KI-Systeme weiterhin auch anwendungsspezifische Einsatzbedingungen.[9] Bei einem Einsatz für die Personalauswahl sind dies Regulierungen des Arbeitsrechts, wobei aufgrund der zuvor dargestellten Diskriminierungsgefahr vor allem auf das arbeitsrechtliche Benachteiligungsverbot nach § 7 AGG abzustellen ist. Maßnahmen, um Benachteiligungen präventiv und kurativ zu unterbinden, treffen Arbeitgeber durch das AGG selbst sowie das BetrVG, das u. a. die Rechte und Pflichten des Betriebsrats sowie die Zusammenarbeit mit dem Arbeitgeber regelt.

Folglich bleiben Arbeitgeber neben ihrer Rolle als KI-Betreiber und Verantwortlicher i. S. d. Datenschutzrechts auch Arbeitgeber im arbeitsrechtlichen Sinne.

3 Risikobasierte Vorgehensweise

3.1 Risikotaxonomie der KI-VO

Das Risiko von Verzerrungen und Fehlentscheidungen durch KI kann in jedem Einsatzbereich auftreten, allerdings ist sich der Unionsgesetzgeber bewusst, dass die Risikohöhen jeweils unterschiedlich ausfallen können. Aus diesem Grund verfolgt die KI-VO – wie auch die DSGVO[10] – einen risikobasierten Ansatz,[11] wonach die Intensität erforderlicher Maßnahmen mit der Höhe des Risikos eines KI-Systems zunimmt. Die Höhe bemisst sich dabei gemäß Art. 3 Nr. 2 KI-VO – ebenfalls wie bei der DSGVO – anhand der Wahrscheinlichkeit des Schadenseintritts sowie der Schwere des Schadens. Anders als die DSGVO, die auf feste Risikostufen verzichtet[12]

---

[8] Hierzu kritisch etwa Nebel/Geminn, Das Zusammenspiel von KI-VO und DS-GVO, DuD 2025, S. 279 ff., welche teilweise von „Friktionen" sprechen; a. A. Bausewein, Synergiepotenziale zwischen DSGVO und KI-VO für KI-System-Betreiber, DuD 2024, S. 293, wonach sich einige Dopplungen nicht gegenseitig ausschließen, wie auch dieser Beitrag aufzeigt.
[9] Möller-Klapperich, Die neue KI-Verordnung der EU, NJ 2024, S. 338.
[10] Art. 24 Abs. 1 und Art. 32 DSGVO.
[11] Erwgr. 26 KI-VO.
[12] Lang, in: Taeger/Gabel, DSGVO BDSG TTDSG, 2022, Art. 24 Rn. 59.

und von Verantwortlichen somit zur Bestimmung erforderlicher technischer und organisatorischer Maßnahmen eine grobe Selbsteinschätzung erwartet, ergibt sich aber aus der KI-VO eine feste Einordnung mit verschiedenen Risikostufen:[13]

1. **Verbotene KI-Praktiken** nach Art. 5 KI-VO, die aufgrund eines besonders hohen Risikos ab 2. Februar 2025 nicht in Verkehr gebracht, in Betrieb genommen und verwendet werden dürfen. Eine entsprechende Einordnung resultiert folglich nicht in verpflichtenden Maßnahmen, sondern in einem Verbot.
2. **Hochrisiko-KI-Systeme** nach Art. 6 KI-VO, die am maßgebendsten von der KI-VO durch Pflichten wie Transparenzanforderungen, ein Risikomanagement und eine Überwachung der KI-Systeme reguliert werden. Solche KI-Systeme werden explizit in Anhang I und III KI-VO benannt. Eine Ausnahme von den Pflichten ist nach Art. 6 Abs. 3 KI-VO unter bestimmten Bedingungen möglich, wenn hierdurch kein erhebliches Risiko für natürliche Personen entsteht.
3. **KI-Systeme ohne hohes Risiko** nach Art. 95 Abs. 1 KI-VO, die im Umkehrschluss ein geringes bis höchstens mittleres Risiko aufweisen. Für solche KI-Systeme ist durch entsprechende Verhaltenskodizes nur eine freiwillige Anwendung der Maßnahmen für Hochrisiko-KI-Systeme vorgesehen.

Zusätzlich bestehen erweiterte Transparenzpflichten für „**bestimmte**" **KI-Systeme** i. S. d. Art. 50 KI-VO, die sich von KI-Systemen mit allgemeinem Verwendungszweck abgrenzen lassen.[14] Bei bestimmten KI-Systemen handelt es sich u. a. um generative oder interaktive KI-Systeme wie *ChatGPT* oder *DALL-E*. Die allgemeine Risikotaxonomie findet auch auf bestimmte KI-Systeme Anwendung,[15] sodass entweder parallel die Anforderungen eines Hochrisiko-KI-Systems oder lediglich die freiwilligen Verhaltenskodizes gelten.[16]

Gemäß Art. 49 KI-VO muss zudem vor dem Inverkehrbringen oder der Inbetriebnahme jedes KI-System durch den Anbieter bei der EU-Datenbank der Europäischen Kommission des Anbieters registriert werden. Eine Einordnung des Risikos erfolgt dabei grundsätzlich durch eine Selbsteinschätzung des Anbieters.[17] Eine fehlerhafte Einordnung birgt für Betreiber jedoch die Gefahr, ein möglicherweise verbotenes KI-System zu nutzen, was bereits zu Sanktionen führen kann. Arbeitgebern ist daher zu raten, die Einordnung des Systems insbesondere bei Bedenken selbst zu prüfen.

---

[13] Vgl. Frank/Heine, Arbeitsrechtliche Dimension der KI-Verordnung, NZA 2024, S. 434.
[14] s. Art. 3 Nr. 66 KI-VO, wonach das KI-System (durch Integration) für eine Vielzahl von Zwecken genutzt werden kann.
[15] a. A. Martini, in: Martini/Wendehorst, KI-VO, 2024, Art. 50 Rn. 1, wonach bestimmte KI-Systeme eine eigne Risikokategorie darstellen.
[16] s. Erwgr. 132 S. 1 KI-VO, wonach bestimmte KI-Systeme „hochriskant" sein können.
[17] Ruschemeier, in: Martini/Wendehorst, KI-VO, Art. 6 Rn. 90.

3.2 Anwendbarkeit auf den Einsatz in der Personalauswahl

Ausschluss einer verbotenen Praktik. Wird die Risikotaxonomie nun auf die Personalauswahl bzw. die zuvor genannten Einsatzzwecke angewendet, stellt sich zunächst die Frage, ob es sich um verbotene Praktiken handeln könnte und sich ein Einsatz a priori ausschließen lässt. Artikel 5 KI-VO nennt acht verschiedene Einsatzzwecke, die potenziell für Zwecke der Manipulation, Ausbeutung oder soziale Kontrolle missbraucht werden können. Für den Anwendungsfall der Personalauswahl kommen hiervon wiederum drei Praktiken in Betracht, wobei aufgrund der teils „unscharfen" Tatbestände[18] Rechtsunsicherheiten hinsichtlich der konkreten Einordnung bestehen dürften:

Social Scoring. Zunächst kommt eine Bewertung des sozialen Verhaltens von Personen über einen bestimmten Zeitraum nach Art. 5 Abs. 1 lit. c KI-VO in Betracht, die zu einer Schlechterstellung oder Benachteiligung führt. Hierbei werden allerdings weder die Merkmale „Schlechterstellung" und „Benachteiligung" ausreichend differenziert, noch wird das Tatbestandsmerkmal der Bewertung über einen „bestimmten Zeitraum" konkretisiert, auch nicht im dazugehörigen Erwgr. 31 KI-VO.

Unter grammatikalischer Auslegung kann allerdings davon ausgegangen werden, dass damit längerfristige Verhaltensbeobachtungen – etwa bei bereits bestehenden Arbeitsverhältnissen[19] – gemeint und anlassbezogene, einmalige (Auswahl)verfahren nicht umfasst sind.[20] Da dem Wortlaut zufolge der Schutzgegenstand der Norm zudem die Sicherstellung gesellschaftlicher oder sozialer Eingliederung ist, kann auch davon ausgegangen werden, dass eine Stellenabsage als potenzielles Ergebnis der Bewertung nicht mit einer „qualifizierten Schlechterstellung oder Benachteiligung"[21] nach Art. 5 Abs. 1 lit. c Ziff. i oder ii KI-VO gleichgesetzt werden kann.

Verbotene Emotionserkennung an einer Bildungseinrichtung oder am Arbeitsplatz. Auch für die Emotionserkennung gemäß Art. 5 Abs. 1 lit. f KI-VO besteht Auslegungsspielraum. So lässt sich diskutieren, ob unter einen Einsatz am „Arbeitsplatz" auch Bewerber fallen, wenn auch gleich terminologisch von einer weiten Auslegung des Begriffs auszugehen und dieser nicht „strikt räumlich" zu verstehen ist.[22]

Die Antwort ergibt sich möglicherweise aus einer systematischen Betrachtung weiterer Regelungen der KI-VO: Erfolgt eine Emotionserkennung durch KI **nicht** an einer Bildungseinrichtung oder einem Arbeitsplatz, ist diese stattdessen als Hochrisiko-KI-System nach Art. 6 Abs. 2 i. V. m. Anhang III Nr. 1 lit. c KI-VO zu betrachten, und birgt folglich ein geringeres Risiko. Demnach ist davon auszugehen, dass sich die Risikohöhe einer KI-Emotionserkennung nicht an den Räumlichkeiten,

---
[18] Wybitul, Geldbußen wegen Verstößen gegen die KI-Verordnung, NJW 2024, S. 2643.
[19] Frank/Heine, NZA 2024, S. 435.
[20] Wendehorst, in: Martini/Wendehorst, KI-VO, Art. 5 Rn. 68.
[21] Wendehorst, in: Martini/Wendehorst, KI-VO, Rn. 69, wobei exemplarisch das Versagen eines Mietvertrags aufgrund der Kreditwürdigkeit angeführt wird.
[22] ebenda, Rn. 108 f.

sondern der sich dahinter verbergenden Zielgruppe bemisst, die sich vor allem bei Bildungseinrichtungen dadurch auszeichnet, dass sie sich in einem gewissen Abhängigkeitsverhältnis[23] bzw. Machtungleichgewicht befinden.

Solche Machtungleichgewichte können allerdings auch in anderen Konstellationen bestehen, weshalb wohl auf eine andere Gemeinsamkeit zwischen Personen am Arbeitsplatz und Bildungsrichtungen abzustellen ist: Entweder auf die vertragliche Bindung, die bei Bewerbern nur von vorvertraglicher Natur ist, oder auf die Möglichkeit zur dauerhaften Emotionserkennung. Beides ist bei Bewerbern nicht gegeben, weshalb bisher davon ausgegangen werden kann, dass der Begriff „Arbeitsplatz" in Art. 5 Abs. 1 lit. f KI-VO Bewerber nicht umfasst.

Verbotene biometrische Kategorisierung. Zuletzt kommt eine biometrische Kategorisierung nach Art. 5 Abs. 1 lit. g KI-VO in Betracht, um sensible Merkmale wie die ethnische Herkunft („Rasse"), politische Einstellungen, Gewerkschaftszugehörigkeit, religiöse oder weltanschauliche Überzeugungen oder sexuelle Ausrichtung über natürliche Personen herzuleiten. Biometrischkategorisierende Systeme werden in Art. 3 Nr. 40 KI-VO legaldefiniert und liegen demnach vor, wenn natürliche Personen anhand biometrischer Daten bestimmten Kategorien zugeordnet werden.

Diskussionswürdig ist dabei der Zusatz, dass die Kategorisierung die „Nebenfunktion eines anderen kommerziellen Dienstes" darstellen und aus „objektiven, technischen Gründen unbedingt erforderlich" sein muss. Unter Betrachtung der englischen Fassung des Art. 5 Abs. 1 lit. g KI-VO[24] ist davon auszugehen, dass es sich hierbei um ein Redaktionsversehen der deutschen Fassung der KI-VO handeln muss.[25] Stattdessen werden biometrische Kategorisierungen, die nur eine Nebenfunktion erfüllen, von der Definition ausgenommen.[26] Unter Berücksichtigung des Schutzes betroffener Personen ist zugleich nicht ersichtlich, weshalb solche Systeme nicht dennoch dem Verbot nach Art. 5 Abs. 1 lit. g KI-VO unterfallen können sollten, wenn sie ein sensibles Merkmal herleiten.

Zur Identifikation dieser Praktik ist jedoch in erster Linie maßgebend, ob ein KI-System überhaupt biometrische Daten nach Art. 3 Nr. 34 KI-VO verwendet, wobei die Definition nahezu identisch mit solcher nach Art. 4 Nr. 14 DSGVO ist. Dies sind danach physische, physiologische oder verhaltenstypische Merkmale von betroffenen Personen, die nur mit „speziellen technischen Verfahren" gewonnen werden können. In Bewerbungsunterlagen enthaltene Lichtbilder, die zwar sowohl von der DSGVO

---

[23] ebenda, Rn. 112.
[24] "biometric categorisation system' means an AI system for the purpose of assigning natural persons to specific categories on the basis of their biometric data, **unless** it is ancillary to another commercial service and strictly necessary for objective technical reasons".
[25] Wendehorst, in: Martini/Wendehorst, KI-VO, Art. 3 Rn. 284.
[26] ebenda, Art. 5 Rn. 127, wonach jene Ausnahmeregelung „systematisch an der falschen Stelle" stehe und solche Systeme wohl auch nicht vom Verbot in Art. 5 Abs. 1 lit. g KI-VO betroffen seien.

als auch der KI-VO exemplarisch als biometrische Daten benannt werden,[27] sind z. B. nur dann als biometrische Daten zu betrachten, wenn sie mit speziellen Mitteln unmittelbar maschinell ausgewertet werden.

Verbotene biometrische Kategorisierungen sind in diesem Kontext daher ausschließlich für *Einsatzzweck 3* denkbar, wenn Stimm- oder Videoaufnahmen mit speziellen Verfahren wie Gesichtserkennungen oder -analysen verarbeitet werden. Arbeitgeber müssten für ein Verbot aber zusätzlich die jeweils genannten Merkmale herleiten (Tab. 1).

Tab. 1. Einordnung verschiedener KI-Systeme als verbotene Praktiken

	Merkmal	Zweck 1 Zusammenfassungen	Zweck 2 Bewerbungsgespräche	Zweck 3 Bewertungen	Rechtsfolge oder Pflichten
Verbotene Praktik (Art. 5 KI-VO)	Social Scoring (Bewertung des Verhaltens über einen bestimmten Zeitraum)			(X)	Kein rechtskonformer Einsatz möglich
	Emotionserkennung (am Arbeitsplatz oder Bildungseinrichtungen)			(X)	
	Biometrische Kategorisierung (Ableiten bestimmter Merkmale durch biometrische Daten)			(X)*	
Hochrisiko-KI-System (Art. 6 i. V. m. Anhang III KI-VO)					Anforderungen der Art. 8-27 KI-VO, überwiegend für Anbieter und in Teilen für Betreiber
KI-System mit „geringem" Risiko (Art. 95 KI-VO)					Freiwillige Anwendung bestimmter Anforderungen nach Verhaltenskodizes des Büros für Künstliche Intelligenz
Bestimmtes KI-System (Art. 50 KI-VO)					Transparenz- und Informationspflichten für Anbieter und / oder Betreiber

(X) = Nach hier vertretener Meinung nicht gegeben, aber bei alternativer Auslegung und Ausgestaltung möglich
* Unter der Voraussetzung, dass keine in Art. 5 Abs. 1 lit. g KI-VO genannten Merkmale hergeleitet werden.

Hochrisiko-KI-Systeme. Vielmehr sollten Arbeitgeber davon ausgehen, dass es sich bei KI-Systemen zu Zwecken der Personalauswahl um Hochrisiko-KI-Systeme nach Art. 6 Abs. 2 KI-VO handeln wird: Systeme für die Einstellung oder Auswahl natürlicher Personen im Beschäftigungsbereich, „insbesondere" das Sichten, Filtern und Bewerten von Bewerbungen als Prozesse der Personalauswahl, stellen einen hochriskanten Einsatzbereich nach Anhang III Nr. 4 KI-VO lit. a KI-VO dar.

Allerdings sieht Art. 6 Abs. 3 KI-VO auch vor, dass Anbieter im Rahmen der Selbsteinschätzung ihre KI-Systeme von der Einordnung als Hochrisiko-KI-System ausnehmen lassen können, selbst wenn diese in einem kritischen Bereich nach Anhang III KI-VO eingesetzt werden. Die Ausnahmeregelung gilt für KI-Systeme, die das Ergebnis einer Entscheidungsfindung nicht wesentlich beeinflussen, indem sie „keine Auswirkung" darauf haben. Dies ist der Fall, wenn mindestens ein Tatbestand

---

[27] Weichert, in: Kühling/Buchner, DS-GVO BDSG, 2024, Art. 9 Rn. 33; Wendehorst, in: Martini/Wendehorst, KI-VO, Art. 3 Rn. 243.

des Art. 6 Abs. 3 UAbs. 2 lit. a-d KI-VO erfüllt ist, etwa wenn ein KI-System nur zur Vorbereitung einer anschließenden Bewertung (lit. d) genutzt wird.

Einsatzzweck 1 und 2. Unter Berücksichtigung der Ausnahmemöglichkeit in Art. 6 Abs. 3 KI-VO lassen sich *Einsatzzweck 1 und 2* potenziell als entscheidungsvorbereitende Maßnahmen i. S. d. Art. 6 Abs. 3 UAbs. 2 lit. d KI-VO einordnen, da hierbei noch keine Bewertung der Eignung von Bewerbern erfolgt. Dadurch würde es sich bei beiden Einsatzzwecken um kein hochriskantes KI-System handeln, bzw. bei *Einsatzzweck 2* lediglich um ein bestimmtes, interaktives KI-System nach Art. 50 Abs. 1 KI-VO (Tab. 2).

Tab. 2. Risikoeinordnung der Einsatzwecke 1 und 2 nach der KI-VO

Merkmal		Zweck 1 Zusammenfassungen	Zweck 2 Bewerbungsgespräche	Zweck 3 Bewertungen	Rechtsfolge oder Pflichten
Verbotene Praktik (Art. 5 KI-VO)	Social Scoring (Bewertung des Verhaltens über einen bestimmten Zeitraum)			(X)	Kein rechtskonformer Einsatz möglich
	Emotionserkennung (am Arbeitsplatz oder Bildungseinrichtungen)			(X)	
	Biometrische Kategorisierung (Ableiten bestimmter Merkmale durch biometrische Daten)			(X)*	
Hochrisiko-KI-System (Art. 6 i. V. m. Anhang III KI-VO)	Risikobereich: Beschäftigung	(X)	(X)	X	Anforderungen der Art. 8-27 KI-VO, überwiegend für Anbieter und in Teilen für Betreiber
KI-System mit „geringem" Risiko (Art. 95 KI-VO)	Keine Einordnung als verbotene Praktik oder Hochrisiko-KI-System	X	X		Freiwillige Anwendung bestimmter Anforderungen nach Verhaltenskodizes des Büros für Künstliche Intelligenz
Bestimmtes KI-System (Art. 50 KI-VO)	Direkte Interaktion mit natürlichen Personen		X		Transparenz- und Informationspflichten für Anbieter und / oder Betreiber

(X) = Nach hier vertretener Meinung nicht gegeben, aber bei alternativer Auslegung und Ausgestaltung möglich
* Unter der Voraussetzung, dass keine in Art. 5 Abs. 1 lit. g KI-VO genannten Merkmale hergeleitet werden.

Einsatzzweck 3. Das Bewerten oder Herleiten von Charaktereigenschaften bzw. der Eignung eines Bewerbers wird die Anstellungsentscheidung hingegen wesentlich beeinflussen – unabhängig davon, ob KI der finale Entscheidungsträger ist, oder ein menschlicher Personalverantwortlicher.

Unter Berücksichtigung der Rechtsprechung des EuGH zu automatisierten Entscheidungsfindung nach Art. 22 DSGVO[28] könnte *Einsatzzweck 3* zudem als *Profiling* i. S. d. Art. 4 Nr. 4 DSGVO– eine Bewertung persönlicher Aspekte natürlicher Personen, um Aspekte wie die Arbeitsleistung, Zuverlässigkeit oder Verhalten zu analysieren oder vorherzusagen – zu betrachten sein, da die Bewertung die finale

---

[28] EuGH, Urt. v. 07.12.2023 – C-634/21, NJW 2024, S. 413 Rn. 48 – OQ/Land Hessen, wonach eine Entscheidungsfindung vorliegt, wenn diese die rechtliche oder ähnliche Wirkung „maßgeblich" leitet.

Anstellungsentscheidung „maßgeblich leiten" kann. Die Ausnahmeregelung nach Art. 6 Abs. 3 KI-VO ist auf Fälle des *Profilings* nicht anwendbar.

Weiterhin kann *Einsatzzweck 3* zusätzlich unter den hochriskanten Einsatzbereich „Biometrie" nach Anhang III Nr. 1 KI-VO fallen, wenn das KI-System biometrische Daten zur Bewertung verwendet (s. o.). Von den drei genannten Anwendungsfällen wäre dabei eine zulässige Emotionserkennung nach Anhang III Nr. 1 lit. c KI-VO, die mit Art. 3 Nr. 39 KI-VO ebenfalls legaldefiniert wird,[29] oder eine zulässige biometrische Kategorisierung nach Anhang III Nr. 1 lit. b KI-VO denkbar, solange andere Merkmale als bei der zuvor erwähnten verbotenen biometrischen Kategorisierung hergeleitet werden.

Auslegungsbedürftig bzw. zugunsten von Arbeitgebern zwingend klärungsbedürftig ist jedoch auch hier die Frage, ob die Definition bzw. „Ausnahme" von biometrisch-kategorisierenden Systemen in Art. 3 Nr. 40 KI-VO, die nur eine technischerforderliche Nebenfunktion darstellen, auch für die Einordnung als Hochrisiko-KI-System und die daraus resultierenden Pflichten gilt. Da die Ausnahme andernfalls ins Leere laufen würde, ist davon bisher auszugehen.[30] Beide Anwendungsfälle führen aber allenfalls zu zusätzlichen Transparenzpflichten für bestimmte KI-Systeme nach Art. 50 Abs. 3 KI-VO (Tab. 3).

Tab. 3. Finale Risikoeinordnung nach der KI-VO

	Merkmal	Zweck 1 Zusammenfassungen	Zweck 2 Bewerbungsgespräche	Zweck 3 Bewertungen	Rechtsfolge oder Pflichten
Verbotene Praktik (Art. 5 KI-VO)	Social Scoring (Bewertung des Verhaltens über einen bestimmten Zeitraum)			(X)	Kein rechtskonformer Einsatz möglich
	Emotionserkennung (am Arbeitsplatz oder Bildungseinrichtungen)			(X)	
	Biometrische Kategorisierung (Ableiten bestimmter Merkmale durch biometrische Daten)			(X)*	
Hochrisiko-KI-System (Art. 6 i. V. m. Anhang III KI-VO)	Risikobereich: Beschäftigung	(X)	(X)	X	Anforderungen der Art. 8-27 KI-VO, überwiegend für Anbieter und in Teilen für Betreiber
	Risikobereich: Biometrie			X	
KI-System mit „geringem" Risiko (Art. 95 KI-VO)	Keine Einordnung als verbotene Praktik oder Hochrisiko-KI-System	X	X		Freiwillige Anwendung bestimmter Anforderungen nach Verhaltenskodizes des Büros für Künstliche Intelligenz
Bestimmtes KI-System (Art. 50 KI-VO)	Direkte Interaktion mit natürlichen Personen		X		Transparenz- und Informationspflichten für Anbieter und / oder Betreiber
	Emotionserkennung oder biometrische Kategorisierung			X	

(X) = Nach hier vertretener Meinung nicht gegeben, aber bei alternativer Auslegung und Ausgestaltung möglich
* Unter der Voraussetzung, dass keine in Art. 5 Abs. 1 lit. g KI-VO genannte Merkmale hergeleitet werden.

---

[29] Ein Emotionserkennungssystem soll „Emotionen oder Absichten natürlicher Personen auf der Grundlage ihrer biometrischen Daten" feststellen oder daraus ableiten.
[30] So auch Wendehorst, in: Martini/Wendehorst, KI-VO, Art. 5 Rn. 127.

4 Vereinbarkeit resultierender Pflichten

Während sich für KI-Betreiber nach dieser Einordnung bei den *Einsatzzwecken 1 und 2* aus der KI-VO folglich nur Pflichten ergeben, wenn es sich um ein interaktives, bestimmtes KI-System handelt, bestehen für *Einsatzzweck 3* als Hochrisiko-KI-System verstärkte Anforderungen. Dabei kommt es zu Überschneidungen mit arbeitsrechtlichen Pflichten sowie datenschutzrechtlichen Anforderungen, die gleichzeitig auch für *Einsatzzweck 1 und 2* zu berücksichtigen sind und sich ggf. vereinen lassen:

4.1 Schritt 1: Kooperation mit dem Betriebsrat

Die Einbeziehung des Betriebsrats im Planungsstadium dürfte Arbeitgebern bereits bezüglich Datenschutzangelegenheiten bekannt sein: Nicht nur sollen sich Arbeitgeber und Betriebsrat nach § 79a S. 3 BetrVG gegenseitig bei der Einhaltung von Datenschutzvorschriften unterstützen, § 80 Abs. 1 Nr. 1 BetrVG sieht auch eine allgemeine Überwachungsfunktion des Betriebsrats über die Einhaltung von Rechtsvorschriften zum Arbeitnehmerschutz vor. Bewerber werden im Gegensatz dazu innerhalb des BetrVG zwar nicht unmittelbar als Rechtssubjekt genannt, aber in vereinzelten Normen zur Einstellung von Beschäftigten aufgegriffen:

Personalplanungsmaßnahmen und KI-Angelegenheiten. So erhält der Betriebsrat für Maßnahmen der allgemeinen Personalplanung nach § 92 BetrVG ein Unterrichtungs-, Beratungs- und Vorschlagsrecht, ungeachtet der Arbeitnehmeranzahl des Betriebs,[31] wozu auch Maßnahmen der Personalgewinnung dazu gehören,[32] z. B. sog. *E-Recruiting* als Einsatz von elektronischen Medien und Personalsystemen.[33] Der Einsatz von KI in der Personalauswahl dürfte einen Fall des E-Recruitings darstellen, der als Ersatz für den standardisierten allgemeinen Einstellungsprozess dienen soll.

Nach § 87 Abs. 1 Nr. 6 BetrVG erhält der Betriebsrat zudem allgemeine Mitbestimmungsrechte bezüglich der Einführung und Anwendung von technischen Einrichtungen zur Verhaltens- und Leistungsüberwachung von Arbeitnehmern, worunter nach jüngster Rechtsprechung auch KI fallen kann. Dies erfordert allerdings, dass die erfassten Informationen über das Verhalten oder die Leistung dem Arbeitgeber auch zugänglich werden, was bei der Nutzung des Programms *ChatGPT* etwa nicht gegeben war, weil die Nutzung durch private Accounts der Arbeitnehmer erfolgte und somit keine Einsichtnahmen durch den Arbeitgeber möglich wurden.[34] Auch ist hervorzuheben, dass § 87 Abs. 1 Nr. 6 BetrVG auf den Arbeitnehmerbegriff abstellt, wozu Bewerber nicht dazu gehören.

Dafür kommt dem Betriebsrat mit § 80 Abs. 3 S. 2 BetrVG aber das Recht zu, einen Sachverständigen zur Beurteilung einer KI hinzuzuziehen. Die notwendige

---

[31] Thüsing, in: Richardi, Betriebsverfassungsgesetz, 2022, § 92 Rn. 1 ff.
[32] ebenda, Rn. 10.
[33] Vgl. Trebinger et al., in: Fitting, Betriebsverfassungsgesetz, 2024, § 92 Rn. 13.
[34] ArbG Hamburg, Beschl. v. 16.1.2024 – 24 BVGa 1/24, NZA-RR 2024, S. 137 Rn. 27 f.

"Erforderlichkeit" der Hinzuziehung wird für den Einsatz von KI – wohl aufgrund ihrer Komplexität – anders als bei anderen Sachverhalten fingiert,[35] sodass der Betriebsrat stets über den Einsatz zu informieren ist.

Auswahlkriterien und Beurteilungsgrundsätze. Gleichzeitig erfordern auch allgemeine Beurteilungsgrundsätze[36] die Zustimmung des Betriebsrats, ebenso wie das Erstellen von Auswahlrichtlinien und Festlegen von Auswahlkriterien nach § 95 BetrVG. Grundsätze, Kriterien oder Richtlinien können beim Einsatz von KI auf verschiedene Arten und Weisen Anwendung finden: Wird KI etwa für das Führen von Bewerbungsgesprächen eingesetzt, ist von Relevanz, ob sie hierfür eine vorgefertigte Liste an Fragen stellt, die eventuell als Fragebogen einer Zustimmung des Betriebsrats bedarf, oder ob sie ihre Fähigkeit des Ableitens für das Stellen eigener Fragen nutzt, wodurch es sich nicht mehr um einen zustimmungspflichtigen Bogen handelt.

Lassen sich hieraus von der KI wiederum Beurteilungsgrundsätze ableiten, die sie eventuell für die Bewertung von Bewerbungsunterlagen verwendet, braucht es ebenfalls die Zustimmung des Betriebsrats, da § 95 Abs. 2a BetrVG das Mitbestimmungsrecht bei Richtlinien vorsieht, für deren Erstellung KI eingesetzt wurde. Auswahlrichtlinien können nach Ansicht der Literatur bei schriftlicher Vereinbarung zudem als Betriebsvereinbarung gelten,[37] die nach § 77 Abs. 4 S. 1 BetrVG zumindest gegenüber dem Arbeitgeber unmittelbar und verbindlich wirkt.

Arbeitgebern ist daher zu empfehlen, als ersten Schritt bereits innerhalb des Planungsstadiums den Betriebsrat über die Idee des KI-Einsatzes für Zwecke der Personalauswahl zu unterrichten. Im Rahmen seines Beratungsrechts kann der Betriebsrat entsprechend Bedenken äußern, arbeits- und datenschutzrechtliche Belange können dadurch aber in einem Zuge vorgestellt und mit dem Betriebsrat abgestimmt werden.

4.2 Schritt 2: Folgenabschätzungen

Zumindest für Hochrisiko-KI-Systeme wie *Einsatzzweck 3* ist zudem nach Art. 27 Abs. 1 KI-VO eine Grundrechte-Folgenabschätzung durchzuführen, um Auswirkungen nicht nur technisch, sondern auch gesamtgesellschaftlich bewerten zu können.[38] Für einen Einsatz zur Personalauswahl werden hierbei überwiegend das Recht auf Gleichbehandlung nach Art. 3 GG sowie das allgemeine Persönlichkeitsrecht nach Art. 2 Abs. 1 i. V. m. Art. 1 Abs. 1 GG abzuwägen sein.

In ähnlicher Weise fordert Art. 35 Abs. 1 DSGVO die Durchführung einer Datenschutz-Folgenabschätzung (DSFA), wenn der Einsatz voraussichtlich „ein hohes

---

[35] Thüsing, in: Richardi, BetrVG, § 80 Rn. 103.
[36] Beurteilungsgrundsätze umfassen objektive Regelungen zur Verhaltensbewertung von Arbeitnehmern und Bewerbern, s. Thüsing, in: Richardi, BetrVG, § 94 Rn. 1.
[37] Trebinger et al., in: Fitting, Betriebsverfassungsgesetz, 2024, § 95 Rn. 6; Thüsing, in: Richardi, BetrVG, § 95 Rn. 8; Kania, in: Müller-Glöge et al., Erfurter Kommentar zum Arbeitsrecht, 2025, § 95 BetrVG Rn. 5.
[38] Bausewein, DuD 2024, S. 295.

Risiko für die Rechte und Freiheiten natürlicher Personen" zur Folge hat. Für einige Fälle sieht Art. 35 Abs. 3 DSGVO bereits ex lege ein hohes Risiko als gegeben, insbesondere bei automatisierten Entscheidungsfindungen (lit. a) oder einer „umfangreichen" Verarbeitung personenbezogener Daten besonderer Kategorien (lit. b), wie bei *Einsatzzweck 3*. Ferner stellt die Bewertung persönlicher Aspekte auch eine Verarbeitungstätigkeit nach Nr. 11 und Nr. 13 der „Muss-Liste" der DSK i. S. d. Art. 35 Abs. 4 DSGVO dar.[39] Dies bedeutet jedoch nicht, dass für die *Einsatzzwecke 1 und 2* nicht ebenfalls eine DSFA erforderlich wird – stattdessen ist hier zunächst eine einzelfallspezifische, erste Risikoanalyse bzw. „Prognose" durchzuführen.[40]

Da Art. 27 Abs. 4 KI-VO auf die DSFA verweist und eine Ergänzung durch die Grundrechte-Folgenabschätzung vorsieht, lässt sich Arbeitgebern empfehlen, beide Maßnahmen zu vereinen, um mehrere Dokumente zugunsten der Übersichtlichkeit zu vermeiden. Betreibern ist es nach Art. 27 Abs. 2 KI-VO zugleich gestattet, auf die Grundrechte-Folgenabschätzung des Anbieters zurückzugreifen, die sich eventuell auch als Grundlage für die DSFA verwenden lässt.[41]

4.3 Schritt 3: Datenverwendung

Qualifizierte Trainingsdaten. Um dem Benachteiligungsverbot des AGG, aus welchem sich für Bewerber ein Entschädigungsanspruch ergeben kann, vollkommen nachzukommen, müssen Benachteiligungen zudem von Beginn an ausgeschlossen werden können. Da eine fehlerhafte oder mangelnde Verwendung von Trainingsdaten zu Unterrepräsentationen führen kann,[42] muss KI folglich mit angemessenen Daten trainiert und verwendet werden. Aus diesem Grund verlangt Art. 10 KI-VO zumindest bei Hochrisiko-KI-Systemen, dass für die Entwicklung ausschließlich qualifizierte, relevant und hinreichend repräsentative Trainings-, Validierungs- und Testdatensätze verwendet werden. Diese Pflicht gilt für Arbeitgeber als KI-Betreiber nur, wenn sie das bezogene KI-System selbst mit Trainingsdaten versorgen – andernfalls ist ihnen zu empfehlen, auf einen vertrauenswürdigen KI-Anbieter zu achten.

Kontrollierte Bereitstellung. Arbeitgeber werden dem KI-System jedoch allenfalls Bewerberdaten als Eingabedaten bereitstellen. Durch die Verwendung passender Daten ergibt sich die Chance, Benachteiligungen durch KI zu vermeiden und eine höhere Objektivität zu erzielen – denn während wir Menschen nicht immer in der Lage sind, bestimmte wahrgenommene Merkmale in unseren Entscheidungen unberücksichtigt zu lassen, besteht beim Einsatz von KI die Möglichkeit, ihr gewisse Daten von Beginn an gar nicht erst bereitzustellen, wodurch diese sich von Benachteiligungsmerkmalen – insbesondere solchen des AGG[43] – oder Daten, aus

---

[39] Vgl. Schürmann, Datenschutz-Folgenabschätzung beim Einsatz Künstlicher Intelligenz, ZD 2022, S. 319; m. V. a. DSK, Liste von Verarbeitungstätigkeiten nach Art. 35 Abs. 4 DS-GVO für den nicht-öffentlichen Bereich, Version 1.1, S. 3 f.
[40] Martini, in: Paal/Pauly, DS-GVO BDSG, 2021, Art. 35 Rn. 19.
[41] So auch Bausewein, DuD 2024, S. 295.
[42] Vgl. Lauscher/Legner, Künstliche Intelligenz und Diskriminierung, ZfDR 2022, S. 385.
[43] § 1 AGG gibt Gründe für eine unrechtmäßige Benachteiligung vor, darunter ethnische Herkunft, Geschlecht, Alter und weitere.

denen sich solche Merkmale indirekt ergeben können (z. B. das Bewerbungsfoto), auch nicht beeinflussen lassen kann.

Einer KI sollte also etwa für das Führen von Bewerbungsgesprächen *(Einsatzzweck 2)* vorgegeben werden, welche Merkmale oder Informationen sie keinesfalls erfragen soll, z. B. eine bestehende Schwangerschaft,[44] gesundheitliche Beschwerden, Religionszugehörigkeit, Ethnie oder Parteizugehörigkeit – vorausgesetzt es besteht kein Rechtfertigungsgrund nach § 8 AGG.

Rechtsgrundlage der Verarbeitung. Gleichzeitig handelt es sich besonders im Fall der Personalauswahl bei den Eingabedaten bzw. Bewerberdaten um personenbezogene Daten i. S. d. der DSGVO, deren Verarbeitung eine Rechtsgrundlage nach Art. 6 DSGVO erfordert.

Initiale Erhebung. Dies gilt bereits für die initiale Erhebung von Bewerberdaten. Für den regulären Prozess der Personalauswahl ergibt sich die Rechtmäßigkeit hierfür aus der vertraglichen Erforderlichkeit nach Art. 6 Abs. 1 lit. b DSGVO, nachdem der EuGH die Unanwendbarkeit des zuvor oftmals angeführten § 26 Abs. 1 BDSG festgestellt hat.[45] Da Art. 6 Abs. 1 lit. b DSGVO nicht auf Daten besonderer Kategorien nach Art. 9 DSGVO anwendbar ist, sollte die Erhebung solcher Daten innerhalb des Bewerbungsprozesses – etwa durch das Stellen sensibler Fragen – grundsätzlich vermieden werden.

Verarbeitung durch KI. Die rechtmäßige Erhebung von Bewerberdaten führt allerdings nicht auch unmittelbar zu einer rechtmäßigen Verwendung der Bewerberdaten als Eingabedaten bzw. zu einer rechtmäßigen Bereitstellung an ein KI-System. Denn das Tatbestandsmerkmal der Vertragserforderlichkeit nach Art. 6 Abs. 1 lit. b DSGVO ist eng auszulegen,[46] und nur gegeben, wenn keine gleich geeigneten, milderen Mittel zur Verfügung stehen, die einen geringeren Eingriff in die Grundrechte der betroffenen Person bedeuten.[47] Da der Einsatz von KI allgemein nicht zwingend zur Vertragserfüllung erforderlich ist, dürften alle drei Einsatzzwecke eine andere Rechtsgrundlage als Art. 6 Abs. 1 lit. b DSGVO erfordern:

Für entscheidungsvorbereitende (teil)automatisierte Verarbeitungen bzw. *Einsatzzwecke 1 und 2* kommt hierbei ein berechtigtes Interesse des Arbeitgebers nach Art. 6 Abs. 1 lit. f DSGVO an einer zeitsparenden und effizienteren Bearbeitung von Bewerbungen in Betracht, allerdings auch nur dann, wenn keine Daten besonderer Kategorien erfasst werden.

Für *Einsatzzweck 3* greift hingegen zusätzlich Art. 22 DSGVO, wonach ein Ausnahmetatbestand nach Art. 22 Abs. 2 DSGVO vorliegen muss, etwa eine vertragliche Erforderlichkeit nach Art. 22 Abs. 2 lit. a DSGVO, für die aber aufgrund der besonderen Schutzfunktion des Art. 22 DSGVO ein noch strengerer Maßstab als für Art. 6 Abs. 1 lit. b DSGVO anzulegen ist.[48] Damit kommt nur die Einwilligung der

---

[44] BAG, Urt. v. 06.02.2003 – 2 AZR 621/01, NZA 2003, S. 848.
[45] EuGH, Urt. v. 30.3.2023 – C-34/21, NZA 2023, S. 487 Rn. 82.
[46] Buchner/Petri, in: Kühling/Buchner, DS-GVO BDSG, Art. 6 Rn. 38.
[47] Frenzel, in: Paal/Pauly, DS-GVO BDSG, Art. 6 Rn. 14.
[48] z. B. Martini, in: Paal/Pauly, DS-GVO BDSG, Art. 22 Rn. 31a.

Bewerber nach Art. 22 Abs. 2 lit. c DSGVO in Betracht, wobei die Anforderungen an die Freiwilligkeit des Art. 7 DSGVO sowie § 26 Abs. 2 S. 2 BDSG zu beachten sind. Bewerber müssen hierzu vorab über den Bewertungsprozess durch KI aufgeklärt werden und eine tatsächliche, freiwillige Wahl zwischen einem regulären, menschlichen und einem KI-basierten Bewerbungsprozess haben. Jede Rechtsgrundlage nach Art. 22 Abs. 2 DSGVO muss zusätzlich angemessenen Maßnahmen nach Art. 22 Abs. 3 DSGVO zur Berücksichtigung der Rechte und Freiheiten der betroffenen Personen unterliegen. Im Falle der Einwilligung wäre dies etwa, der betroffenen Person eine Überprüfung des Ergebnisses bzw. der Bewertung durch die KI anzubieten.[49] Dies gilt in Hinblick auf Art. 22 Abs. 4 DSGVO besonders, wenn Daten besonderer Kategorien nach Art. 9 DSGVO verwendet werden.

Weiterverwendung als Trainingsdaten. Arbeitgeber sollten zudem vermeiden, dass personenbezogene Bewerberdaten als Trainingsdaten weiterverwendet bzw. dem KI-Anbieter bereitgestellt werden, da es sich hierbei um einen neuen Zweck außerhalb der Personalentscheidung handelt und einen Verstoß des Zweckbindungsgrundsatzes nach Art. 5 Abs. 1 lit. b DSGVO zur Folge hätte.[50] Stattdessen erfordert die Weiterverwendung als Trainingsdaten eine neue Rechtsgrundlage, weshalb beim Bezug eines KI-Systems vertraglich sichergestellt werden sollte, dass Eingabe- bzw. Bewerberdaten dem KI-Anbieter nicht auch als Trainingsdaten zugehen oder hierzu vom KI-System genutzt werden.

4.4 Schritt 4: Transparenz- und Informationspflichten

Betroffenenrechte nach der DSGVO. Das Bestehen einer datenschutzrechtlichen Rechtsgrundlage erlaubt die Verarbeitung zwar grundsätzlich, macht sie allein aber noch nicht rechtmäßig. Vielmehr müssen alle Datenschutzgrundsätze erfüllt sein, darunter besonders der Grundsatz von Transparenz sowie Treu und Glauben nach Art. 5 Abs. 1 lit. a DSGVO, der nach der englischen Fassung der DSGVO auch als Fairnessgrundsatz bzw. indirektes Benachteiligungsverbot verstanden werden kann.[51]

Datenschutzrechtliche Transparenz setzt voraus, dass die personenbezogenen Daten in einer nachvollziehbaren Weise verarbeitet werden. Sie stellt damit zugleich die Grundvoraussetzung für die Erfüllung der Betroffenenrechten nach Art. 12 ff. DSGVO dar, deren Ausübung Verantwortliche i. S. d. DSGVO ermöglichen müssen. Dies umfasst zunächst die Informationspflichten nach Art. 13 DSGVO, wonach betroffenen Personen zum Zeitpunkt der Erhebung ihrer personenbezogenen Daten umfänglich Informationen über die Verarbeitung bereitzustellen sind. Handelt es sich

---

[49] Buchner, in: Kühling/Buchner, DS-GVO BDSG, Art. 22, Rn. 43.
[50] Wilmer, Rechtsfragen bei ChatGPT & Co. Einsatz und Nutzung nach aktuellem und künftigem Recht, K&R 2023, S. 236.
[51] Baumgartner/Brunnbauer/Cross, Anforderungen der DS-GVO an den Einsatz von Künstlicher Intelligenz. Welche Regelungen gelten für Anbieter und Anwender?, MMR 2023, S. 543 f.; s. zudem Erwgr. 71 S. 6 DSGVO, wonach sichergestellt werden soll, dass „Faktoren, die zu unrichtigen personenbezogenen Daten führen, korrigiert werden […]".

dabei um eine automatisierte Entscheidungsfindung *(Einsatzzweck 3),* umfasst dies nach Art. 13 Abs. 2 lit. f DSGVO zusätzlich aussagekräftige Informationen über die „involvierte Logik" – hier also des KI-Systems.

Informationen über die Verarbeitung sind zudem erforderlich, damit Bewerber eine freiwillige Einwilligung als Rechtsgrundlage treffen können und bilden zugleich die Grundlage bzw. eine „Einheit" mit Informationen, die bei der Beantwortung eines Auskunftsersuchens nach Art. 15 Abs. 1 lit. h DSGVO bereitzustellen sind.[52] Dabei hat der EuGH jüngst festgestellt, dass betroffenen Personen mit einer Auskunft ermöglicht werden muss, die Richtigkeit der berechneten Daten überprüfen zu können.[53] Als Mindestmaß müssen Arbeitgeber bei einem Einsatz automatisierter Entscheidungsfindungen bzw. *Profiling* im Rahmen einer Auskunft daher die von der KI hergeleiteten Merkmale des Bewerbers nennen können.

Transparenz nach der KI-VO. Auch aus der KI-VO ergeben sich Transparenzpflichten, die überwiegend für Anbieter von Hochrisiko-KI-Systemen bestehen und vor allem die Entwicklung des KI-Systems betreffen. Dabei wird in Art. 86 KI-VO der von der DSGVO geprägte Begriff der „Entscheidungsfindung im Einzelfall" aufgegriffen: Personen, die von rechtlichen Auswirkungen des KI-Systems betroffen sind oder erheblich in ihrer Gesundheit, Sicherheit oder ihren Grundrechten beeinträchtigt werden, erhalten mit Art. 86 K-VO ebenfalls – zusätzlich zu Art. 13 und 15 DSGVO – das Recht, eine „klare und aussagekräftige Erläuterung zur Rolle des KI-Systems" zu erhalten, wenn das Hochrisiko-KI-System in einem Bereich des Anhang III KI-VO (ausgenommen kritischer Infrastrukturen) eingesetzt wird. Bisher ist ungeklärt, ob für Art. 86 KI-VO und Art. 15 Abs. 1 lit. h sowie Art. 13 Abs. 2 lit. f DSGVO dieselben Tatbestandsmerkmale gelten,[54] allerdings dürfte er in der Praxis ohnehin mit der Erfüllung der datenschutzrechtlichen Ansprüche umzusetzen sein.[55]

Informationspflichten – ähnlich solchen der DSGVO – sieht die KI-VO überwiegend für KI-Anbieter und für bestimmte KI-Systeme nach Art. 50 KI-VO vor, da solche regelmäßig für die Interaktion mit Nutzern ausgelegt sind, z. B. bei KI-geführten Bewerbungsgesprächen *(Einsatzzweck 2).* Eine Ausnahme besteht nur, wenn es für den Durchschnittsnutzer – wobei die KI-VO die Definition des europäischen Verbraucherleitbilds nachempfindet – aufgrund der Umstände und des Kontexts offensichtlich ist, dass es sich um KI handelt. KI-Betreiber trifft eine Informationspflicht für KI-Systeme nach Art. 50 Abs. 3 und 4 KI-VO (z. B. Emotionserkennungen) sowie für Hochrisiko-KI-Systeme, die nach Art. 26 Abs. 11 KI-VO Entscheidungen über natürliche Personen treffen oder dabei unterstützen. Dies gilt somit auch für den dargestellten *Einsatzzweck 3* und bei fehlender Ausnahme nach Art. 6 Abs. 3 KI-VO auch für *Einsatzzweck 1.*

---

[52] EuGH, Urt. v. 27.02.2025 – C-203/22, ZD 2025, S. 261 Rn. 46 – Dun & Bradstreet Austria.
[53] ebenda, Rn. 53 und 63.
[54] Bortnikov, Transparenz bei KI-Systemen, DuD 2025, S. 300.
[55] Radtke, Anmerkung zu EuGH, ZD 2025, S. 265 f. – Dun & Bradstreet Austria, wonach Art. 86 KI-VO von der DSGVO verdrängt wird.

Da sich die von der DSGVO und KI-VO geforderten Transparenz- und Informationspflichten damit inhaltlich nur geringfügig unterscheiden, empfiehlt es sich, solche miteinander zu vereinen, um Doppelinformationen zu vermeiden und damit Bewerber nicht mehrere Informationen zusammensuchen müssen.[56] Dabei kann sie die von KI-Anbieter in einer „relevanten, barrierefrei zugänglichen und verständlichen Form" bereitzustellende Betriebsanleitung nach Art. 13 Abs. 2 KI-VO unterstützen. Die Anleitung hat nach Art. 13 Abs. 3 KI-VO Merkmale und Fähigkeiten der KI zu enthalten, die für das Verständnis der KI-Ergebnisse erforderlich sind. Ergänzend könnte potenziell auch die technische Dokumentation nach Art. 11 KI-VO herangezogen werden, welche Anbieter im Rahmen ihrer Dokumentationspflicht erstellen müssen und die u. a. eine Beschreibung der Trainingsmethoden und Trainingstechniken enthält. Allerdings besteht für die technische Dokumentation gegenüber KI-Betreibern keine gesetzlich normierte Herausgabepflicht.

4.5 Schritt 5: Schulungen verbinden

Um die Verwendung geeigneter Daten in die Praxis umzusetzen, müssen die KI-Systeme bestimmungsgemäß verwendet werden. Hierzu müssen Arbeitgeber als KI-Betreiber nach Art. 26 KI-VO sicherstellen, dass das KI-System der Betriebsanleitung entsprechend genutzt wird. Über die hierzu erforderlichen Ressourcen und Tätigkeiten dürfen Betreiber frei entscheiden, sodass eine Schulung, in welcher Beschäftigte mit dem KI-System vertraut gemacht werden, als präventive und organisatorische Risikomanagementmaßnahme am geeignetsten scheint.

Gleichzeitig stellen Schulungen auch keine Neuheit dar: Bereits der Umgang mit personenbezogenen Daten wird Beschäftigten regelmäßig im Arbeitsalltag durch Schulungen als organisatorische Maßnahme i. S. d. DSGVO nähergebracht. Da KI-Schulungen gleichermaßen eine rechtskonforme Verarbeitung personenbezogener Daten sicherstellen sollen, können sie auch als datenschutzrechtliche Maßnahme betrachtet werden,[57] aber keinesfalls Datenschutzschulungen ersetzen. Zudem sieht auch das AGG vor, dass Arbeitgeber ihre Arbeitnehmer bzw. Personalverantwortlichen oder Dritte über die Möglichkeit von Benachteiligungen (durch KI) aufklären. Hierfür nennt § 12 Abs. 2 S. 2 AGG Schulungen als geeignete Maßnahme.

4.6 Schritt 6: Beaufsichtigung und Ergebnisprüfung

Abschließend verlangen sowohl der Richtigkeitsgrundsatz in Art. 5 Abs. 1 lit. d DSGVO – wonach fehlerhafte personenbezogene Daten wie von der KI fehlerhaft erkannte Merkmale unverzüglich zu löschen oder zu berichtigen sind – als auch mittelbar das Fairnessgebot nach Art. 5 Abs. 1 lit. a DSGVO die Richtigkeit personenbezogener Daten.

---

[56] Vgl. Bausewein, DuD 2024, S. 295.
[57] Vgl. Wendehorst, in: Martini/Wendehorst, KI-VO, Art. 4 Rn. 3 ff.

Die KI-VO verlangt hingegen keine unmittelbare Richtigkeit von Trainings- oder Ergebnisdaten, was durchaus als Unstimmigkeit zwischen den beiden Verordnungen betrachtet werden kann.[58] KI-Betreiber haben nach Art. 26 Abs. 2 KI-VO allerdings zumindest eine menschliche Beaufsichtigung von Hochrisiko-KI-Systemen vorzunehmen, die an Personen mit ausreichender KI-Kompetenz zu übertragen ist. Nach Art. 3 Nr. 56 KI-VO umfasst KI-Kompetenz Fähigkeiten für einen sachkundigen Einsatz sowie ein Bewusstsein über die Chancen und Risiken möglicher Schäden. KI-Anbieter haben hierzu nach Art. 14 Abs. 3 KI-VO Vorkehrungen in das KI-System einzubauen oder zur Umsetzung durch KI-Betreiber zu ermöglichen, insbesondere, damit bei der Nutzung deutlich wird, dass es zu Automatisierungsbias kommen kann, wie Fehler erkannt werden können, und wie Ergebnisse richtig zu interpretieren und zu verwenden sind.

Um die Folgen mangelhafter Entscheidungen oder Benachteiligungen durch KI jedoch endgültig ausschließen zu können, und den Überschneidungen zur DSGVO bzw. dem Richtigkeitsgrundsatz gerecht zu werden, lässt sich aus beiden Rechtsakten indirekt eine Pflicht zur Prüfung auf die inhaltliche Richtigkeit der KI-Entscheidungen ableiten, die bei *Einsatzzweck 3* zugleich als Maßnahme nach Art. 22 Abs. 3 DSGVO betrachtet werden kann. Die Verhältnismäßigkeit dieser Maßnahme kann zwar infrage gestellt werden, da eine Kontrolle der Ergebnisse die Zweckmäßigkeit des Einsatzes von KI potenziell beeinträchtigt, aufgrund der aktuell noch gegebenen Fehleranfälligkeit kann die Notwendigkeit einer anschließenden Kontrolle der Ergebnisse aber auch nicht verneint werden.

5 Fazit

Da Maßnahmen zur Prävention von Benachteiligungen nach dem BetrVG, dem AGG und der DSGVO trotz Überschneidungspunkten mit der KI-VO gleichermaßen fortbestehen, ergeben sich für Arbeitgeber, die KI-Systeme zur Personalauswahl einsetzen und als KI-Betreiber gelten, aus allen hier dargestellten Rechtsakten verschiedene Pflichten. Dabei hängt die Intensität der Maßnahmen überwiegend von der Risikohöhe des KI-Systems und vom Einsatzzweck bzw. der Verarbeitung ab.

Durch den Umstand, dass sich einige dieser Pflichten ohnehin aus dem Benachteiligungsverbot des AGG und dem BetrVG oder DSGVO ergeben, die mit Art. 22 DSGVO bereits den Grundbaustein zur Prävention diskriminierender Entscheidungen durch Systeme gesetzt hatte, sind jene Überschneidungspunkte jedoch nicht unbedingt negativ behaftet. Im Gegenteil: die KI-VO verlangt dadurch weder von KI-Anbietern noch KI-Betreibern, das Rad neu zu erfinden. Stattdessen sollen die hier aufgezeigten, ersten Handlungsempfehlungen Arbeitgeber ermutigen, „neue" Pflichten nach der KI-VO in bisher bestehende Prozesse zum Arbeits- und Datenschutzrecht zu integrieren (Tab. 4).

---

[58] Nebel/Geminn, DuD 2025, S. 281.

Tab. 4. Erforderliche Maßnahmen nach der KI-VO, AGG, BetrVG und DSGVO

Maßnahmen für Betreiber	Erfordernis nach der KI-VO	Erfordernis nach dem AGG	Erfordernis nach dem BetrVG	Erfordernis nach der DSGVO	Einsatzzweck		
					1 Zusammen-fassungen	2 Bewerbungs-gespräche	3 Bewertungen
Unterrichtung und Einbindung des Betriebsrats			§§ 90, 92 Abs. 1 S. 2, 94 Abs. 2, § 95 Abs. 2a sowie aufgrund von § 80 Abs. 3 S. 2		X	X	X
Folgenschätzungen	Art. 27 Abs. 1			Art. 35 Abs. 1, Abs. 3 und 4	(X)*	(X)*	X
Erstellung und Verwendung angemessener Trainingsdaten (Fragebögen, Auswahlkriterien und Algorithmen)	Art. 10	Indirekt: §§ 7, 12 Abs. 1	Indirekt: §§ 80 Abs. 1 Nr. 2a, 92 Abs. 3 Einbindung des Betriebsrats nach §§ 92, 94 Abs. 2	Art. 5 Abs. 1, Art. 6		X	X
Personelle Maßnahmen und Mitarbeiterschulungen	Art. 4	§§ 12 Abs. 2 S. 2, Abs. 3	Indirekt: § 92 Abs. 3	Art. 39 Abs. 1 lit. b	X	X	X
Beaufsichtigung und Ergebniskontrollen	Art. 14, Art. 26 Abs. 2 bei Hochrisiko-KI-Systemen	Indirekt: §§ 7, 12 Abs. 1-3	Indirekt: § 92 Abs. 3	Indirekt: Art. 5 Abs. 1 lit. a und lit. d	X	X	X
Transparenz und Informationsbereitstellung	Art. 26 Abs. 11 und Art. 86 KI-VO bei Hochrisiko-KI-Systemen Art. 50 Abs. 3 bei einem Einsatz zur Emotionserkennung oder biometrischen Kategorisierung			Art. 13 sowie indirekt: Art. 5 Abs. 1 lit. a, Art. 6 (und Art. 7)	X	X	X

* Die Feststellung zur Erforderlichkeit einer Datenschutz-Folgenabschätzung erfordert einzelfallspezifisch eine vorherige Risikoprognose bzw. -analyse.

Danksagung. Die diesem Beitrag zugrundeliegenden Forschungsarbeiten wurden vom Bundesministerium für Bildung und Forschung (BMBF) und vom Hessischen Ministerium für Wissenschaft und Kunst (HMWK) im Rahmen ihrer gemeinsamen Förderung für das Nationale Forschungszentrum für angewandte Cybersicherheit ATHENE unterstützt. Der Beitrag wurde darüber hinaus durch das BMBF im Rahmen des Projektes PriMeta gefördert.

Literatur

Baumgartner, Ulrich/Brunnbauer, Jonas H./Cross, Samuel: Anforderungen der DS-GVO an den Einsatz von Künstlicher Intelligenz. Welche Regelungen gelten für Anbieter und Anwender?, MMR 2023, S. 543.
Bausewein, Christoph: Synergiepotenziale zwischen DSGVO und KI-VO für KI-System-Betreiber, DuD 2024, S. 293.
Bortnikov, Vyacheslav: Transparenz bei KI-Systemen, DuD 2025, S. 297.
Datenschutzkonferenz: Liste von Verarbeitungstätigkeiten nach Art. 35 Abs. 4 DS-GVO für den nicht-öffentlichen Bereich, Version 1.1, über: https://www.datenschutzkonferenz-online.de/media/ah/20181017_ah_DSK_DSFA_Muss-Liste_Version_1.1_Deutsch.pdf.
Fitting, Karl (Hrsg.): Betriebsverfassungsgesetz: BetrVG mit Wahlordnung, 32. Auflage, München 2024.
Frank, Justus/Heine, Maurice: Arbeitsrechtliche Dimension der KI-Verordnung, NZA 2024, S. 433.
Kühling, Jürgen/Buchner, Benedikt (Hrsg.): Datenschutz-Grundverordnung, Bundesdatenschutzgesetz (DS-GVO/BDSG). Kommentar, 4. Auflage, München 2024.
Lauscher, Anne/Legner, Sarah: Künstliche Intelligenz und Diskriminierung, ZfDR 2022, S. 368.

Leutner, Franziska/Mondragon, Nathan: Automatisierte Videointerviews: Künstlich intelligent, aber fair?, S. 151–162. In: *Stulle, Klaus P./Justenhoven, Richard T. (Hrsg.):* Personalauswahl 4.0. KI, Machine Learning, Gamification und andere Innovationen in der Praxis, Wiesbaden 2023.
Martini, Mario/Wendehorst, Christiane (Hrsg.): KI-VO. Verordnung über künstliche Intelligenz: Kommentar, München 2024.
Möller-Klapperich, Julia: Die neue KI-Verordnung der EU, NJ 2024, S. 337.
Müller-Glöge, Rudi/Preis, Ulrich/Gallner, Inken/Schmidt, Ingrid (Hrsg.): Erfurter Kommentar zum Arbeitsrecht, 25. Auflage, München 2025.
Nebel, Maxi/Geminn, Christian L.: Das Zusammenspiel von KI-VO und DS-GVO. Ein harmonisches Miteinander?, DuD 2025, S. 279.
Paal, Boris P./Pauly, Daniel A. (Hrsg.): Datenschutz-Grundverordnung Bundesdatenschutzgesetz. DS-GVO BDSG, 3. Auflage, München 2021.
Pek, Christian: Was sind Verzerrungseffekte?, § 6 Kap. B. In: *Chibanguza, Kuuya/Kuß, Christian/Steege, Hans (Hrsg.):* Künstliche Intelligenz. Recht und Praxis automatisierter und autonomer Systeme, Baden-Baden 2022.
Radtke, Tristan: Anmerkung zu EuGH: Auskunftsanspruch bei automationsunterstützter Bonitätsbeurteilung, ZD 2025, S. 265.
Richardi, Reinhard (Hrsg.): Betriebsverfassungsgesetz. Mit Wahlordnung. Kommentar, 17. Auflage, München 2022.
Schepers, Jannik: Digitalisierte Personalauswahl. Die Zulässigkeit algorithmenbasierter Verfahren der Eignungsdiagnostik, Wiesbaden 2024.
Schürmann, Kathrin: Datenschutz-Folgenabschätzung beim Einsatz Künstlicher Intelligenz. Bewertung und Minimierung der Risiken, ZD 2022, S. 316.
Stulle, Klaus P.: Einleitung, S. 1–20. In: *Stulle, Klaus P./Justenhoven, Richard T. (Hrsg.):* Personalauswahl 4.0. KI, Machine Learning, Gamification und andere Innovationen in der Praxis, Wiesbaden 2023.
Taeger, Jürgen/Gabel, Detlev (Hrsg.): DSGVO – BDSG – TDDDG, 4. Auflage, Frankfurt 2022.
v. Lewinski, Kai/de Barros Fritz, Raphael: Arbeitgeberhaftung nach dem AGG infolge des Einsatzes von Algorithmen bei Personalentscheidungen, NZA 2018, S. 620.
Wilmer, Thomas: Rechtsfragen bei ChatGPT & Co. Einsatz und Nutzung nach aktuellem und künftigem Recht, K&R 2023, S. 233.
Wybitul, Tim: Geldbußen wegen Verstößen gegen die KI-Verordnung, NJW 2024, S. 2641.

Open Access Dieses Kapitel wird unter der Creative Commons Namensnennung - Nicht kommerziell - Keine Bearbeitung 4.0 International Lizenz (http://creativecommons.org/licenses/by-nc-nd/4.0/deed.de) veröffentlicht, welche die nicht-kommerzielle Nutzung, Vervielfältigung, Verbreitung und Wiedergabe in jeglichem Medium und Format erlaubt, sofern Sie den/die ursprünglichen Autor(en) und die Quelle ordnungsgemäß nennen, einen Link zur Creative Commons Lizenz beifügen und angeben, ob Änderungen vorgenommen wurden. Die Lizenz gibt Ihnen nicht das Recht, bearbeitete oder sonst wie umgestaltete Fassungen dieses Werkes zu verbreiten oder öffentlich wiederzugeben.

Die in diesem Kapitel enthaltenen Bilder und sonstiges Drittmaterial unterliegen ebenfalls der genannten Creative Commons Lizenz, sofern sich aus der Abbildungslegende nichts anderes ergibt. Sofern das betreffende Material nicht unter der genannten Creative Commons Lizenz steht und die betreffende Handlung nicht nach gesetzlichen Vorschriften erlaubt ist, ist auch für die oben aufgeführten nicht-kommerziellen Weiterverwendungen des Materials die Einwilligung des jeweiligen Rechteinhabers einzuholen.

KI-generierte, Verarbeitungskontextspezifische Mitarbeiterschulungen zum Datenschutz als Ausprägung der angemessenen Umsetzung datenschutzrechtlicher Pflichten

Annika Selzer[1(✉)], Veronika Kurchyna[2], Jan Ole Berndt[2] und Ingo J. Timm[2]

[1] Fraunhofer SIT und ATHENE, Dreieich, Deutschland
annika.selzer@sit.fraunhofer.de
[2] Universität Trier und DFKI, Trier, Deutschland
{veronika.kurchyna,Jan_Ole.Berndt,}@dfki.de,
itimm@uni-trier.de

1 Datenschutzschulungen in kleinen Unternehmen

Die Datenschutz-Grundverordnung (DSGVO) verpflichtet alle datenschutzrechtlichen Verantwortlichen – also u. a. Unternehmen, die ihre Mitarbeiter- und Kundendaten verarbeiten – ihre Mitarbeiter regelmäßig zum Datenschutz zu schulen.[1] Derartige Schulungen müssen regelmäßig Grundlagen des Datenschutzrechts sowie die Rahmenbedingungen zur Umsetzung des Datenschutzrechts im Rahmen der spezifischen Aufgaben der Mitarbeiter umfassen. Häufig wird dies durch eine Grundlagenschulung für alle Mitarbeiter sowie spezifische, auf der Grundlagenschulung aufbauende Schulungen für bestimmte Mitarbeiterrollen (z. B. Personaler, Administratoren, Kundenberater) umgesetzt, die wiederum jeweils auf die spezifischen Bedingungen im Unternehmen zugeschnitten werden.[2]

Insbesondere für kleine Unternehmen kann die Anforderung, Mitarbeitende zum Datenschutz zu schulen, eine große Herausforderung darstellen, die sich u. a. aus begrenzten Mitarbeiterzahlen, dem Fehlen einer Datenschutzexpertise/-abteilung und knappem Budget begründen. Dies kann dazu führen, dass Mitarbeitende gar nicht oder nicht ausreichend geschult werden, um die ihnen zugewiesenen Aufgaben datenschutzkonform umsetzen zu können. Immer mehr insbesondere kleine Unternehmen sehen vor diesem Hintergrund eine Chance in den immer breiter vorhandenen und

---

[1] Paal/Pauly, DSGVO-BDSG-Kommentar, 2021, Art. 24 Rn. 22; Kühling/Buchner, DSGVO-BDSG-Kommentar, 2024, Art. 25 Rn. 16, Art. 32 Rn. 38.
[2] Bürkle, Compliance in Versicherungsunternehmen, 2020, § 14 Rn. 52; Besgen, Rechtshandbuch Leitende Angestellte, Geschäftsführer und Vorstände, 2023, Teil 6 Rn. 132.

Der Beitrag gibt die persönliche Meinung der Autoren wieder.

von besserer Qualität werden KI-basierten Anwendungen und versprechen sich insbesondere von KI-Chatbots die Möglichkeit, sich Lernmaterialien für die Datenschutzschulungen ihrer Mitarbeiter mit geringen Kosten (oder sogar kostenfrei) generieren zu lassen.

Diese Praxis der Umsetzung von Datenschutzschulungen für Mitarbeiter wirft eine Vielzahl von Fragen auf. So ist u. a. fraglich, welche inhaltliche Qualität KI-generierten Schulungsmaterialien zum Datenschutz haben und ob das KI-basierte Generieren von Schulungsinhalten eine Ausprägung der angemessenen Umsetzung der datenschutzrechtlichen Pflicht zur Umsetzung von Datenschutzschulungen darstellen kann. Der vorliegende Beitrag untersucht diese Fragestellungen anhand praktischer Beispiele sowie einer rechtlichen und wirtschaftlichen Diskussion. Es werden sowohl die wirtschaftlichen Potenziale dieser technologiegestützten Lösung für kleine Unternehmen betrachtet als auch deren Grenzen und notwendige Qualitätssicherungsmaßnahmen. Ziel des Beitrag ist es, eine erste praxisorientierte Einschätzung zu geben, ob KI-generierte, Verarbeitungskontext-spezifische Schulungsinhalte zur Umsetzung von Mitarbeiterschulungen die in der DSGVO verankerte Schulungspflicht insbesondere in kleinen Unternehmen angemessen umsetzen können. Die Untersuchung im vorliegenden Beitrag sollen hierbei anhand des Beispiels einer Verarbeitungskontext-spezifischen Mitarbeiterschulung zur Nutzung KI-basierter Chatbots erfolgen.

Abschn. 2 widmet sich zunächst der Frage der inhaltlichen Qualität KI-generierter Schulungsinhalte und lässt hierfür zunächst Schulungsinhalte durch KI generieren und sodann von KI inhaltlich bewerten. Abschn. 3 befasst sich mit der datenschutzrechtlichen und betriebswirtschaftlichen Diskussion der Angemessenheit der Generierung und Nutzung KI-basierter Schulungsinhalte zur Umsetzung der in der DSGVO normierten Schulungspflicht speziell für kleinere Unternehmen. Abschn. 4 fasst die Erkenntnisse in einem Fazit zusammen.

2 KI-generierte Schulungsinhalte und deren KI-basierter Kontrolle

Um die Möglichkeiten des Einsatzes von KI-Chatsbots zur Erstellung und inhaltlichen Bewertung von Datenschutzschulungen für Mitarbeiter diskutieren zu können, wurden am 17. März 2025 Arbeitsaufträge an drei führende KI-Chatbots – nämlich Copilot, Claude und ChatGPT – vergeben: Alle drei KI-Chatbots erhielten zunächst den gleichlautenden Arbeitsauftrag: „Bitte generiere eine textbasierte Selbstlerneinheit für Mitarbeitende mit maximal 1000 Zeichen[3] inkl. Leerzeichen zu der Frage „Was ist aus Sicht der DSGVO bei dem Einsatz KI-basierter Chatbots zu beachten?"."

---

[3] Die Einschränkung auf kurze Lerneinheiten wurde gewählt, um die von den KI-Chatbots generierten Ergebnisse im vorliegenden Beitrag abdrucken zu können, ohne die Zeichenvorgaben an den Beitrag selbst zu überschreiten.

Das Ergebnis eines jeden Chatbots wurde wiederum den anderen beiden Chatbots mit folgendem, gleichlautenden[4] Arbeitsauftrag vorgelegt: „Bitte bewerte die inhaltliche Korrektheit der folgenden Selbstlerneinheit und fasse das Ergebnis deiner Bewertung auf maximal 500 Zeichen inkl. Leerzeichen zusammen. [Einfügen KI-generiertes Ergebnis]."

In den nachfolgenden Unterkapiteln wird zunächst jeweils eine der durch einen der drei KI-Chatbots generierten Selbstlerneinheit abgedruckt. Im selben Unterkapitel folgen sodann die datenschutzrechtlichen Bewertungen dieser Selbstlerneinheit durch die anderen beiden KI-Chatbots.

2.1 Selbstlerneinheit 1 und deren Kontrolle

Beim Einsatz von KI-basierten Chatbots sind mehrere datenschutzrechtliche Aspekte gemäß der DSGVO zu beachten:

1. Einwilligung: Nutzer müssen vor der Datenverarbeitung ihre ausdrückliche Einwilligung geben.
2. Informationspflichten: Nutzer müssen umfassend über die Datenverarbeitung informiert werden.
3. Datenminimierung: Es dürfen nur die notwendigsten Daten erhoben und verarbeitet werden.
4. Recht auf Löschung: Nutzer haben das Recht, ihre Daten löschen zu lassen.
5. IT-Sicherheit: Es müssen geeignete technische und organisatorische Maßnahmen zum Schutz der Daten ergriffen werden.
6. Datenverarbeitung durch Dritte: Wenn Daten an Dritte weitergegeben werden, muss dies transparent gemacht und vertraglich abgesichert werden.
7. Datenschutz-Folgenabschätzung (DSFA): Bei hohem Risiko für die Rechte und Freiheiten der Nutzer ist eine DSFA durchzuführen.

Diese Maßnahmen helfen, die Nutzung von KI-basierten Chatbots DSGVO-konform zu gestalten und das Vertrauen der Nutzer zu gewinnen.[5]

2.1.1 Datenschutzrechtliche Bewertung 1

Die Selbstlerneinheit ist überwiegend korrekt, weist jedoch bei Punkt 1 eine Ungenauigkeit auf: Die Einwilligung ist nur eine von mehreren möglichen Rechtsgrundlagen nach DSGVO, nicht die einzig erforderliche. Neben der Einwilligung können auch Vertragserfüllung, berechtigte Interessen oder andere Rechtsgrundlagen gemäß Art. 6 DSGVO relevant sein. Die übrigen Punkte sind zutreffend dargestellt. Die Selbstlerneinheit bietet einen guten Überblick über

---

[4] Der Arbeitsauftrag selbst war jeweils gleichlautend, wobei sich der zu bewertende Schulungsinhalt entsprechend des zu bewertenden KI-generierten Textes veränderte (s. eckige Klammer im Arbeitsauftrag).
[5] Der vorstehende Text wurde durch Copilot erstellt, der wiederum auf die externe Quelle https://doganpfahler.de/chatbots-dsgvo-konform-nutzen-uebersicht-ki/ verweist.

wesentliche datenschutzrechtliche Aspekte beim Einsatz von KI-Chatbots, sollte jedoch die verschiedenen Rechtsgrundlagen differenzierter darstellen.[6]

2.1.2 Datenschutzrechtliche Bewertung 2.

Die Selbstlerneinheit ist größtenteils korrekt, weist jedoch kleinere Ungenauigkeiten auf. Eine ausdrückliche Einwilligung der Nutzer ist nur erforderlich, wenn keine andere Rechtsgrundlage (z. B. Vertragserfüllung) vorliegt. Das Recht auf Löschung ist korrekt, aber es sollte auch das Recht auf Berichtigung und Einschränkung der Verarbeitung erwähnt werden. Eine Datenschutz-Folgenabschätzung ist nur bei hohem Risiko erforderlich, was korrekt ist. Insgesamt ist die Darstellung gut, aber einige rechtliche Feinheiten fehlen.[7]

2.2 Selbstlerneinheit 2 und deren Kontrolle

Bei der Nutzung KI-basierter Chatbots müssen aus DSGVO-Sicht folgende Aspekte beachtet werden:

1. Rechtsgrundlage: Für die Verarbeitung personenbezogener Daten durch den Chatbot muss eine klare Rechtsgrundlage vorliegen (Einwilligung, Vertragserfüllung etc.).
2. Transparenz: Nutzer müssen darüber informiert werden, dass sie mit einem KI-System interagieren und wie ihre Daten verarbeitet werden.
3. Datensparsamkeit: Nur für den Chatbot-Betrieb erforderliche Daten erheben und verarbeiten.
4. Speicherbegrenzung: Klare Regelungen zur Speicherdauer von Chatverläufen festlegen.
5. Betroffenenrechte: Auskunfts-, Lösch- und Widerspruchsrechte müssen gewährleistet sein.
6. Sicherheitsmaßnahmen: Angemessene technische und organisatorische Maßnahmen zum Schutz der verarbeiteten Daten implementieren.
7. Datenschutz-Folgenabschätzung: Bei hohem Risiko für die Rechte der Betroffenen erforderlich.
8. Auftragsverarbeitung: Bei externen Chatbot-Anbietern AVV abschließen und Datenübermittlungen ins Ausland prüfen.[8]

2.2.1 Datenschutzrechtliche Bewertung 1

Die Selbstlerneinheit ist im Wesentlichen korrekt, jedoch gibt es einige kleinere Punkte, die präzisiert werden sollten. Die Rechtsgrundlage ist korrekt genannt, jedoch ist die Einwilligung nicht immer erforderlich – auch Vertragserfüllung oder berechtigtes Interesse können ausreichen. Die „Speicherbegrenzung" sollte klarer als „Datenaufbewahrung" formuliert werden, und der Aspekt der „Datenübermittlung ins Ausland" sollte in Zusammenhang mit Drittlandübermittlungen und den

---

[6] Der vorstehende Text wurde durch Claude erstellt.
[7] Der vorstehende Text wurde durch ChatGPT erstellt.
[8] Der vorstehende Text wurde durch Claude erstellt.

entsprechenden Schutzmaßnahmen genauer beschrieben werden. Insgesamt ist die Einheit gut verständlich und weitgehend korrekt.[9]

2.2.2 Datenschutzrechtliche Bewertung 2

Die Selbstlerneinheit ist inhaltlich korrekt und deckt alle wesentlichen Aspekte der DSGVO beim Einsatz von KI-basierten Chatbots ab. Sie behandelt die Rechtsgrundlage, Transparenz, Datensparsamkeit, Speicherbegrenzung, Betroffenenrechte, Sicherheitsmaßnahmen, Datenschutz-Folgenabschätzung und Auftragsverarbeitung. Insgesamt bietet sie eine umfassende und präzise Übersicht der erforderlichen Maßnahmen.[10]

2.3 Selbstlerneinheit 3 und deren Kontrolle

Der Einsatz von KI-basierten Chatbots muss stets im Einklang mit der Datenschutz-Grundverordnung (DSGVO) stehen. Zentrale Aspekte sind:

1. Rechtsgrundlage: Vor dem Einsatz muss eine gültige Rechtsgrundlage vorliegen (z. B. Einwilligung, Vertragserfüllung oder berechtigtes Interesse).
2. Transparenz: Nutzer müssen darüber informiert werden, dass sie mit einem Chatbot interagieren. Diese Information sollte klar und verständlich sein.
3. Datenminimierung: Der Chatbot darf nur die Daten erheben, die für den jeweiligen Zweck erforderlich sind. Sensible Daten sollten möglichst nicht erfasst werden.
4. Speicherung und Löschung: Es muss geregelt sein, wie lange Daten gespeichert werden und wie sie gelöscht werden können.
5. Datensicherheit: Angemessene technische und organisatorische Maßnahmen müssen ergriffen werden, um die Sicherheit der verarbeiteten Daten zu gewährleisten.
6. Auftragsverarbeitung: Falls Dritte (z. B. Anbieter von Chatbot-Technologie) in die Datenverarbeitung involviert sind, muss ein Vertrag zur Auftragsverarbeitung geschlossen werden.

Ein datenschutzkonformer Einsatz von Chatbots schützt nicht nur vor rechtlichen Risiken, sondern stärkt auch das Vertrauen der Nutzer.[11]

2.3.1 Datenschutzrechtliche Bewertung 1

Die Selbstlerneinheit ist inhaltlich korrekt und deckt die wesentlichen datenschutzrechtlichen Aspekte beim Einsatz von KI-Chatbots umfassend ab. Die Darstellung der verschiedenen möglichen Rechtsgrundlagen in Punkt 1 ist präzise und entspricht Art. 6 DSGVO. Die Ausführungen zu Transparenz, Datenminimierung, Speicherbegrenzung, Datensicherheit und Auftragsverarbeitung sind ebenfalls zutreffend und relevant. Die Selbstlerneinheit bietet eine fundierte Übersicht der

---

[9] Der vorstehende Text wurde durch ChatGPT erstellt.
[10] Der vorstehende Text wurde durch Copilot erstellt.
[11] Der vorstehende Text wurde durch ChatGPT erstellt.

DSGVO-Anforderungen und vermittelt die notwendigen Grundkenntnisse für einen rechtskonformen Einsatz von KI-Chatbots.[12]

2.3.2 Datenschutzrechtliche Bewertung 2

Die Selbstlerneinheit ist inhaltlich korrekt und deckt alle wesentlichen Aspekte der DSGVO beim Einsatz von KI-basierten Chatbots ab. Sie behandelt die Rechtsgrundlage, Transparenz, Datenminimierung, Speicherung und Löschung, Datensicherheit und Auftragsverarbeitung. Insgesamt bietet sie eine umfassende und präzise Übersicht der erforderlichen Maßnahmen.[13]

3 Angemessenheit KI-generierter Schulungsinhalte

Nachfolgend wird die Angemessenheit der Generierung und Nutzung KI-basierter Schulungsinhalte zur Umsetzung der in der DSGVO normierten Schulungspflicht in kleinen Unternehmen diskutiert.

3.1 Angemessenheit aus datenschutzrechtlicher Sicht

Die DSGVO verfolgt einen sogenannten risikobasierten Ansatz. Das zentrale Element des risikobasierten Ansatzes ist es, die Höhe des Risikos für die Rechte und Freiheiten natürlicher Personen[14] unmittelbar mit der Art und dem Umfang der zum Schutz der natürlichen Personen getroffenen technischen und organisatorischen Maßnahmen zu verknüpfen, um hierdurch auf eine *angemessene* Umsetzung dieser Maßnahmen hinzuwirken.[15] Eine für natürliche Personen besonders risikobehaftete Datenverarbeitung erfordert entsprechend dem risikobasierten Ansatz i. d. R. ein höheres Maß techni-

---

[12] Der vorstehende Text wurde durch Claude erstellt.
[13] Der vorstehende Text wurde durch Copilot erstellt, der wiederum auf die externen Quellen https://doganpfahler.de/chatbots-dsgvo-konform-nutzen-uebersicht-ki/, https://datenschutz-hamburg.de/fileadmin/user_upload/HmbBfDI/Datenschutz/Informationen/20231113_Checkliste_LLM_Chatbots_DE.pdf und https://www.dialogbits.com/chatbot-ratgeber/chatbot-datenschutz-und-dsgvo-konform-einsetzen/ verweist.
[14] Aufgrund der Interdisziplinarität des vorliegenden Beitrags wird versucht, im Fließtext auf spezifische datenschutzrechtliche Rollenbeschreibungen zu verzichten. Die von einer Datenverarbeitung betroffene, natürliche Person trägt im Datenschutzrecht die Rollenbezeichnung „betroffene Person", ein Datenverarbeiter trägt im Datenschutzrecht i. d. R. die Rollenbezeichnung des Verantwortlichen (bei Entscheidungsbefugnis über Zwecke und Mittel der personenbezogenen Datenverarbeitung) oder Auftragsverarbeiters.
[15] Selzer/Timm, Angemessene technische und organisatorische Schutzmaßnahmen nach Art. 32 DSGVO – Ein Vorschlag für die datenschutzkonforme Gestaltung von Datenschutz-Grundsätzen und -Schutzmaßnahmen in IT-Systemen, HMD Praxis der Wirtschaftsinformatik 2023, S. 923 f.; Selzer, Die technisch-organisatorische Implementierung von Datenschutz in Organisationen unter besonderer Berücksichtigung der wirtschaftlichen Angemessenheit, 2025; Ehmann/Selmayr, DSGVO-Kommentar, 2024, Art. 5 Rn. 30.

scher und organisatorischer Maßnahmen als eine Datenverarbeitung mit mäßigen Risiken für natürliche Personen.[16]

3.1.1 Einordnung von Mitarbeiterschulungen in den risikobasierten Ansatz

Die Umsetzung von Mitarbeiterschulungen stellen organisatorische Maßnahme im Sinne der DSGVO dar,[17] die demnach – entsprechend dem risikobasierten Ansatz der DSGVO – in angemessener Weise umzusetzen sind. Konkret erfordert die angemessene Umsetzung technischer und organisatorischer Maßnahmen eine Abwägung folgender Faktoren:

1. Stand der Technik,
2. Implementierungskosten,
3. Art, Umfang, Umstände und Zwecke der Verarbeitung sowie
4. unterschiedliche Eintrittswahrscheinlichkeit und Schwere der mit der Verarbeitung verbundenen Risiken für die Rechte und Freiheiten natürlicher Personen (Art. 32 Abs. 1 DSGVO).

Durch die Aufzählung dieser Kriterien für die Auswahl angemessener technischer und organisatorischer Maßnahmen wird im Hinblick auf Mitarbeiterschulungen zum Datenschutz nochmals deutlich, dass ein Datenverarbeiter durch die DSGVO nicht dazu verpflichtet werden soll, alle überhaupt verfügbaren und geeigneten Maßnahmen zur Umsetzung von Mitarbeiterschulungen zu ergreifen. Vielmehr kann er regelmäßig nur zur Umsetzung von Mitarbeiterschulungen verpflichtet sein, die für das Risiko des konkreten Verarbeitungskontextes *angemessen* sind. Es ist jedoch wichtig zu betonen, dass im Datenschutzrecht das Risiko für natürliche Personen immer im Fokus der Betrachtung steht und somit „weichere" Faktoren wie die Implementierungskosten regelmäßig eine untergeordneter Rolle spielen. Konsequenterweise darf die Berücksichtigung der Angemessenheit nicht dazu führen, dass bei einem geringen Risiko des konkreten Verarbeitungskontextes gar keine Mitarbeiterschulungen umgesetzt werden.[18]

3.1.2 Einordnung der KI-generierten Schulungsmaterialien und -kontrollen

Bevor eine konkrete Einschätzung der Angemessenheit KI-generierter Datenschutzschulungen für kleine Unternehmen vorgenommen werden kann, müssen die im Rahmen dieses Beitrags generierten Schulungsmaterialien – inkl. ihrer KI-gestützten

---

[16] Selzer, Die technisch-organisatorische Implementierung von Datenschutz in Organisationen unter besonderer Berücksichtigung der wirtschaftlichen Angemessenheit, 2025; Schröder, Der risikobasierte Ansatz in der DS-GVO Risiko oder Chance für den Datenschutz?, ZD 2019, S. 503 f.; Ehmann/Selmayr, DSGVO-Kommentar, 2024, Art. 5 Rn. 30.

[17] Analog durch Gliederung „Gewährleistung von Datenschutzprozessen": Besgen, N.: Rechtshandbuch Leitende Angestellte, Geschäftsführer und Vorstände, 2023, Teil 6 Rn. 131 f.

[18] Analog: Selzer, Die technisch-organisatorische Implementierung von Datenschutz in Organisationen unter besonderer Berücksichtigung der wirtschaftlichen Angemessenheit, 2025; Ehmann/Selmayr, DSGVO-Kommentar, 2024, Art. 5 Rn. 30.

Kontrolle – zunächst aus datenschutzrechtlicher Sicht bewertet werden, um aufzuzeigen, wie gut oder schlecht die Qualität der KI-generierter Inhalte ist.

Nimmt man das deutsche Notensystem zur Grundlage einer Bewertung, können die KI-generierten Inhalte nach der hier vertretenen Meinung als befriedigend bis gut bewertet werden[19]: In der **ersten Selbstlerneinheit** ist aus datenschutzrechtlicher Sicht anzumerken, dass nur eine von verschiedenen möglichen, einschlägigen Rechtsgrundlagen als einschlägig benannt wurde und auch die Betroffenenrechte nicht vollständig aufgezählt wurden. Darüber hinaus wird in der Schulung der Begriff des „Nutzers" verwendet, ohne dem Schulungsinhaltsempfänger aufzuzeigen, dass neben dem direkten Nutzer des KI-Chatbots auch andere natürliche Personen Rechte innehalten oder eine (ggf. andere als die der unmittelbaren Nutzer selbst) Rechtsgrundlage die Verarbeitung ihrer Daten legitimieren muss, sofern personenbezogene Daten dieser Personen in den KI-Chatbot eingeben werden. Auch wurden eine ggf. relevante Drittstaatübermittlung sowie die Umsetzung des Grundsatzes der Speicherbegrenzung nur indirekt thematisiert. Den KI-basierten Kontrollen der Lerneinheit ist lediglich das Fehlen der Benennung weiterer Rechtsgrundlagen (beide Kontrollen) sowie das Fehlen der Benennung weiterer einschlägiger Betroffenenrechte (eine Kontrolle) aufgefallen.

In der **zweiten Selbstlerneinheit** ist aus datenschutzrechtlicher Sicht anzumerken, dass der Begriff „Datensparsamkeit" anstelle des aktuelleren Begriffs „Datenminimierung" genutzt wurde. Ebenfalls besteht in der Lerneinheit das gleiche Problem bezüglich des Begriffs des „Nutzers" wie in der ersten Selbstlerneinheit (wenngleich der Text im Rahmen der Auflistung von Betroffenenrechten zugunsten möglicher anderer natürlicher Personen offener formuliert ist). Auch wenn mehr Betroffenenrechte als in der ersten Selbstlerneinheit benannt werden, werden nicht alle einschlägigen Betroffenenrechte erwähnt. Den KI-basierten Kontrollen der Lerneinheit ist lediglich aufgefallen, dass der Begriff „Speicherbegrenzung" besser „Datenaufbewahrung" genannt werden sollte (eine Kontrolle). Eine Änderung zum Begriff „Datenaufbewahrung" entspräche jedoch nicht dem in der DSGVO verwendeten Begriff und würde auch nicht den begrenzenden Character des Datenschutz-Grundsatzes widerspiegeln.

In der **dritten Selbstlerneinheit** ist aus datenschutzrechtlicher Sicht anzumerken, dass auch hier die Drittstaatübermittlung nicht explizit thematisiert wurde. Ebenfalls besteht in der Lerneinheit das gleiche Problem bezüglich des Begriffs des „Nutzers" wie in der ersten und zweiten Selbstlerneinheit (wenngleich die dritte Lerneinheit wenigstens darauf eingeht, dass dem KI-Chatbot keine „sensiblen Daten" zur Verfügung gestellt werden sollen und die Lerneinheit somit den einzigen expliziteren Hinweis darauf enthält, mit der Eingabe personenbezogener Daten vorsichtig zu sein). Neben den im Rahmen der Transparenz erwähnten Informationspflicht werden in der Lern-

---

[19] Bei der datenschutzrechtlichen Bewertung wird die Vollständigkeit und Ausführlichkeit der KI-generierten Schulungsinhalte weitestgehend unberücksichtigt gelassen, da der formulierte Arbeitsauftrag an die KI-Chatbots zugunsten der Zeichenvorgabe des vorliegenden Beitrags in der maximalen Zeichenzahl stark begrenzt war.

einheit keine (weiteren) Betroffenenrechte erwähnt. Den KI-basierten Kontrollen der Lerneinheit ist keiner dieser Kritikpunkte aufgefallen.

3.1.3 Einordnung KI-generierter Schulungen in den risikobasierten Ansatz

Die im Beitrag untersuchten KI-generierten Schulungsinhalte weisen inhaltliche Defizite auf, die auch nicht durch die KI-basierten Kontrollen der Lerneinheiten vollständig erkannt wurden. Dies zeigt für spezifischere Datenschutzschulungsinhalte[20] die derzeitigen Grenzen einer ausschließlich KI-gestützten Erstellung und Qualitätssicherung von Datenschutzschulungsinhalten für Mitarbeitende auf, was wiederum nach der hier vertretenden Meinung dafürspricht, dass der Rückgriff auf ausschließlich KI-generierte Schulungsinhalte derzeit – wenn überhaupt – nur für sehr kleine Unternehmen und auch nur dann möglich sein könnte, wenn das von einer Verarbeitung ausgehende Risiko für natürliche Personen als gering einzustufen ist.

Treffen diese zwei Bedingungen zu, ist des Weiteren zu empfehlen:

1. Der KI-Chatbot sollte zunächst angewiesen werden, grundlegende wichtige Inhalte des Datenschutzrechts aufzubereiten und konkrete Umsetzungs- und Handlungsempfehlungen aufzuzeigen.
2. Anschließend sollte der KI-Chatbot dazu angewiesen werden, die datenschutzrechtlichen Implikationen der spezifischen Verarbeitungskontexte, die in dem kleinen Unternehmen vorkommen, zu erläutern und ebenfalls konkrete Umsetzungs- und Handlungsempfehlungen aufzuzeigen.
3. Bei der Erstellung der Schulungsinhalte ist darauf zu achten, dass die Zeichenzahlbegrenzung nicht zu eng gewählt wird, um den Mitarbeitenden substanziell mehr Informationen geben zu können als in den hier untersuchten Beispielen dargestellt.
4. Die so erzeugten Inhalte sollten von mindestens zwei weiteren KI-Chatbots überprüft werden, um mögliche Fehler oder Lücken zu identifizieren. Sofern in dem kleinen Unternehmen keine einschlägige personelle Expertise vorhanden ist, sollten ggf. die KI-Chatbots angewiesen werden, konkrete Korrekturen und Ergänzungen der Schulungsinhalte vorzuschlagen.
5. Auf Geschäftsführungsebene sollten die so erzeugten Inhalte selbst gelesen und gegebenenfalls bezüglich der konkreten (organisatorischen) Gegebenheiten des kleinen Unternehmens korrigiert oder ergänzt werden.[21]

Durch diesen mehrstufigen Ansatz mit sowohl einer KI-gestützter als auch einer (zumindest was die organisatorischen Gegebenheiten des kleinen Unternehmens angeht) menschlichen Kontrolle ist anzunehmen, dass die Qualität der Schulungsinhalte zumindest soweit verbessert werden kann, das sie von kleinen Unternehmen bei gerin-

---

[20] Bezüglich Grundlagen-Datenschutzschulungen zu einem anderen Ergebnis kommend: Selzer/Timm/Berndt, Einsatz KI-generierter Datenschutz-Schulungsmaterialien für Mitarbeiter – Datenschutzrechtliche und betriebswirtschaftliche Perspektive auf KI-generierte Grundlagen-Datenschutzschulungen in kleinen Unternehmen, DuD 2025 (im Druck).

[21] Ebenfalls sollte auf Ebene der Geschäftsführung ein Prozess festgelegt werden, der sicherstellt, dass alle (relevanten) Mitarbeiter auf das Lesen der Lerninhalte verpflichtet werden.

gem Verarbeitungsrisiko eingesetzt werden können. In diesem Fällen bleibt der Aufwand zur Umsetzung von Datenschutzschulungen für Mitarbeiter überschaubar, was wiederum – nach der hier vertretenen Meinung – dem risikobasierten Ansatz der DSGVO entspricht und für eine angemessene Umsetzung der Pflicht zur Mitarbeiterschulung spricht.

3.2 Angemessenheit aus betriebswirtschaftlicher Sicht

Die Umsetzung regulatorischer Rahmen sind vor allem für kleine Unternehmen oft mit hohem organisatorischem Aufwand verbunden und werden mit negativen Emotionen und Einschätzungen assoziiert[22]. Dies geht oft so weit, dass Strafen für Nichteinhaltung billigend in Kauf genommen und als Alternative zu Compliance betrachtet werden können[23]. Auch im Kontext der Umsetzung datenschutzrechtlicher Vorgaben der DSGVO entstehen Kosten, die vor allem kleine Unternehmen belasten[24]. Aus diesem Kontext heraus kann die Nutzung KI-generierter Schulungsinhalte eine Strategie darstellen, die zu Kostenersparnissen und damit erhöhter Compliance führen kann. Während die rechtliche Beurteilung von KI-generierten Selbstlerneinheiten positiv ausfällt, ist deren Potenzial aus betriebswirtschaftlicher Sicht kritischer zu bewerten.

Als grundlegender Aspekt ist die Akzeptanz durch die Mitarbeiter eine entscheidende Frage – KI-generierte Lehrpläne werden, vor allem bei kontroversen Themen, als hochwertig und objektiv eingeschätzt. Jedoch schlägt diese Beurteilung um, wenn der Status als KI-generierter Inhalt angegeben wird[25]. Aus ethischer Sicht ist es offensichtlich, dass Nutzer darüber informiert werden müssen, wenn sie mit KI-basierten Inhalten interagieren[26]. Gleichzeitig ist belegt, dass bei Selbstlerninhalten die wahrgenommene Qualität des Inhalts einen großen Einfluss auf die Motivation und Lernerfolge der Teilnehmer hat[27] – auch vor diesem Hintergrund ist damit zu rechnen, dass Datenschutzschulungen auf deutlich weniger Akzeptanz stoßen, wenn KI-generierte Schulungsinhalte verwendet werden. Datenschutzschulungen sind kein Selbstzweck, sondern sollen dazu dienen, Mitarbeiter mit dem notwendigen Wissen auszustatten, um ihre Arbeit DSGVO-konform durchzuführen und das Unternehmen gegen

---

[22] Shapiro/Borie-Holtz, Small business response to regulation: incorporating a behavioral perspective. Humanit Soc Sci Commun 7, 58, 2020, https://doi.org/10.1057/s41599-020-00552-5.

[23] Häckner/Herzing, The equilibrium compliance rate among regulated firms. In: Int. Review of Law and Economics, Vol. 63, 2020.

[24] Frey/Presidente, Privacy regulation and firm performance: estimating the GDPR effect globally. Economic Inquiry, 62(3), 2024, S. 1074–1089.

[25] Kim/Koo, The Impact of Generative AI on Syllabus Design and Learning. Journal of Marketing Education, 2024. DOI: https://doi.org/10.1177/02734753241299024.

[26] Jantunen et al.: Researchers' Concerns on Artificial Intelligence Ethics: Results from a Scenario-Based Survey. In: Proceedings of the 7th ACM/IEEE International Workshop on Software-intensive Business (IWSiB '24), 2024.

[27] Kumar, E-learning programs in executive education: effects of perceived quality and perceived value on self-regulation and motivation, Higher Education, Skills and Work-Based Learning, Vol. 12 No. 6, 2022, S. 1025–1039.

Vorwürfe mangelnder Sorgfalt zu schützen. Wenn jedoch nur oberflächliches Wissen erworben wurde, falls überhaupt, entfällt der Zweck einer solchen Schulung und erhöht das Risiko von versehentlichen Verstößen durch fehlende Verstetigung der Lehrinhalte.

In diesem Rahmen sind auch die individuellen Anforderungen von Unternehmen als zweischneidiges Schwert zu betrachten. Gemäß dem risikobasierten Ansatz sind die Anforderungen an Unternehmen verschieden, und variieren nach Größe, Geschäftsfeld und individuellen Umständen. Dies zeigt die Notwendigkeit maßgeschneiderter Schulungen auf, um den jeweiligen Anforderungen und relevanten Möglichkeiten für Datenschutzverstöße gerecht zu werden. Neben den hierbei betrachteten rechtlichen Aspekten geht es hier also vor allem auch um Angemessenheit und Präzision: Inwieweit kann eine KI nicht nur alle relevanten Grundlagen der einschlägigen Rechtsakte identifizieren und einordnen, sondern auch betriebsbedingte Einschränkungen und Schwerpunkte in den behandelten Inhalten abbilden?

Die Nutzung KI-generierter Schulungsinhalte birgt darüber hinaus die Herausforderung, dass die erhofften zeitlichen Einsparungen durch KI oft durch notwendige Überarbeitungen und Ergänzungen – sei es zum datenschutzrechtlichen Wissen oder zu den spezifischen Gegebenheiten im Unternehmen – wieder aufgehoben werden. Aus betriebswirtschaftlicher Sicht bedeutet dies, dass Zeitersparnisse in der Erstellung stattdessen als Aufwände in der Überarbeitung der Schulung entstehen können. Eine entsprechende Expertise zur Überarbeitung und Ergänzung muss in kleinen Unternehmen darüber hinaus erst einmal vorhanden sein, um diesen erforderlichen Schritt umsetzen zu können.

Diese Überlegungen führen zurück zur Frage der Angemessenheit von KI-generierten Datenschutzschulungsinhalten als Alternative zu traditionell erstellten Inhalten. Grundsätzlich lässt sich feststellen, dass die Implementierung der DSGVO in Unternehmen zu erheblichen Kostenbelastungen führt, die vor allem kleine Unternehmen besonders stark treffen. Diese Kostenbelastungen ergeben sich jedoch primär aus gestiegenen Personalkosten und einmaligen Systemumstellungen, nicht aber aus der Durchführung von Datenschutzschulungen (siehe Fußnote 24). Im Gegenteil: Präventive Schulungen können als strategisches Instrument dazu dienen, potenzielle Folgekosten durch Datenschutzverstöße zu minimieren. Der Mehrwert von qualitativ hochwertigen Datenschutzschulungen liegt daher nicht nur in der unmittelbaren Wissensvermittlung, sondern vor allem in der Prävention kostspieliger Strafen und Rechtskonflikte.[28]

Zusammenfassend bieten KI-generierte Datenschutzschulungen insbesondere kleinen Unternehmen zwar theoretisch Kostenvorteile, sind jedoch aus mehreren Gründen kritisch zu bewerten: Die Akzeptanz solcher Inhalte seitens der zu schulenden Mitarbeitenden sinkt nachweislich, wenn der KI-Ursprung der Schulungsinhalte bekannt ist, was wiederum die Lerneffektivität mindern kann. Zudem erfordern die Schulungsinhalte manuelle Überarbeitungen, um rechtliche Präzision und betriebsspezifische

---

[28] Zanker et al., The GDPR at the Organizational Level: A Comparative Study of Eight European Countries. E&M Economics and Management, 24 (2), 2021, S. 207–222.

Anpassungen zu gewährleisten – was die erhofften Zeitersparnisse zunichtemachen kann.

4 Fazit

Die Untersuchung zeigt, dass KI-generierte, Verarbeitungskontext-spezifische Datenschutzschulungsinhalte für Mitarbeiter derzeit nur unter bestimmten Voraussetzungen als angemessene Umsetzung der DSGVO-Schulungspflicht betrachtet werden können.

Für *(sehr) kleine* Unternehmen mit *geringem Verarbeitungsrisiko* kann der vorgeschlagene mehrstufige Ansatz mit KI-Erstellung, mehrfacher KI-Kontrolle und *finaler menschlicher Prüfung* eine datenschutzrechtliche und betriebswirtschaftliche tragfähige Lösung darstellen, sofern die Kosteneinsparung für den Einkauf datenschutzrechtlicher Schulungsinhalte nicht *im konkreten Einzelfall* in einem Missverhältnis zu möglicherweise erforderlichen Anpassungsbedarfen der Schulungsinhalte steht und die Akzeptanz der KI-generierten Schulungsunterlagen im Unternehmen unterstützt werden kann (z. B. durch eine *gemeinsame* Durchsicht der Unterlagen und die Umsetzung eines Quiz zu den Schulungsinhalten).

Für Unternehmen mit Datenverarbeitungen, die ein mittleres oder sogar hohes Risiko für natürliche Personen bedeuten können, muss jedoch derzeit davon ausgegangen werden, dass auf Schulungen zurückgegriffen werden muss, die von Datenschutzexperten erstellt wurden. Die fortschreitende KI-Entwicklung lässt eine Qualitätsverbesserung erwarten, die künftig breitere Einsatzmöglichkeiten schaffen könnte.

Danksagung. Die diesem Beitrag zugrunde liegenden Forschungsarbeiten wurden vom Bundesministerium für Bildung und Forschung (BMBF) und vom Hessischen Ministerium für Wissenschaft und Kunst (HMWK) im Rahmen ihrer gemeinsamen Förderung für das Nationale Forschungszentrum für angewandte Cybersicherheit ATHENE unterstützt.

Literatur

Besgen, Nicolai: Rechtshandbuch Leitende Angestellte, Geschäftsführer und Vorstände, 2. Auflage, München 2023.
Bürkle, Jürgen: Compliance in Versicherungsunternehmen, 3. Auflage, München 2020.
Ehmann, Eugen/Selmayr, Martin (Hrsg.): Datenschutz-Grundverordnung, 3. Auflage, München 2024.
Frey, Carl Benedikt /Presidente, Giorgio: Privacy regulation and firm performance: estimating the GDPR effect globally, Economic Inquiry 2024, S. 1074.
Häckner, Jonas/Herzing, Mathias: The equilibrium compliance rate among regulated firms, Int. Review of Law and Economics 2020, S. 1–15.
Jantunen, Marianna/Meyes, Richard/Kurchyna, Veronika/Meisen, Tobias/Abrahamsson, Pekka/Mohanani, Rahul: Researchers' Concerns on Artificial Intelligence Ethics: Results from a Scenario-Based Survey, IWSiB 2024, S. 24.
Kim, Hyoseok/Koo, Thomas K. B.: The Impact of Generative AI on Syllabus Design and Learning, Journal of Marketing Education 2024, S. 1–22.

Kumar, Ranjan: E-learning programs in executive education: effects of perceived quality and perceived value on self-regulation and motivation, Higher Education, Skills and Work-Based Learning 2022, S. 1025.

Kühling, Jürgen/Buchner, Benedikt: Datenschutz-Grundverordnung Kommentar, 4. Auflage, München 2024.

Paal, Boris P./Pauly, Daniel A. (Hrsg.): Datenschutz-Grundverordnung – Kompakt-Kommentar, 3. Auflage, München 2021.

Schröder, Markus: Der risikobasierte Ansatz in der DS-GVO Risiko oder Chance für den Datenschutz?, ZD 2019, S. 503.

Selzer, Annika/Timm, Ingo J.: Angemessene technische und organisatorische Schutzmaßnahmen nach Art. 32 DSGVO – Ein Vorschlag für die datenschutzkonforme Gestaltung von Datenschutz-Grundsätzen und -Schutzmaßnahmen in IT-Systemen, HMD Praxis der Wirtschaftsinformatik 2023, S. 923.

Selzer, Annika: Die technisch-organisatorische Implementierung von Datenschutz in Organisationen unter besonderer Berücksichtigung der wirtschaftlichen Angemessenheit, Darmstadt 2025.

Selzer, Annika /Timm, Ingo J./Berndt, Jan Ole: Einsatz KI-generierter Datenschutz-Schulungsmaterialien für Mitarbeiter – Datenschutzrechtliche und betriebswirtschaftliche Perspektive auf KI-generierte Grundlagen-Datenschutzschulungen in kleinen Unternehmen, DuD 2025 (im Erscheinen).

Shapiro, Stuart /Borie-Holtz, Debra: Small business response to regulation: incorporating a behavioral perspective, Humanities and Social Sciences Communications 2020, S. 1–9.

Zanker, Marek/Bureš, Vladimír/Cierniak-Emerych, Anna/Nehéz, Martin: The GDPR at the Organizational Level: A Comparative Study of Eight European Countries, E&M Economics and Management 2021, S. 207.

Open Access Dieses Kapitel wird unter der Creative Commons Namensnennung - Nicht kommerziell - Keine Bearbeitung 4.0 International Lizenz (http://creativecommons.org/licenses/by-nc-nd/4.0/deed.de) veröffentlicht, welche die nicht-kommerzielle Nutzung, Vervielfältigung, Verbreitung und Wiedergabe in jeglichem Medium und Format erlaubt, sofern Sie den/die ursprünglichen Autor(en) und die Quelle ordnungsgemäß nennen, einen Link zur Creative Commons Lizenz beifügen und angeben, ob Änderungen vorgenommen wurden. Die Lizenz gibt Ihnen nicht das Recht, bearbeitete oder sonst wie umgestaltete Fassungen dieses Werkes zu verbreiten oder öffentlich wiederzugeben.

Die in diesem Kapitel enthaltenen Bilder und sonstiges Drittmaterial unterliegen ebenfalls der genannten Creative Commons Lizenz, sofern sich aus der Abbildungslegende nichts anderes ergibt. Sofern das betreffende Material nicht unter der genannten Creative Commons Lizenz steht und die betreffende Handlung nicht nach gesetzlichen Vorschriften erlaubt ist, ist auch für die oben aufgeführten nicht-kommerziellen Weiterverwendungen des Materials die Einwilligung des jeweiligen Rechteinhabers einzuholen.

Cybersicherheitsforschung im Spannungsfeld des Strafrechts – Überblick über bisherige Rechtsprechung zu einschlägigen strafrechtlichen Normen

Jessica Kriegel[✉]

Fraunhofer-Institut für Sichere Informationstechnologie SIT und Nationales Forschungszentrum für angewandte Cybersicherheit ATHENE, Darmstadt, Deutschland
`Jessica.Kriegel@sit.fraunhofer.de`

1 Einleitung

Die Cybersicherheitsforschung spielt eine zentrale Rolle für den Schutz moderner IT-Infrastrukturen. Sie ermöglicht es, Sicherheitslücken frühzeitig zu erkennen, und trägt damit maßgeblich zur Stabilität und Weiterentwicklung digitaler Systeme bei.[1] Doch trotz ihrer gesellschaftlichen Relevanz bewegen sich viele Cybersicherheitsforschende in einem (straf-)rechtlichen Graubereich. Zahlreiche Methoden und Werkzeuge, die im Rahmen cybersicherheitsbezogener Forschung zum Einsatz kommen, ähneln in ihrer technischen Ausgestaltung jenen, die auch von Cyberkriminellen genutzt werden.[2] Ungeachtet der entgegengesetzten Zielsetzung – Cyberkriminelle wollen IT schwächen, Cybersicherheitsforschende wollen IT stärken, in dem sie Methoden und Werkzeuge der Cyberkriminellen erforschen und Gegenmaßnahmen gegen diese entwickeln – unterscheiden sich die Handlungen aus strafrechtlicher Sicht kaum, da die einschlägigen Straftatbestände teils so weit gefasst sind, dass sie auf die Handlungen von Cyberkriminellen und Cybersicherheitsforschenden gleichermaßen anwendbar erscheinen. Im Zentrum stehen hierbei insbesondere die §§ 202a, 202b, 202c, 303a und 303b StGB, die den unbefugten Zugang zu Daten, das Abfangen von Daten, das Bereitstellen und Verschaffen von Hacking-Tools, die Datenveränderung und die Computersabotage unter Strafe stellen. Ob und inwieweit diese Vorschriften tatsächlich auch auf Handlungen im Rahmen der Cybersicherheitsforschung anzuwenden sind, ist vom Gesetzgeber bislang nicht eindeutig geregelt, da dieser insoweit keine Unterscheidung vornimmt. Diese Unklarheit führt zu teilweise erheblicher Rechtsunsicherheit, die wiederum Cybersicherheitsforschende zur Zurückhaltung veranlasst

---

[1] Boll, DuD 2023, S. 346.
[2] Böken in Kipker, Cybersecurity, Kap. 19, Rn. 70.

© Der/die Autor(en) 2026
A. Selzer (Hrsg.): Aktuelle Entwicklungen des Rechtsrahmens der Cybersicherheit und Privatheit, P. 66–91. https://doi.org/10.1007/978-3-658-49640-1_6

und die Gefahr birgt, dass notwendige Forschungsvorhaben aus Angst vor strafrechtlichen Konsequenzen unterbleiben und somit mittel- bis langfristig unsere IT geschwächt wird.

Ziel dieser Untersuchung ist es, ein besseres Verständnis der aktuell bestehenden rechtlichen Rahmenbedingungen für die Arbeit der Cybersicherheitsforschenden nach deutschem Strafrecht zu gewinnen. Im Fokus stehen dabei die gerichtliche Auslegung und Anwendung der genannten Strafnormen, insbesondere im Spannungsfeld zwischen legitimer Forschung und strafbarem Verhalten. Der vorliegende Beitrag bietet hierzu eine systematische Übersicht bisher ergangener gerichtlicher Entscheidungen.

2 Methodik

2.1 Recherche sowie Anfrageverfahren

Für die vorliegende Untersuchung erfolgte zunächst eine gezielte Recherche nach einschlägigen Entscheidungen im Anwendungsbereich der §§ 202a, 202b, 202c, 303a und 303b StGB mit (aus Sicht der Autorin des vorliegenden Beitrags expliziter oder zumindest impliziter) Relevanz für die Cybersicherheitsforschung in juristischen Datenbanken – insbesondere juris, Beck-Online sowie den Entscheidungsdatenbanken der Landesjustizverwaltungen.[3]

Darüber hinaus wurden insgesamt 260 ordentliche Gerichte in Deutschland kontaktiert. Dies entspricht exakt einem Drittel der ordentlichen Gerichtsbarkeit in der Bundesrepublik Deutschland.[4] Die Auswahl erfolgte proportional zur Verteilung auf die drei gerichtlichen Instanzen, um ein möglichst repräsentatives Bild über alle Verfahrensebenen hinweg zu erhalten. Angefragt wurden demnach 213 Amtsgerichte, 38 Landgerichte und 8 Oberlandesgerichte. Eine Anfrage ging zudem an den Bundesgerichtshof. Nach entsprechenden Verweisen einiger Gerichte wurden zusätzlich Anfragen bei 16 Justizministerien und 26 Staatsanwaltschaften gestellt.

Die Gerichte, Justizministerien und Staatsanwaltschaften erhielten ein einheitliches Auskunftsersuchen mit der Bitte um Übersendung anonymisierter Abschriften sämtlicher Urteile, Beschlüsse, Strafbefehle oder Vergleiche, die zwischen dem 1. Januar 2015 und dem 31. Dezember 2024 ergangen sind. Gegenstand der Anfrage waren Entscheidungen im Anwendungsbereich der §§ 202a, 202b, 202c, 303a und 303b StGB, in denen Cybersicherheitsforschende – ausdrücklich oder implizit – eine Rolle spielten. Ziel war es insbesondere, solche Entscheidungen zu erfassen, die bislang nicht in öffentlich zugänglichen juristischen Datenbanken dokumentiert sind.

---

[3] Entscheidungen, die im Rahmen der eigenen Recherchen identifiziert wurden, sind in der Darstellung mit einem Sternchen (*) hinter dem Gerichtsnamen und dem Entscheidungsjahr gekennzeichnet.

[4] Vgl. BMJ-Gerichtszahlen, https://www.bmj.de/SharedDocs/Downloads/DE/Themen/ Nav_Themen/Anzahl_der_Gerichte_des_Bundes_und_der_Laender.pdf.

2.2 Art und Inhalt der übermittelten Entscheidungen

Die händische Recherche in juristischen Datenbanken identifizierte sechs einschlägige Entscheidungen: ein Beschluss des Bundesverfassungsgerichts (BVerfG), drei Beschlüsse des Bundesgerichtshofs (BGH), ein Beschluss eines Oberlandesgerichts (OLG), ein Beschluss eines Amtsgerichts (AG) sowie zwei Urteile.

Auf Basis der 260 Anfragen[5] – zzgl. der erwähnten ergänzenden Anfragen an 16 Justizministerien und 26 Staatsanwaltschaften – gingen 122 Entscheidungen ein. Diese umfassen 26 Urteile, 71 Strafbefehle und 25 Beschlüsse sowie ergänzend 3 Anklageschriften.

Nicht alle der übersandten Entscheidungen lassen für die Autorin des vorliegenden Beitrags eine (direkte) Relevanz für die Cybersicherheitsforschung erkennen. Da sie jedoch von den einsendenden Gerichten, Justizministerien und/oder Staatsanwaltschaften als einschlägig vorbewertet wurden, sollen sie nachfolgend vollständig vorgestellt werden. Es erfolgte jedoch eine Einordnung der Autorin in „Kernentscheidungen" und „Weitere Entscheidungen". Strafbefehle werden separat aufgelistet.

3 Überblick über die Entscheidungen

Die nachfolgende Übersicht erfolgt – entsprechend den Vorgaben einiger Gerichte zur Auswertung der von ihnen übersandten Entscheidungen – einheitlich ohne Nennung von Aktenzeichen.

3.1 Kernentscheidungen

Das folgende Unterkapitel behandelt gerichtliche Entscheidungen, die im Rahmen dieser Untersuchung als besonders relevant eingestuft wurden. Im Fokus stehen dabei die tragenden Erwägungen der Gerichte, wie sie den Urteilen selbst zu entnehmen sind. Die Darstellung erfolgt dabei in chronologischer Reihenfolge nach dem Jahr der Entscheidung und innerhalb desselben Jahres alphabetisch nach dem Gerichtsort.

BVerfG-Beschluss, 2009*[6]: Im Mai 2009 befasste sich das Bundesverfassungsgericht mit der Frage, ob die Strafvorschriften des § 202c StGB im Hinblick auf Art. 12 Abs. 1 GG sowie des § 202a StGB im Hinblick auf Art. 2 Abs. 1 GG verfassungsgemäß sind. Anlass waren mehrere Verfassungsbeschwerden, unter anderem von einem Geschäftsführer aus der IT-Sicherheitsbranche, einem Informatikprofessor sowie einem Informatikstudenten. Die Beschwerdeführer machten geltend, dass § 202c StGB in die Berufsfreiheit sowie in die Freiheit von Forschung und Lehre eingreife. Insbesondere kritisierten sie, dass die Norm die Nutzung so-

---

[5] 52,7% der angefragten Gerichte beantworteten nicht auf die Anfrage sowie die darauffolgende Erinnerung.

[6] Bei den mit * gekennzeichneten Entscheidungen handelt es sich um solche, die uns zwar nicht von den Gerichten übersandt wurden, die aber im Rahmen der eigenen Recherche als für den inhaltlichen Fokus des vorliegenden Beitrags relevant eingestuft wurden.

genannter Dual-Use-Tools kriminalisiere – also Programme, deren Zweck nicht eindeutig als legal oder illegal einzuordnen sei. Solche Werkzeuge seien etwa im Rahmen von Penetrationstests unerlässlich, bei denen Sicherheitslücken im Auftrag von Unternehmen oder Behörden aufgedeckt würden. Laut der Stellungnahme der Bundesregierung handele es sich bei diesen Programmen nicht per se um Tatwerkzeuge im strafrechtlichen Sinne; vielmehr werde ihre rechtliche Einordnung durch den konkreten Verwendungszweck bestimmt. Die Beschwerdeführer argumentierten, dass sich der Einsatzbereich dieser Werkzeuge häufig nicht eindeutig bestimmen lasse und sie auch im Sinne des Berechtigten zur Schwachstellenanalyse eingesetzt werden könnten. Insofern entfalte § 202c StGB eine regulierende Wirkung auf berufliche Tätigkeiten, was als objektive Zulassungsbeschränkung zu werten sei. Der Eingriff in Art. 12 Abs. 1 GG sei zudem nicht gerechtfertigt, da IT-Sicherheitsdienstleister zum Schutz von Wirtschaft und öffentlicher Verwaltung vor IT-Angriffen beitragen würden – eine Tätigkeit, die durch die Vorschrift erschwert werde. Darüber hinaus sahen die Beschwerdeführer auch eine unzulässige Einschränkung der Forschungs- und Lehrfreiheit. Die Strafnorm könne dazu führen, dass Forschende und Lehrende eine Strafverfolgung nach § 202c i.V.m. § 202a StGB befürchten müssten, wenn sie Studierenden Analysewerkzeuge bereitstellen, die grundsätzlich auch für kriminelle Zwecke einsetzbar sind. Daraus folge nach ihrer Auffassung ein Eingriff in die allgemeine Handlungsfreiheit. Das Bundesverfassungsgericht nahm die Verfassungsbeschwerden jedoch nicht zur Entscheidung an. *Es stellte klar, dass § 202c StGB sogenannte Dual-Use-Tools nicht bereits aufgrund ihrer generellen Eignung zur Begehung einer Straftat erfasse. Entscheidend sei vielmehr, dass die Programme objektiv als Schadsoftware einzustufen sind und sich die Absicht, eine Straftat zu begehen, nach außen manifestiert habe. In Bezug auf Penetrationstests betonte das Gericht, dass deren Durchführung in der Regel nicht die Tatbestände der §§ 202a, 202b StGB erfülle, da sie mit Zustimmung des Verfügungsberechtigten erfolgen und somit das Merkmal des „unbefugten" Handelns fehle. Zudem könne durch umfassende Dokumentation das Risiko einer etwaigen Strafverfolgung weiter minimiert werden.* Zusammenfassend ergibt sich aus der Entscheidung des Bundesverfassungsgerichts, dass der Einsatz von Dual-Use-Tools im Kontext der IT-Sicherheitsüberprüfung, der Entwicklung von Sicherheitssoftware sowie zu Ausbildungszwecken nicht strafbar im Sinne der §§ 202a, 202b, 202c StGB ist. Ein Eingriff in die Berufsfreiheit oder allgemeine Handlungsfreiheit liegt nicht vor. Damit bestätigte das Gericht die Verfassungsmäßigkeit der genannten Strafvorschriften im Lichte der Art. 2 Abs. 1 sowie Art. 12 Abs. 1 GG.

BGH-Beschluss, 2010*: In einer Entscheidung des BGH wurde klargestellt, dass durch sogenanntes Skimming erlangte Daten nicht unter den Tatbestand des § 202a Abs. 1 StGB fallen. Der Angeklagte war Teil einer Bande, die sich auf die gewerbsmäßige Fälschung von Zahlungskarten mit Garantiefunktion spezialisiert hatte. Zu diesem Zweck manipulierte der Angeklagte Kartenlesegeräte und Tastaturen an Geldautomaten, indem er sie mit Speichermedien ausstattete – ein Vorgehen, was als sog. Skimming bezeichnet wird. Dadurch konnten sowohl die auf dem Magnetstreifen gespeicherten Kartendaten als auch die zugehörige PIN ausgelesen und gespeichert werden. Diese Informationen wurden anschließend auf andere, technisch kompatible Karten – etwa Payback-Karten – übertragen und zur unrechtmäßigen

Bargeldabhebung an Geldautomaten im Ausland verwendet. Das Landgericht Münster verurteilte den Angeklagten wegen gewerbs- und bandenmäßiger Fälschung von Zahlungskarten mit Garantiefunktion in Tateinheit mit gewerbs- und bandenmäßigen Computerbetrug und mit Ausspähen von Daten in drei Fällen, wegen versuchter gewerbsmäßiger Fälschung von Zahlungskarten mit Garantiefunktion in fünf Fällen, davon in einem Fall auch bandenmäßig handelnd, und wegen gewerbsmäßiger Fälschung von Zahlungskarten mit Garantiefunktion in Tateinheit mit gewerbsmäßigem Computerbetrug zu der Gesamtfreiheitsstrafe von sieben Jahren und sechs Monaten verurteilt.

Im Revisionsverfahren kam der BGH jedoch zu einer abweichenden rechtlichen Bewertung: Die im Rahmen des Skimming ausgelesenen Daten stellen kein taugliches Tatobjekt im Sinne des § 202a Abs. 1 StGB dar. Zur Begründung führte der BGH an, dass der Tatbestand voraussetzt, dass die betreffenden Daten gegen unberechtigten Zugriff besonders gesichert sind und diese Sicherung überwunden wird. Bei den auf dem Magnetstreifen gespeicherten Informationen fehle es jedoch bereits an einer solchen spezifischen Schutzvorrichtung. Die Daten seien unverschlüsselt und könnten mit handelsüblichen Kartenlesegeräten sowie allgemein zugänglicher Software problemlos ausgelesen werden. Auch im Hinblick auf § 202a Abs. 2 StGB betonte der BGH, dass es erforderlich sei, dass der Verfügungsberechtigte – im vorliegenden Fall das herausgebende Kreditinstitut – konkrete Schutzmaßnahmen gegen unbefugten Zugriff getroffen haben muss. Der Einsatz eines kryptografischen Schlüssels bei der Ermittlung der PIN könne zwar als Zugangssicherung gewertet werden; da jedoch die so gesicherten Daten beim Auslesen verschlüsselt bleiben, liege kein Überwinden einer Zugangssicherung im Sinne des § 202a Abs. 1 StGB vor. Zudem diene die Eingabe der PIN nach Auffassung des Gerichts lediglich dem Schutz vor unbefugter Verwendung der Karte, nicht jedoch dem Schutz vor dem Zugriff auf die Daten selbst.

Urteil des AG Wolfenbüttel, 2013: Der Angeklagte verschaffte sich unbefugt Zugang zu insgesamt 38 privaten WLAN-Netzwerken, indem er mithilfe seines Handys, den öffentlich zugänglichen WLAN-Tools WLAN.PY und EasyBox-keygen-sources und einem Keygenerator zunächst EasyBox-Router ausfindig machte, anschließend deren WLAN-Verschlüsselung, ebenfalls mit Hilfe der Tools, errechnete und schließlich durch Eingabe der Standardpasswörter „ROOT" und „123456" sowie der IP-Adresse der EasyBox diese mit seinem Handybrowser verband. Anschließend überprüfte der Angeklagte die Einstellungen der EasyBox-Router systematisch darauf, ob über das Internet telefoniert wurde. Wenn das der Fall war, entschied er jeweils das Systembackup durch eine entsprechende Befehlseingabe auf sein Handy zu kopieren. Bereits dadurch erlangte der Angeklagte unter Überwindung der Zugangssicherungen unmittelbaren Zugriff zum Netzwerkschlüssel, der IP-Adresse sowie zu der Information, ob der Inhaber des Routers über das Internet telefonierte. Der Angeklagte wusste, dass die Daten nicht für ihn bestimmt waren und für ihn kein Zugangsrecht bestand. Die Systembackups entschlüsselte der Angeklagte anschließend mit dem Softwareprogramm „eb-config-decoder". Hierdurch erhielt er u. a. die jeweilige Telefonnummer mit dem dazugehörigen notwendigen 10-stelligen Passwort. Hinsichtlich dieser Taten hat sich der Angeklagte des Ausspähens von Daten gem. § 202a Abs. 1 StGB strafbar gemacht und wurde zu 3 Monaten Freiheitsstrafe verurteilt. Mithilfe dieser Informationen nutzte er schließlich die Software Phoner Lite, um von wechselnden IP-Adressen aus kostenpflichtige Servicenummern anzurufen, wodurch ihm für jeden 16. Anruf ein Gutscheincode in Höhe von 10,-€ zufloss. Diese Codes konnte er über Onlineplattformen in Geld umwandeln. Insgesamt gelang es ihm sich dadurch 10.202 € zu verschaffen. Das Gericht sah in den Handlungen des Angeklagten insbesondere den gewerbsmäßigen Computerbetrug gemäß § 263a StGB, das Ausspähen von Daten gemäß § 202a StGB und den besonders schweren Fall des Betrugs gemäß § 263 Abs. 3 S. 2 Nr. 1 StGB verwirklicht. Hinsichtlich dieser Taten hat sich der Angeklagte des gewerbsmäßigen Computerbetrugs gem. §§ 263 Abs. 3 S. 2 Nr. 1 Var. 1, 263a Abs. 1 Var. 3, Abs. 2 StGB strafbar gemacht und wurde zu 13 Monaten Freiheitsstrafe verurteilt. Insgesamt erging gegen den Angeklagten eine Gesamtfreiheitsstrafe von 1 Jahr und 6 Monaten, deren Vollstreckung zur Bewährung ausgesetzt wurde.

OLG Celle, 2016*: Das OLG Celle hat auf die Revision des Angeklagten gegen das Urteil des LG Verden – wonach der Angeklagte wegen Computerbetrug in Tateinheit mit Ausspähen von Daten und unerlaubtem Eingriff in technische Schutzmaßnahmen in 65 Fällen zu einer Freiheitsstrafe von 1 Jahr, deren Vollstreckung zur Bewährung ausgesetzt wurde, verurteilt wurde – mit Beschluss von 2016 bestätigt, dass der Betreiber eines sogenannten Card-Sharing-Servers, der Pay-TV-Signale entschlüsselt und diese gegen Entgelt an Dritte weitergibt, den Tatbestand des Computerbetrugs gemäß § 263a Abs. 1 StGB erfüllt. Das Gericht stellte klar, dass sowohl das verschlüsselte Fernsehsignal als auch das Kontrollwort als Daten im Sinne der Norm gelten und dass durch die unbefugte Nutzung dieser Daten ein Schaden am Vermögen des Pay-TV-Anbieters entsteht, da dessen Nutzungsrechte wirtschaftlich entwertet werden. Zusätzlich sah das Gericht in der gezielten technischen Umgehung der Verschlüsselung einen unerlaubten Eingriff in technische Schutzmaßnahmen gemäß § 108b Abs. 1 Nr. 1 UrhG, da der Täter gezielt die Zugangssicherung überwand, um unbefugten Dritten Zugang zu geschützten Inhalten zu verschaffen. Hinsichtlich des Vorwurfs des Ausspähens von Daten nach § 202a Abs. 1 StGB stellte das OLG fest, dass der Betreiber selbst als legitimer Abonnent des Pay-TV-Angebots zur Nutzung der Smartcards berechtigt war, weshalb eine unmittelbare Täterschaft ausschied. Allerdings sei er wegen Beihilfe gemäß § 27 StGB zum Ausspähen von Daten strafbar, da er wissentlich Kunden bei der Umgehung der Zugangssicherung unterstützte. Das Gericht hob hervor, dass es sich bei den entschlüsselten Kontrollwörtern um besonders gesicherte, nicht für die Card-Sharing-Kunden bestimmte Daten handelt, deren unbefugte Nutzung eine Umgehung im Sinne des § 202a StGB darstellt.

BGH-Beschluss, 2017*: Der BGH hat auf die Revision des Angeklagten das Urteil des LG Kempten bestätigt. Das Landgericht verurteilte den Angeklagten wegen Datenveränderung in 327.379 Fällen in Tateinheit mit 245.534 Fällen des Ausspähens von Daten sowie wegen Computerbetruges in 16 Fällen zu einer Gesamtfreiheitsstrafe von zwei Jahren und zehn Monaten. Der Angeklagte, der zusammen mit einem Mitangeklagten ein Botnetz aufbaute, veränderte durch das Hinzufügen von Einträgen in der Registry-Datei von infizierten Computern diese so, dass heimliche Hintergrundprogramme automatisch gestartet wurden. Dies stellt nach Ansicht des BGH ein Verändern von Daten im Sinne des § 303a Abs. 1 StGB dar. Die Installation der Schadsoftware führte dazu, dass die Funktionsweise der betroffenen Computer beeinträchtigt wurde, was eine Veränderung der gespeicherten Daten zur Folge hatte. Das Umgehen von Sicherheitsvorkehrungen wie Firewalls und das Manipulieren von Software, um den Zugriff auf die Computer zu ermöglichen, wurde als Veränderung der Daten gewertet. Zudem stellte der BGH fest, dass Daten im Sinne des § 202a StGB nur dann geschützt sind, wenn der Verfügungsberechtigte ein Interesse an ihrer Geheimhaltung durch besondere Sicherheitsvorkehrungen dokumentiert hat. Der Angeklagte und sein Mitstreiter nutzten die Schwächen der Sicherheitsmaßnahmen, indem sie Schadsoftware verbreiteten, die es ihnen ermöglichte, auf sensible Daten der betroffenen Nutzer zuzugreifen. Damit umgingen sie Sicherheitsvorkehrungen und erlangten unbefugten Zugriff auf die Daten. Schließlich entschied der BGH, dass auch Bitcoins, die der Angeklagte durch das Botnetz generierte, als „erlangtes Etwas" im Sinne des § 73 Abs. 1 aF StGB betrachtet werden. Die Bitcoins, die der Angeklagte durch das Ausnutzen der Rechenleistung der infizierten Computer für das sogenannte Bitcoin-Mining erlangte, stellten einen realisierbaren Vermögenswert dar. Da diese Bitcoins durch die Kombination von öffentlichen und privaten Schlüsseln eindeutig dem Angeklagten zugeordnet werden konnten, wurden sie als tauglicher Verfallsgegenstand im Rahmen einer Verfallsanordnung anerkannt.

Urteil des AG Bad-Neuenahr-Ahrweiler, 2017: Der Angeklagte programmierte und vertrieb über mehrere Jahre hinweg Softwareprodukte unter dem Namen „Razorsoft", darunter insbesondere die Programme „Razorcrypt", „Razorscanner" und „Razorstresser". Bei dem Programm „Razorcryp" handelte es sich um ein Verschlüsselungswerkzeug, das dazu diente, Schadsoftware zu „crypten", also so zu verschleiern, dass sie von Virenscannern nicht erkannt wurden. Die verschlüsselten Schadprogramme wurden von Dritten zum Ausspähen und Abfangen von Daten genutzt, etwa mittels sogenannter RATs (Remote Administration Tools) wie „DarkComet" oder „Imminent Monitor". Das Programm „Razorscanner" diente zur Analyse und Umgehung von Virenscannern, um ebenfalls Schadsoftware durchzuschleusen, darunter auch Banktrojaner. Das Programm „Razorstresser" war ein DDoS-Tool zur Durchführung von Denial-of-Service-Angriffen (DDoS-Angriffe) auf Internetseiten. Der Angeklagte verkaufte die Programme im Lizenzmodell (Laufzeit- oder Lifetime-Lizenzen) gegen Zahlung über u. a. anonymisierte Zahlungswege wie PayPalkonten, wodurch er Einnahmen in Höhe von rund 74.167,93 € erzielte. Dem Angeklagten war bewusst, dass seine Programme gezielt der Unterstützung der illegalen Hackerszene dienten. Seine Kunden nutzten die Software etwa zur Ausspähung von Passwörtern, Online-Zugangsdaten und persönlichen Dateien, teils auch zur Fernsteuerung von Webcams. Die von dem Angeklagten programmierten Tools wurden vom Amtsgericht Bad-Neuenahr-Ahrweiler als reine „Hacker-Tools" eingestuft, ein angeblicher „Dual-Use-Charakter" (z. B. für Sicherheitstests) wurde vom Gericht ausdrücklich verneint. Das Gericht verhängte gegen den Angeklagten eine Einheitsjugendstrafe von 1 Jahr und 11 Monaten, die zur Bewährung ausgesetzt wurde. Der Angeklagte wurde schuldig gesprochen wegen des Vorbereitens des Ausspähens und Abfangens von Daten gem. § 202c Abs. 1 Nr. 2 StGB in 4668 Fällen, in 191 Fällen tateinheitlich mit Beihilfe zum Vorbereiten des Ausspähens und Abfangens von Daten gem. §§ 202c Abs. 1 Nr. 1, 27 StGB sowie in 6 Fällen tateinheitlich mit Beihilfe zum Ausspähen von Daten gem. §§ 202a Abs. 1, 27 StGB. Darüber hinaus wurde er der Beihilfe zum Vorbereiten des Ausspähens und Abfangens von Daten gem. §§ 202c Abs. 1, 27 StGB in weiteren 2463 Fällen, der Beihilfe zur Vorbereitung eines Computerbetrugs gem.

§§ 263a Abs. 1, Abs. 3, 202c Abs. 1, 27 StGB in 28 Fällen sowie der Vorbereitung einer Computersabotage gem. § 202 c Abs. 1 i.V.m. § 303b Abs. 5 StGB in 103 Fällen schuldig gesprochen.

BGH-Beschluss, 2020*: Der BGH hat auf die Revision des Angeklagten gegen das Urteil des LG Berlin – wonach der Angeklagte wegen Wohnungseinbruchsdiebstahls, Ausspähens von Daten in zwei Fällen und Besitzes kinderpornographischer Schriften zu einer Gesamtfreiheitsstrafe von einem Jahr und elf Monaten verurteilt wurde, deren Vollstreckung zur Bewährung ausgesetzt und fünf Monate der Strafe als vollstreckt erklärt wurden – bestätigt, dass das unbefugte Ausspähen von E-Mails aus passwortgeschützten Postfächern durch einen IT-Administrator den Straftatbestand des § 202a Abs. 1 StGB erfüllt. Der Angeklagte hat in seiner Funktion als Systemadministrator beim Bundesministerium für Gesundheit (BMG) auf Anweisung eines ihm Bekannten auf diverse private Postfacheingänge zugegriffen, um diesen wiederum mit internen Informationen zu versorgen. Dabei umging er ein kompliziertes Verfahren, welches den Zugriff nur unter besonderen Umständen – etwa bei technischer Hilfestellung – unter Rückgriff auf ein zentral hinterlegtes Kennwort erlaubte. Der Angeklagte manipulierte dabei seine Zugriffsrechte, indem er sich selbst temporär als Zugriffsberechtigten unter Angabe seines Benutzerprofils in dafür vorgesehene Listen eintrug. Auf diese Weise gelangte er an E-Mails und die darin enthaltenen Daten. Nachdem er die Daten kopierte und sicherte, löschte er seinen Benutzernamen wieder aus den genannten Listen. Die Daten händigte er anschließend seinem Bekannten gegen Bezahlung aus. Dem Angeklagten war hierbei bewusst, dass ihm der Zugriff verboten war und er außerdem vertraglich von seinem Arbeitgeber auf Datengeheimnis verpflichtet worden war. Der BGH stellte klar, dass Daten bereits dann „besonders gesichert" im Sinne des § 202a Abs. 1 StGB sind, wenn technische Maßnahmen wie Passwörter den Zugriff Unbefugter zumindest erschweren. Entscheidend ist dabei die generelle Sicherung gegen unberechtigten Zugriff – nicht, ob ein Täter mit besonderen Kenntnissen die Sicherung leicht umgehen kann. Der Straftatbestand ist auch dann erfüllt, wenn der Täter – wie hier – aufgrund seiner Administratorrechte grundsätzlich auf die Daten zugreifen kann, diesen Zugriff jedoch nur durch bewusste Umgehung technischer Sicherungen tatsächlich realisiert. Ein solches Umgehen – etwa durch Manipulation von Berechtigungseinstellungen – stellt eine tatbestandsmäßige „Überwindung der Zugangssicherung" dar, selbst wenn dies mit nur wenigen Klicks möglich ist. Unerheblich ist, ob die Maßnahme für einen Fachkundigen leicht zu umgehen ist; entscheidend ist, dass ein Schutz bestand, der nicht von jedermann ohne weiteres überwunden werden konnte.

Urteil des AG Alsfeld, 2020: Der Angeklagte kompromittierte systematisch digitale Identitäten Dritter, insbesondere durch das unbefugte Eindringen in E-Mail-Konten und Online-Profile. Hierzu nutzte er verschiedene Methoden, unter anderem sog. „Social Engineering", bei dem er sich gegenüber Mailanbietern mit gefälschten Ausweisdokumenten als rechtmäßiger Kontoinhaber ausgab, um Passwörter zurücksetzen zu lassen. Weiterhin verschaffte er sich gezielt Zugriff auf E-Mail-Adressen, Passwörter und Nutzerdaten über die Webseite weleakinfo.com, eine damals öffentlich zugängliche Datenbank mit über 10 Mrd. kompromittierten Zugangsdaten aus früheren Leaks. Weiterhin registrierte er gelöschte oder verwaiste E-Mail-Konten neu, um damit über hinterlegte Recovery-Adressen Zugriff auf weitere Profile (z. B. Facebook, Twitter und Skype) zu erlangen. Neben diesen Zugriffsmethoden setzte der

Angeklagte auch Schadsoftware ein. Er verwendete u. a. sog. Remote-Access-Trojaner (RATs) wie „njRAT" oder „BKASicherheitsUpdate.exe", um Zielsysteme zu infiltrieren, aus der Ferne zu steuern, Tastatureingaben aufzuzeichnen und Zugangsdaten auszulesen. Auf diese Weise gelang es ihm, über 100 E-Mail-Konten und Online-Profile zu kompromittieren. Darüber hinaus versendete der Angeklagte Bombendrohungen im Rahmen sog. „Swatting"-Taten sowie eine „Adventskalender-Aktion", bei der täglich sensible Daten veröffentlicht wurden. Aufgrund ihrer fehlenden Relevanz für den Betrachtungsfokus des vorliegenden Beitrags werden diese Tatkomplexe hier nicht näher behandelt. Das Amtsgericht verurteilte den Angeklagten u. a. wegen Ausspähens von Daten gem. § 202a Abs. 1 StGB in 73 Fällen, Datenveränderung gem. § 303a Abs. 1 StGB, Fälschung Beweiserheblicher Daten gem. § 269 Abs. 1 StGB, Datenhehlerei gem. § 202d Abs. 1 StGB und Verstößen gegen das Bundesdatenschutzgesetz (BDSG) zu einer Jugendstrafe von 9 Monaten, deren Vollstreckung zur Bewährung ausgesetzt wurde.

Urteil des BGH, 2023: Der BGH befasste sich u. a. mit der Revision der Angeklagten gegen das Urteil des Landgerichts Trier aus dem Jahre 2013. Das Landgericht hat die Angeklagten jeweils unter Freisprechung im Übrigen der mitgliedschaftlichen Beteiligung an einer kriminellen Vereinigung schuldig gesprochen und zu Freiheitsstrafen von einem Jahr auf Bewährung bis zu fünf Jahren und neun Monaten verurteilt. Die Angeklagten betrieben ein Rechenzentrum unter dem Namen „Cyber-Bunker", vermieteten Speicherplatz samt Internetzugang und boten Verschleierungsdienste an, wobei sie eine „stay online policy – no matter what" garantierten. Die technische Infrastruktur war so ausgestaltet, dass Kunden – häufig anonym und in Kryptowährung zahlend – Dienste betreiben konnten, ohne behördliche Zugriffe befürchten zu müssen. Zwar wurden bestimmte Inhalte formell ausgeschlossen, faktisch aber unterstützten die angeklagten Betreiber über Jahre hinweg die Aufrechterhaltung illegaler Plattformen, etwa aus dem Bereich Drogenhandel, Phishing, Datenhandel und Dokumentenfälschung. Hinweise auf strafbare Inhalte wurden in vielen Fällen ignoriert oder durch Maßnahmen wie das gezielte Löschen von Daten sogar aktiv unterlaufen. Die angeklagten Betreiber hätten faktisch erkennen können, welche Inhalte gehostet wurden, verzichteten aber bewusst auf Kontrollen. Der Senat hat die Schuldsprüche zur Klarstellung dahin präzisiert, dass die Angeklagten jeweils der mitgliedschaftlichen Beteiligung an einer auf besonders schwere Straftaten gerichteten kriminellen Vereinigung gem. § 129 Abs. 1, Abs. 2 StGB schuldig sind, da das Geschäftsmodell nicht als neutrale Infrastruktur zu bewerten sei, sondern durch die aktive Unterstützung und Sicherung krimineller Onlineaktivitäten den Tatbestand einer kriminellen Vereinigung und strafbare Beihilfehandlungen erfüllte.

Instanzenzug Jülich, 2023–2024
Beschluss des AG Jülich, 2023*: Das Gericht lehnte den Erlass eines Strafbefehls wegen Ausspähens von Daten gem. § 202a Abs. 1 StGB durch Beschluss ab, da es der Auffassung folgte, dass Daten, die lediglich durch ein Passwort geschützt sind, nicht unter den Schutzbereich des § 202a StGB fallen, wenn sich dieses Passwort durch einfache technische Mittel auslesen lässt. Der reine Passwortschutz als solcher genüge nicht als effektive Datensicherung, wenn es zum einen allzu simpel ist oder aber für bestimmte Anwendungen standardisiert verwendet wird. Im Jahr 2021

entdeckte ein freiberuflicher IT-Entwickler im Rahmen eines Kundenprojekts eine schwerwiegende Sicherheitslücke bei einem IT-Dienstleister für Online-Marktplätze. Das Datenbankpasswort war fest in der Software hinterlegt und ließ sich durch einfache Dekompilierung des Programmcodes auslesen. Mithilfe des Tools phpMyAdmin, das das Passwort im Klartext anzeigte, verschaffte sich der Entwickler Zugriff auf Daten von über 700.000 Kunden. Er informierte zunächst anonym einen Blogbetreiber und später – ebenfalls anonym – den Softwareanbieter, dem er Screenshots der Kundendaten übermittelte. Das Gericht folgt der Auffassung, dass in dieser konkreten Fallkonstellation keine tatbestandsmäßige Überwindung einer besonderen Zugangssicherung gemäß § 202a Abs. 1 StGB begründe, da der Angeschuldigte bei der Dekompilierung ein gängiges Hilfsprogramm nutzte und der Vorgang somit für jedermann möglich gewesen sei. Das Gericht kam zu dem Entschluss, dass eine Strafbarkeit wegen Ausspähens von Daten ausscheidet. Da die Staatsanwaltschaft eine Aufhebung des Beschlusses beantragte, wurde der Fall dem Landgericht Aachen vorgelegt.

Urteil des LG Aachen, 2023*: Das LG Aachen folgt der Auffassung des AG Jülich in seinem Beschluss vom Juli 2023 nicht und hob diesen auf. Es führt an, dass die Daten gegen unberechtigten Zugang gesichert waren, da Vorkehrungen getroffen wurden, die den Zugriff auf diese entweder ausschließen oder aber erheblich erschweren. Dadurch zeige sich das Interesse der Verfügungsberechtigten an der Geheimhaltung und somit sei die Sicherung durch einen Passwortschutz nach Auffassung des LG ausreichend.[7] Weiterhin sieht das Gericht den Zugang zu den Daten bereits mit deren Übertragung auf den Rechner des Angeklagten als verwirklicht an – unabhängig davon, ob sie anschließend geöffnet oder genutzt wurden. Dass diese nicht für den Angeklagten bestimmt waren, ergebe sich aus der Zugangsbeschränkung durch ein Passwort. Dies zeige, dass sie nicht in den Herrschaftsbereich des Angeklagten gelangen sollten.[8] Auch der dekompilierte Quellcode sei nicht für den Angeklagten bestimmt gewesen. Das LG macht deutlich, dass die entwickelten Grundsätze ebenfalls auf Computerprogramme anzuwenden sind. Es wird angeführt, dass im Falle einer unzulässigen Dekompilierung nach § 69e i.V.m. § 69c Nr. 1 UrhG die Strafbarkeit gemäß § 202a StGB eröffnet sei, da die Datenbestimmung für den Angeklagten fehle. Auch wenn die Dekompilierung mit einem gängigen Hilfsprogramm möglich sei, stelle sie nach Auffassung des LG eine Überwindung der Zugangssicherung dar. Diese sei auch mit einem nicht unerheblichen Aufwand verbunden gewesen. Hierbei werde jedoch nicht auf die speziellen Kenntnisse des Angeklagten, sondern auf die eines technischen Laien abgestellt.[9] Mit diesem Urteil wird die Sache an das AG Jülich zurückverwiesen.

Urteil des AG Jülich 2024*: In letzter Instanz widmet sich das Amtsgericht Jülich Anfang Januar 2024 erneut dem Fall. Das Amtsgericht schließt sich dem Urteil des Landgerichts Aachen an und kommt zu einer Verurteilung wegen Ausspähens von Daten gemäß § 202a StGB. Der angeklagte Programmierer wird zu einer Geldstrafe

---

[7] BGH, Beschl. v. 13.05.2020 – 5 StR 614/19.
[8] Heger in Lackner/Kühl/Heger, StGB, § 202a Rn. 3.
[9] Kargl in,StGB-Kommentar, § 202a Rn. 42.

i.H.v. 3000 € verurteilt. Weiterhin hebt das AG Jülich hervor, dass in diesem Fall der Software-Anbieter zwar nachlässig handelte, da das Passwort unverschlüsselt abgelegt wurde und die Effektivität des Passwortschutzes somit eingeschränkt war, jedoch hebe dies die Zugangssicherung nicht auf. Die Verteidigung will nun in Revision gehen.

Urteil des AG Potsdam, 2024: Der Angeklagte war als Mitarbeiter im Bereich Informationstechnologie eines Unternehmens damit beauftragt, ein „Digital-Signage"-System einer Drittfirma zu testen. Dieses System sollte digitale Werbe- und Informationsdisplays bei verschiedenen Kunden steuern. Ohne entsprechende Berechtigung verschaffte sich der Angeklagte über das ihm zugewiesene Kundenkonto Administratorzugang zum zentralen Produktionssystem der Drittfirma. Durch Eingabe der User-ID „0001" im Webbrowser erhielt er uneingeschränkten Zugriff auf das laufende Produktionssystem. Der Angeklagte druckte daraufhin eine Liste mit sensiblen Kundendaten aus, darunter Namen, E-Mail-Adressen und Passwörter. Zudem veränderte er die Inhalte der Bildschirmnetzwerke zahlreicher Kunden, indem er flächendeckend ein Bild eines Fuchses aufspielte. Dabei nahm er zumindest billigend in Kauf, dass die veränderten Daten bei den Kunden sichtbar wurden. Zusätzlich nutzte er einen versteckten Zugangstoken im System, um sich Zugriff auf das interne Nachrichtensystem der Firma zu verschaffen. Bei einem Treffen mit der geschädigten Firma demonstrierte er, wie leicht er das System kompromitieren konnte. *Der Angeklagte wurde wegen Datenveränderung gemäß § 303a Abs. 1 StGB verurteilt.*

Gemäß § 303a Abs. 1 StGB macht sich strafbar, wer rechtswidrig Daten [...] verändert. Ein Verändern von Daten ist gegeben, wenn eine inhaltliche Umgestaltung der Daten erfolgt und sie deshalb einen anderen Informationsgehalt aufweist.[10] *Durch das Hochladen des Bildes habe der Angeklagte ein vom bisherigen abweichenden Zustand bei den betroffenen Kunden herbeigeführt, was der Angeklagte zumindest billigend in Kauf genommen habe. Der Angeklagte handele mithin auch vorsätzlich.*

Nicht strafbar gemacht hat sich der Angeklagte des Ausspähens von Daten gemäß § 202a StGB. Das Gericht hat nicht festgestellt, dass die Daten, zu denen sich der Angeklagte unbefugt Zugang verschafft hat, gegen unberechtigten Zugang besonders gesichert waren. Zwar stellt der Bundesgerichtshof an die Zugangssicherung keine strengen Anforderungen. So hat er ausgeführt: „Auch wenn eine Zugangssicherung aufgrund besonderer Kenntnisse, Fähigkeiten oder Möglichkeiten schnell und ohne besonderen Aufwand überwunden wird, ist der Tatbestand erfüllt. Für das geschützte Rechtsgut – das formelle Geheimhaltungsinteresse des Verfügungsberechtigten – ist es unerheblich, ob die Sicherung von Daten vor unberechtigtem Zugang schnell oder langsam, mit viel oder wenig Aufwand überwunden wird. Der Gesetzgeber wollte aus dem Tatbestand neben Bagatelltaten lediglich solche Fälle ausschließen, in denen die Durchbrechung des Schutzes für jedermann ohne weiteres möglich ist, nicht aber solche, in denen die Zugangssicherung aufgrund spezieller Kenntnisse oder Möglichkeiten im Einzelfall leicht überwunden wird".[11] *Zwar verfüge der Angeklagte über Spezialkenntnisse auf dem Gebiet der Informationstechnologie. Jedoch hätte nach Ansicht des AG Potsdam allein mit der Eingabe der User-ID „0001" sich jedermann*

---

[10] Weidemann in *Von Heintschel-Heinegg*, BeckOK StGB § 303a Rn. 14.
[11] BGH, Beschluss vom 13. Mai 2020 – 5 StR 614/19.

Zugang zu den Daten der Geschädigten verschaffen können. Eine Datensicherung konnte im vorliegenden Fall daher nicht angenommen werden. Auch eine Computersabotage gemäß § 303b Abs. 1 S. 1 StGB wurde vom AG Potsdam verneint, da das von dem Angeklagten hochgeladene Bild eines Fuchses den Datenverarbeitungsvorgang nicht beeinträchtigt habe. Bei der Strafzumessung ist zu Gunsten des Angeklagten berücksichtigt worden, dass er keine kriminellen Motive hatte. Sein Ansinnen war vielmehr, Sicherheitslücken aufzudecken, um mögliche Schäden zu verhindern und auch der geschädigten Firma Sicherheitslücken zu berichten (White Hat Hacking). Der Angeklagte wurde verwarnt.

3.2 Weitere Entscheidungen

Urteil des AG Herzberg am Harz, 2015: Das Urteil enthält keine konkreten Feststellungen zur Tathandlung, da die Verurteilung bereits durch Strafbefehl erfolgt war; das spätere Urteil behandelt ausschließlich den Einspruch gegen die Höhe der Tagessätze, wodurch sich das Verfahren auf die Strafzumessung beschränkte.

Urteil des AG Ingolstadt, 2015: Das Urteil betrifft private Überwachungshandlungen innerhalb einer Ehewohnung mittels versteckter Kameras im Wohnbereich und die Ausspähung persönlicher Daten zum Zwecke familiärer Kontrolle. Die Angeklagte wurde wegen Verletzung der Vertraulichkeit des Wortes in Tatmehrheit mit Ausspähen von Daten und Verletzung des höchstpersönlichen Lebensbereichs durch Bildaufnahmen gemäß §§ 201 Abs. 2 Nr. 1, 201a Abs. 1 Alt. 2, 202a Abs. 1, 205 Abs. 1, 53 StGB verurteilt.

Urteil des AG Lübeck, 2016: Der Angeklagte bestellte über fremde Benutzerkonten diverse Waren bei der Firma Zalando an seine Wohnanschrift, um eine Abbuchung der Kaufpreise von diesen Konten zu erreichen. Das Gericht hat den Angeklagten des Computerbetruges gemäß § 263a Abs. 1 StGB in vier Fällen für schuldig erkannt. Der Angeklagte wurde verwarnt und ihm wurde auferlegt, einen Geldbetrag in Höhe von 250 € als Teilschadenswiedergutmachung an die Firma Zalando zu zahlen.

BGH-Beschluss, 2016: Der BGH hob das Urteil des Landgerichts Aachen, welches den Angeklagten unter anderem wegen Fälschung von Zahlungskarten mit Garantiefunktion gem. § 152b StGB in Tateinheit mit Computerbetrug gem. § 263a StGB verurteilte, teilweise auf und verwies die Sache zur erneuten Verhandlung an eine andere Strafkammer zurück. Der Beschluss des BGH enthält keine Ausführungen zum konkreten Tatgeschehen bzw. zu der Tathandlung des Angeklagten.

BGH-Beschluss, 2017: Der Angeklagte unterstützte als IT-Experte den Betrieb illegaler Streaming-Portale, über die Raubkopien urheberrechtlich geschützter Filme verbreitet wurden. Er war dabei u. a. für technische Wartung, Updates, Datensicherung und spätere DDoS-Angriffe auf Konkurrenzportalen verantwortlich. Der BGH bestätigte in seinem Beschluss die Verurteilung des Angeklagten durch das Landgericht Leipzig wegen Beihilfe zur gewerbsmäßigen unerlaubten Verwertung urheberrechtlich geschützter Werke gem. §§ 106, 108a UrhG, § 27 StGB, Computersabotage gem. § 303b Abs. 1 StGB, Beihilfe zur Computersabotage §§ 303b, 27 StGB und Nötigung gem. § 240 Abs. 1 StGB. Zwar wurde der Schuldspruch auf die Revision des Angeklagten hin durch den BGH teilweise angepasst, das Strafmaß (Gesamtfreiheitsstrafe von 3 Jahren und 4 Monaten) blieb jedoch wegen der Vielzahl von Taten bestehen.

Urteil des AG Göttingen, 2017 + Beschluss des AG Göttingen, 2017: Der Angeklagte beantragte online die Eröffnung mehrerer Girokonten unter fremdem Namen, um anonym Zahlungen entgegenzunehmen. Um die hierzu erforderliche Legitimation vorzunehmen, verwendete der Angeklagte einen aus unbekannter Quelle stammenden gefälschten Personalausweis. Daraufhin bestellte der Angeklagte bei diversen Onlineshops Ware in der Absicht, diese, ohne bezahlen zu müssen, zu erlangen. Die Ware ließ er an Paketshops schicken, wo er die Ware dann unter Vorlage einer von ihm gefälschten Abholvollmacht sowie eines gefälschten Ausweises abholte. Zudem verschaffte er sich Zugriff auf mehrere eBay-Konten und erstellte dort Angebote für nicht existierende Gegenstände, wobei der Angeklagte sich die entsprechenden Kaufpreiszahlungen von den jeweiligen Käufern überweisen ließ, die Waren jedoch plangemäß nicht an die Käufer lieferte. Der Angeklagte wurde wegen teilweise versuchter und teilweise vollendeter Begehung folgender Straftaten verurteilt: wegen Datenveränderung gemäß § 303a Abs. 1 StGB, wegen Fälschung beweiserheblicher Daten gemäß § 269 Abs. 1, Abs. 3 StGB, wegen Urkundenfälschung gemäß § 267 Abs. 1 Nr. 2 Alt. 1 und 2 StGB, wegen Betrugs gemäß § 263 Abs. 1, Abs. 2, Abs. 3 Satz 1 und Satz 2 Nr. 1 Alt. 1 StGB, wegen Ausspähens von Daten gemäß § 202a Abs. 1 StGB, wegen Verletzung des höchstpersönlichen Lebensbereichs durch Bildaufnahmen gemäß § 205 StGB, sowie wegen Anstiftung gemäß § 26 StGB, jeweils in Tateinheit und Tatmehrheit gemäß §§ 52, 53 StGB. Der Beschluss beinhaltet eine Berichtigung des Tenors aufgrund eines Rechenfehlers sowie eine Berichtigung der Urteilsgründe aufgrund fehlender Angaben zur genauen Schadenshöhe.

Urteil des AG Kiel, 2017: Der Angeklagte bestellte unter missbräuchlicher Verwendung fremder Kundenaccounts Ware und gab fiktive Adressen als Versandanschrift an. Nachdem die Pakete dort nicht zugestellt werden konnten, wurden sie in Postfilialen zur Abholung bereitgestellt. In der Folgezeit holte der Angeklagte die Pakete im Auftrag unbekannt gebliebener Täter unter Vorlage der Totalfälschungen von Abholvollmachten ab. Die Pakete händigte er sodann an die unbekannt gebliebenen Täter aus und erhielt ca. 1/3 des Warenwertes. Der Angeklagte wurde wegen des Gebrauchens einer unechten Urkunde gem. § 267 Abs. 1 Alt. 3 StGB in Tateinheit mit Beihilfe zum gewerbsmäßigen Computerbetrug gem. §§ 263a Abs. 1, Abs. 2, 263 Abs. 3 Satz 2 Nr. 1, 27 StGB schuldig gesprochen. Er wurde verwarnt und ihm wurde die Auflage erteilt, 90 h gemeinnützige Arbeit binnen einer Frist von 3 Monaten zu leisten.

Urteil des AG Montabaur, 2017 + Beschluss des AG Montabaur, 2017: Der Angeklagte versendete insgesamt 23 verschiedene „Phishing Mails" an über 46.000 Empfänger, um persönliche Daten der Nutzer zu erlangen. Hierbei gestaltete er die Mails im standardisierten Design der Firmen PayPal und DHL Paket GmbH, um sich die Zugangsdaten zu PayPal-Konten und Packstationen zu verschaffen. Diese beinhalteten Sicherheitshinweise sowie Links mit Aufforderungen an die Nutzer, die Änderungen der AGB zu akzeptieren. Hierfür veranlasste der Angeklagte mehrere „Phishing-Wellen". Unter Verwendung fremder PayPal-Zugangsdaten bestellte er Gutscheine, Waren und Dienstleistungen im Wert von über 3000 €. Weiterhin bestellte er mit fremden Bankdaten verschiedene Elektrogeräte bei dem Anbieter „Amazon". Zu einem späteren Zeitpunkt verschaffte sich der Angeklagte außerdem Zugang zu privaten E-Mail-Postfächern und durchsuchte diese nach persönlichen Dokumenten. Darüber hinaus erwarb er über seinen Account im Darknet diverse Betäubungsmittel. Der Angeklagte wurde wegen des Fälschens beweiserheblicher Daten, gewerbsmäßigen Computerbetruges, Ausspähens von Daten sowie unerlaubten Handeltreibens mit Betäubungsmitteln gemäß §§ 29a Abs. 1 Nr. 2, 1 Abs. 1, 3 Abs. 1, Anl. I-III BtmG, 243 Abs. 2, 263 Abs. 2, Abs. 3 Nr. 1, Abs. 4, 263a Abs. 1, Abs. 3, 267 Abs. 3 Nr. 1, 269 Abs. 3, 22, 53, 56 Abs. 2, 73c StGB zu einer Freiheitsstrafe von zwei Jahren verurteilt. Die Vollstreckung wurde zur Bewährung ausgesetzt. Der Beschluss beinhaltet die Festlegung der Bewährungszeit auf drei Jahre.

BGH-Beschluss, 2018: Der Angeklagte wurde vom LG Hamburg wegen Anstiftung zu unrichtigen Angaben zur Beschaffung eines Aufenthaltstitels, Anstiftung zur falschen Versicherung an Eides Statt in Tateinheit mit Nötigung sowie wegen Ausspähens von Daten, Fälschung beweiserheblicher Daten in zwei Fällen und Anstiftung zur falschen uneidlichen Aussage in drei Fällen gemäß §§ 95 Abs. 2 Nr. 2 AufenthG, 156, 240, 202a, 269, 153, 26, 52, 53 StGB zu einer Gesamtfreiheitsstrafe von zwei Jahren und sechs Monaten verurteilt, von der ein halbes Jahr als vollstreckt galt. Er forderte seine Partnerin auf, gegenüber der Ausländerbehörde eine Lebensgemeinschaft mit einem Dritten, der gesondert verurteilt wurde, zu führen, um diesem einen Aufenthaltstitel zu verschaffen. Weiterhin manipulierte er Beweise, indem er sich mit einem zuvor erschlichenen Passwort im Mailpostfach der Partnerin anmeldete und in ihrem Namen Mails verschickte. Das Urteil des Landgerichts wird auf Revision des Angeklagten im Schuldspruch geändert. Der BGH gehe entgegen der Entscheidung des Landgerichts davon aus, dass in dem Tun des Angeklagten eine einheitliche Tathandlung bzgl. des Einloggens und des Versendens der Nachrichten zu sehen sei und somit die für das Ausspähen von Daten gesondert verhängte Strafe entfalle. Die für die Fälschung beweiserheblicher Daten gemäß § 269 Abs. 1 StGB verhängte Strafe bleibt bestehen.

Urteil des AG Ingolstadt, 2018: Der Angeklagte lud Schadsoftware auf den zentralen Computer eines Gymnasiums und speicherte diese dort ab. Nach dem Tatplan des Angeklagten sollte die Schadsoftware sodann automatisch angesteckte USB-Sticks auslesen und die ausgelesenen Daten an einen Internetserver weiterleiten. Der Angeklagte handelte in der Absicht, interne Informationen auszuspähen. Aufgrund eines Fehlers der Schadsoftware wurden die Daten jedoch nicht wie vom Angeklagten geplant an den angemieteten Internetserver weitergeleitet. Der Angeklagte wurde wegen des Vorbereitens des Ausspähens und Abfangens von Daten gemäß §§ 202a, 202c StGB zu einer Jugendstrafe von 9 Monaten verurteilt. Die Vollstreckung der Jugendstrafe wurde zur Bewährung ausgesetzt.

Urteil des AG Zehdenick, 2018: Der Angeklagte forderte Nutzer der Plattform „Jappy" dazu auf, auf seinem Profil ein Bild anzuklicken, das als Link zu einer von ihm zuvor erstellten Phishing-Seite führte. Diese Seite war optisch an die originale Login-Seite von Jappy angelehnt und diente dem Zweck, die Zugangsdaten der Nutzer zu erschleichen. Wie vom Angeklagten beabsichtigt, gaben die Geschädigten dort ihre Anmeldedaten ein, in dem Glauben, sich bei Jappy einzuloggen. Mit den auf diese Weise erlangten Zugangsdaten meldete sich der Angeklagte in den fremden Benutzerkonten an und versendete über diese Profile weitere Nachrichten an deren Kontakte. Diese Nachrichten enthielten erneut den Link zur Phishing-Seite, wodurch sich der Angeklagte Zugang zu weiteren Konten verschaffen konnte. Insgesamt erstellte er sechs verschiedene Phishing-Seiten und erlangte so die Zugangsdaten von 2381 Nutzern. Darüber hinaus nutzte der Angeklagte die Plattform „YouTube", um Programme auf fremden Computern zu installieren, mit denen er unbefugt auf gespeicherte Daten zugreifen und diese auf seinen eigenen Rechner übertragen konnte. Darunter befand sich unter anderem kinderpornografisches Material. Der Angeklagte hat sich des Ausspähens von Daten in 187 Fällen sowie des Besitzes kinderpornographischer Schriften gem. §§ 184b Abs. 3 und Abs. 6, 202a, 205, 53 StGB schuldig gemacht. Er wurde zu einer Jugendstrafe von 1 Jahr und 6 Monaten verurteilt, deren Vollstreckung zur Bewährung ausgesetzt wurde.

Urteil des AG Ingolstadt, 2019 (2 Urteile): Der Angeklagte befand sich in Ausbildung bei der Polizei und nutzte den in diesem Rahmen zur Verfügung gestellte Computer sowie eine persönlich zugeteilte Benutzer-ID, um an vertrauliche polizeiliche Erkenntnisse zu diversen Personen zu gelangen. Dies tat er ohne dienstliche Notwendigkeit und damit ohne Berechtigung, da er nicht dem Sachbearbeiterkreis des jeweiligen Ermittlungsverfahrens angehörte. Weiterhin verwahrte er Beweismittel in privaten Räumlichkeiten auf. Er wurde zunächst vom Amtsgericht des Verwahrungsbruchs gemäß Art. 37 Abs. 1 Nr. 3 BayDSG a. F., §§ 20, 46 Abs. 1 OWiG, § 133 Abs. 1, 3 StGB schuldig gesprochen und zu einer Geldstrafe von 2400 € sowie einer Geldbuße von 4000 € verurteilt. Auf die Berufungen der Staatsanwaltschaft und des Angeklagten wird das Urteil vom Landgericht dahingehend abgeändert, dass die Anzahl der Tagessätze von zunächst 120 auf 90 herabgesetzt wurde. Somit wurde der Angeklagte zu einer Geldstrafe von 1800 € und einer Geldbuße von 4000 € verurteilt.

Urteil des AG Kiel, 2019: Die Angeklagten hoben gemeinsam mit einer ihnen fremden EC-Karte mehrmals an einem Bankautomaten Geld ab. In den Besitz der EC-Karte und der PIN-Nummer war die Angeklagte zu 1 zuvor durch ihren Beruf gekommen, denn die Geschädigte war Patientin der Angeklagten zu 1. Die Angeklagte zu 1 wurde wegen Computerbetruges und gemeinschaftlichem Computerbetrug gemäß §§ 263a Abs. 1 Alt. 3, 25 Abs. 2, 53 StGB zu einer Gesamtfreiheitsstrafe von 6 Monaten verurteilt, deren Vollstreckung zur Bewährung ausgesetzt wird. Der Angeklagte zu 2 wurde wegen des gemeinschaftlichen Computerbetruges gemäß §§ 263a Abs. 1, Var. 3, 25 Abs. 2 StGB zu einer Geldstrafe von 30 Tagessätzen zu je 10 Euro verurteilt.

Urteil des AG Salzgitter, 2019: Der Angeklagte wurde wegen Nötigung mit Sachbeschädigung und gefährlicher Körperverletzung – u. a. infolge eines gewaltsamen Streits mit seiner Freundin – zu einer Gesamtfreiheitsstrafe von einem Jahr verurteilt.

Urteil des AG Ahrensburg, 2020: Der Angeklagte hat sich auf unbekannte Weise in den Besitz von persönlichen Daten, Anschriften, Anmelde- und Zugangsdaten zu E-Mail-Konten, Kreditkarten- und Kontodaten gebracht, ohne dass die Berechtigten hiervon Kenntnis hatten oder dies gestattet hätten. Der Angeklagte hat die Inhalte diverser E-Mail-Konten unter Verwendung der missbräuchlich erlangten Zugangsdaten auf seinem PC eingesehen. Der Angeklagte wird wegen Ausspähens von Daten in Tateinheit mit Vorbereiten des Ausspähens und Abfangens von Daten gemäß §§ 202a, 202c, 52, 42 StGB zu einer Gesamtgeldstrafe von 100 Tagessätzen zu je 10 Euro verurteilt.

Urteil des AG Braunschweig, 2020: Der Angeklagte loggte sich mit einem iPhone X mehrmals auf den Server eines Fahrzeughauses ein und veranlasste sodann mehrmals das Herunterfahren des Servers. Dies hatte, wie vom Angeklagten beabsichtigt, zur Folge, dass das Fahrzeughaus vorübergehend nicht seiner betrieblichen Tätigkeit nachgehen konnte und Kosten in Höhe von über 2000 € für die Wiederherstellung der Server aufwenden musste. Der Angeklagte wird wegen versuchten Computerbetruges sowie wegen Computersabotage gemäß §§ 263a Abs. 1, Abs. 2, 303b Abs. 1, Abs. 2, 22, 23, 53 StGB zu einer Gesamtgeldstrafe von 120 Tagessätzen zu je 40 € verurteilt.

Beschluss des AG Kiel, 2020: Das Strafverfahren wegen Betruges wurde infolge des Todes des Angeschuldigten eingestellt, Angaben zur konkreten Tathandlung fehlen, daher mangels inhaltlicher Begründung nicht für die Auswertung heranziehbar.

Urteil des AG Pinneberg, 2020: Das Verfahren endete mit einem Freispruch des Angeklagten; Angaben zur konkreten Tathandlung fehlen, daher mangels inhaltlicher Begründung nicht für die Auswertung heranziehbar.

Urteil des AG Plön, 2020: Dem Beschuldigten wurde vorgeworfen, unter falschem Namen Waren im Internet bestellt zu haben. Zunächst erging ein Strafbefehl mit einer Geldstrafe in Höhe von 900 €. Nach Durchführung der Hauptverhandlung und der Beweisaufnahme sprach das Gericht den Angeklagten jedoch frei, da der Tatnachweis nicht mit der erforderlichen Sicherheit geführt werden konnte.

Urteil des AG Rendsburg, 2020: Die Angeklagte bestellte unter falschem Namen Waren bei Online-Händlern und schloss diverse Handyverträge ab. Dabei blieb sie die Bezahlung in allen Fällen schuldig. Sie wurde wegen Fälschens beweiserheblicher Daten in elf Fällen, davon in drei Fällen tateinheitlich mit versuchtem Betrug und in sechs Fällen tateinheitlich mit einem vollendeten Betrug gemäß §§ 269 Abs. 1 Var. 1 und 3, 263 Abs. 1 und Abs. 2, 22, 23 Abs. 1 StGB zu 140 Tagessätzen zu je 8 € verurteilt.

BGH-Beschluss, 2021: Der Angeklagte war Mitglied einer internationalen Gruppierung, welche seit Ende 2013 im Internet „Erpressungstrojaner" und andere Ransomware verbreitete. Hierfür nutzte sie Werbeanzeigen (sog. Adverts), welche beim Anklicken durch Nutzer Schadsoftware auf ihren Rechnern installierte und Geolokationsdaten an einen Server übermittelte. Anschließend wurden Sperrbildschirme an die infizierten Rechner geschickt, welche Drohungen behördlicher Verfahren sowie Lösegeldforderungen enthielten. Die Rechner blieben weiterhin durch eine Software verschlüsselt. Der Angeklagte übernahm die Tätigkeiten eines Systemadministrators und betreute die Server der Gruppierung. Er war außerdem für die Installation neuer Programme und Behebung technischer Defekte verantwortlich. Er wurde vom Landgericht Stuttgart wegen Beihilfe zur versuchten Erpressung gem. §§ 253 Abs. 1, Abs. 3, 22, 23, 27 StGB in Tateinheit mit Beihilfe zur versuchten Computersabotage §§ 303b Abs. 1, Abs. 3, 22, 23, 27 StGB in 396 Fällen sowie wegen Beihilfe zur Erpressung §§ 253 Abs. 1, 27 StGB in Tateinheit mit Beihilfe zur Computersabotage §§ 303b Abs. 1, 27 StGB in 393 Fällen zu einer Gesamtfreiheitsstrafe von vier Jahren und sechs Monaten verurteilt. Das Landgericht ging davon aus, dass der Angeklagte gewerbs- und bandenmäßig gehandelt habe, jedoch nur als Gehilfe tätig gewesen sei. Auf die Revision des Angeklagten wird dieses Urteil durch den BGH im Schuldspruch abgeändert. Entgegen der Auffassung des Landgerichts ist konkurrenzrechtlich nicht von einer Beihilfe des Angeklagten zu 789 Einzeltaten, sondern nur von einer einheitlichen Beihilfe zur Erpressung in Tateinheit mit Computersabotage auszugehen. Begründet wurde dies vom BGH damit, dass der Gehilfe durch eine einheitliche Unterstützungshandlung mehrere rechtlich selbständige Taten des Haupttäters fördere und nicht bei jeder der 789 Einzeltaten einen individuellen tatfördernden Beitrag erbracht habe. Der Angeklagte wurde demnach wegen Beihilfe zur Erpressung gem. §§ 253 Abs. 1, 27 StGB in Tateinheit mit Beihilfe zur Computersabotage gem. §§ 303b Abs. 1, 27 StGB verurteilt.

Urteil des AG Salzgitter, 2021: Der Angeklagte gab sich gegenüber jungen Frauen als Betreiber einer Modelagentur aus und kam dadurch mit ihnen in Kontakt. Hierbei ließ er sich Fotos und Videos der Frauen schicken, die er anschließend Dritten zur Verfügung stellte, ohne die Frauen darüber zu informieren. Er verschaffte sich außerdem Zugang zu deren Facebook- und Web-Konten und verschickte darüber diverse Nachrichten. Weiterhin installierte er auf einem fremden Mobiltelefon eine Spionagesoftware, um unberechtigt Video- und Audioaufnahmen zu erstellen. Der Angeklagte wurde wegen Ausspähens von Daten, Verletzung des höchstpersönlichen Lebensbereichs, sowie wegen Nötigung gemäß §§ 201 Abs. 1 Nr. 1, 201a Abs. 1 Nr. 1, Abs. 2, 202a Abs. 1, 240 Abs. 1, 52, 53 StGB zu einer Gesamtgeldstrafe von 150 Tagessätzen zu je 60 € verurteilt.

Beschluss des AG Luckenwalde, 2022:[12] Der Angeklagte installierte auf einem Schulrechner ein Programm, mit dem er sich unbefugt Zugang zum schulischen Online-Portal verschaffte. Dort veränderte er sowohl seine eigenen Noten und Fehlzeiten als auch – zur Verschleierung seines Vorgehens – die Daten unbekannter Mitschülerinnen und Mitschüler. Dem Angeklagten wurde zur Last gelegt, gegen § 202a Abs. 1, 2 StGB verstoßen zu haben. Das Verfahren wurde vom Amtsgericht gemäß § 47 JGG gegen Auflage einer Zahlung von 300 € eingestellt.

Urteil + Beschluss des AG Hannover, 2023: Der Angeklagte arbeitete in einem Fachgeschäft für Mobilfunk und Telekommunikation und hatte dadurch Zugriff auf das Kundenverwaltungssystem. Er nutzte den Zugang, um dort SIM-Kartentausche zu initiieren. Dadurch wurde einem Dritten ermöglicht, Überweisungen von Girokonten der Geschädigten durchzuführen. Der Angeklagte wurde wegen Beihilfe zum Computerbetrug sowie der versuchten Datenveränderung in vier Fällen gemäß §§ 263a, 303a, 22, 23 Abs. 1, 53 StGB zu einer Geldstrafe von 9000 € verurteilt. Der Beschluss beinhaltet eine Änderung der Gesamtgeldstrafe von nunmehr 8000 €.

Beschluss des AG Sangerhausen, 2023: Der Beschluss beinhaltet lediglich eine Berichtigung des Tenors; eine sachliche Prüfung oder Darstellung der Tathandlung erfolgte nicht.

---

[12] Die zuständige Staatsanwaltschaft übersendete lediglich die Anklageschrift sowie einen kurzen Vermerk zum darauffolgenden Beschluss. Zur besseren Übersichtlichkeit wird an dieser Stelle der Inhalt des Beschlusses wiedergegeben.

Urteil + Beschluss des AG Wolfsburg, 2023: Der Angeklagte sorgte dafür, dass diverse Internetnutzer keinen Zugriff mehr auf ihre Rechner hatten, und forderte sie auf, eine vermeintliche Telefonnummer von Microsoft zu wählen, um nach anschließender Zahlung einer Servicepauschale wieder Zugriff auf ihre Computer zu erhalten. Auf diese Weise erzielte er Einnahmen im Wert von über 3000 €. Der Angeklagte wurde wegen Erpressung und Datenveränderung gemäß §§ 253 Abs. 1, 254 Abs. 4, 303 a Abs. 1 StGB zu einer Freiheitsstrafe von zwei Jahren verurteilt. Diese konnte zur Bewährung ausgesetzt werden. Der Beschluss beinhaltet die Festsetzung der Bewährungszeit auf drei Jahre.

Urteil des LG Kiel, 2023: Der Angeklagte installierte eine Skimming-Technik an mehreren Bankautomaten, um Kartendaten auszulesen und weiterzuleiten, die später zur Herstellung von Kartendoublés und zum Abheben von Bargeld genutzt wurden. Die ausgelesenen Daten wurden über das Programm SendSpace an eine dritte Person übermittelt. Der Angeklagte wurde von der Organisation, für die er tätig war, nur im Erfolgsfall bezahlt. Die Höhe wurde von seinem Auftraggeber bestimmt. Das Gericht verurteilte den Angeklagten wegen gewerbsmäßiger Fälschung von Zahlungskarten mit Garantiefunktion sowie wegen Verabredung hierzu gem. § 152b Abs. 1, Abs. 2, 30 Abs. 2 StGB zu einer Gesamtfreiheitsstrafe von 3 Jahren und 6 Monaten.

BGH-Beschluss, 2024: Die Sache wurde zur erneuten Verhandlung an das Landgericht zurückverwiesen; eine inhaltliche Entscheidung zur strafrechtlichen Bewertung erfolgte nicht.

Beschluss des AG Frankfurt (Oder), 2024:[13] Der Angeklagte installierte eine Fernwartungssoftware und richtete eine Fernzugriffsmöglichkeit auf dem System seines ehemaligen Arbeitgebers ein, auf welches er keinen berechtigten Zugriff mehr hatte. Daraufhin löschte er auf dem System seines ehemaligen Arbeitgebers Daten, veränderte diese und fuhr mehrmals das System herunter. Er wurde wegen Datenveränderung und Computersabotage gemäß §§ 303a, 303b Abs. 1 Nr. 1, 2 und 3, Abs. 2, 303c, 53 StGB angeklagt. Mit Beschluss des AG Frankfurt (Oder) ist das Verfahren gemäß § 153a StPO gegen Zahlung einer Geldauflage in Höhe von 1500 € eingestellt worden.

Beschluss des AG Königs Wusterhausen, 2024:[14] Der Angeklagte löschte per Fernzugriff zwei fremde FRITZ-Boxen sowie eine fremde Homepage. Der Angeklagte wurde wegen Computersabotage in mehreren Fällen gemäß §§ 303b Abs. 1 Nr. 1 und Abs. 2, 303a Abs. 1, 53 StGB angeklagt. Mit Beschluss des AG ist das Verfahren gemäß § 153a StPO gegen Zahlung einer Geldauflage in Höhe von 600 € eingestellt worden.

Beschluss des AG Greiz, 2025: In dem zugrunde liegenden Privatklageverfahren warf die Klägerin dem Beschuldigten vor, mittels einer 360°-Kamera unbefugt Auf-

---

[13] Die zuständige Staatsanwaltschaft übersendete lediglich die Anklageschrift sowie einen kurzen Vermerk zum darauffolgenden Beschluss. Zur besseren Übersichtlichkeit wird an dieser Stelle der Inhalt des Beschlusses wiedergegeben.

[14] Die zuständige Staatsanwaltschaft übersendete lediglich die Anklageschrift sowie einen kurzen Vermerk zum darauffolgenden Beschluss. Zur besseren Übersichtlichkeit wird an dieser Stelle der Inhalt des Beschlusses wiedergegeben.

nahmen von ihrem Grundstück und Garten gemacht zu haben. Das Amtsgericht Greiz lehnte in seinem Beschluss von 2025 den Antrag der Privatklägerin auf Bewilligung von Prozesskostenhilfe ab, da kein hinreichender Tatverdacht für eine Strafbarkeit nach § 201a Abs. 1 Nr. 1 StGB bestand. Der Garten sei mangels Abschirmung kein besonders geschützter Raum und es sei nicht ersichtlich, dass Aufnahmen aus der Wohnung oder dem Intimbereich erfolgten.

3.3 Übersandte Strafbefehle

Im Rahmen unserer Anfrage wurden insgesamt 72 Strafbefehle übermittelt. Strafbefehle ermöglichen gemäß § 407 ff. StPO eine rechtskräftige Verurteilung ohne mündliche Hauptverhandlungen[15]. Sie beinhalten gem. § 409 Abs. 1 StPO u. a. die Bezeichnung der Tat, die dem Angeklagten zur Last gelegt wird, die angewendeten gesetzlichen Vorschriften sowie die Festsetzung der Rechtsfolgen. Ein ausformulierter Tatbestand ist regelmäßig nicht vorgesehen, sodass Strafbefehle in der Praxis äußerst knapp gehalten sind.

AG Ingolstadt, 2014: Der Beschuldigte installierte ein Monitoring-Programm auf dem Laptop seiner Ex-Partnerin, es wurde eine Geldstrafe in Höhe von 1350 € festgesetzt.

AG Bamberg, 2015: Der Beschuldigte erwarb über das Internet ein Schadsoftwareprodukt der "Blackshades"-Familie. Bei diesem handelte es sich um einen leistungsfähigen Trojaner, welcher unter anderem die Einrichtung eines Keyloggers sowie das Ausführen von DDos-Attacken ermöglichte. Gegen den Beschuldigten wurde wegen Vorbereiten des Ausspähens und Abfangens von Daten gem. § 202c Abs. 1 Nr. 2 StGB eine Geldstrafe von 1200 € festgesetzt.

AG Braunschweig, 2015 (I): Der Beschuldigte verschaffte sich Zugriff auf einen fremden Account bei Otto-Versand-Handel und fertigte Screenshots der Rechnungen an. Es wurde eine Geldstrafe in Höhe von 400 Euro festgesetzt.

AG Braunschweig, 2015 (II): Der Beschuldigte nahm das Handy seiner Ex-Partnerin an sich und speicherte die darauf abgelegten Daten ab. Es wurde eine Geldstrafe in Höhe von 600 Euro festgesetzt. Der Beschluss beinhaltete eine Änderung der Tagessatzhöhe.

AG Herzberg am Harz, 2015 (I): Der Beschuldigte verkaufte über eine Plattform im Internet die von ihm erstelle Schadsoftware „Snap Reloaded Version 1.4". Die Software diente der Installation eines sog. Command-and-Control-Servers und der anschließenden Infektionen anderer Rechner. Dies ermöglichte dem Anwender eine DDoS-Attacke durchzuführen und damit den Server durch Überlastung der infizierten Systeme arbeitsunfähig zu machen. Gegen den Beschuldigten wurde wegen Vorbereiten des Ausspähens und Abfangens von Daten, Datenveränderung und Computersabotage gem. §§ 202c, 303a, 303b StGB eine Gesamtgeldstrafe von 1000 € festgesetzt.

---

[15] Eckstein in Knauer/Kudlich/Schneider, StPO-Kommentar, § 407.

AG Herzberg am Harz, 2015 (II): Der Beschuldigte erwarb über einen Dritten ein Abo für einen sog. Card-Sharing-Dienst. Es wurde eine Geldstrafe in Höhe von 900 Euro festgesetzt.

AG Herzberg am Harz, 2015 (III): Der Beschuldigte verschaffte sich Zugang zu einem fremden Account und übertrug sich virtuelle Gegenstände. Es wurde eine Geldstrafe in Höhe von 2000 € festgesetzt.

AG Norderstedt, 2015: Der Beschuldigte änderte fremde Passwörter. Es wurde eine Geldstrafe in Höhe von 400 Euro festgesetzt.

AG Uelzen, 2015: Der Beschuldigte beschaffte sich gegen Bezahlung im Internet ein Computerprogramm, welches das Ausspähen von Zugangsdaten und Kreditkarten ermöglichte. Gegen ihn wurde wegen Vorbereiten des Ausspähens und Abfangens von Daten gem. § 202c Abs. 1 Nr. 2 StGB eine Geldstrafe von 200 Euro festgesetzt.

AG Kiel, 2016: Der Beschuldigte nahm unberechtigt Veränderungen am Firmensystem vor. Es wurde eine Geldstrafe in Höhe von 1200 € festgesetzt.

AG Varel, 2016: Der Beschuldigte führte unberechtigt Überweisungen von einem fremden Bankkonto durch. Es wurde eine Geldstrafe in Höhe von 1800 € festgesetzt.

AG Wolfenbüttel, 2016: Der Beschuldigte verschaffte sich unbefugt Zugriff auf fremde Accounts. Es wurde eine Geldstrafe in Höhe von 1050 € festgesetzt. Der Beschluss beinhaltete eine Änderung des Tagessatzhöhe.

AG Bamberg, 2017: Der Beschuldigte entsperrte ohne Berechtigung fremde Handykarten. Es wurde eine Geldstrafe in Höhe von 2000 € festgesetzt.

AG Göttingen, 2017: Der Beschuldigte erlangte rechtswidrig Daten einer Online-Payment-App. Es wurde eine Geldstrafe in Höhe von 1800 € festgesetzt.

AG Kiel, 2017: Der Beschuldigte nutzte gefälschte Vollmachten. Es wurde eine Geldstrafe in Höhe von 300 Euro festgesetzt.

AG Lübeck, 2017: Die Beschuldigte hatte sich in der Absicht, sich einen rechtswidrigen Vermögensvorteil zu verschaffen, unter Verwendung fremder Zugangsdaten in den Amazon-Account eines Dritten eingeloggt und Kleidung bestellt, die sie an ihre Privatadresse liefern ließ. Es wurde eine Geldstrafe in Höhe von 300 Euro festgesetzt.

AG Lüneburg, 2017: Der Beschuldigte erhielt durch unbefugte Einwirkung auf Handy und Computer Textnachrichten, die nicht für ihn bestimmt waren, und leitete diese teilweise unbefugt weiter. Es wurde eine Geldstrafe in Höhe von 600 Euro festgesetzt.

AG Wolfsburg, 2017: Der Beschuldigte leitete unbefugt fremde Bilder weiter. Es wurde eine Geldstrafe in Höhe von 450 Euro festgesetzt. Der Beschluss beinhaltete eine Richtigstellung zu einer offensichtlichen Unrichtigkeit.

AG Bamberg, 2018: Der Beschuldigte verschaffte sich Zugriff auf fremde WhatsApp-Chats. Es wurde eine Geldstrafe in Höhe von 900 Euro festgesetzt.

AG Braunschweig, 2018: Der beschuldigte Hochschulstudent veranlasste eine DDoS-Attacke, indem er seinem Dozenten mehrere tausend E-Mails in kürzester Zeit schrieb und somit den Ausfall des zentralen Mail-Servers der Universität verursachte. Weiterhin konnten Mails von Mailadressen mit der offiziellen Endung der Hochschule nicht verschickt werden, da sie auf einer SPAM-Blacklist landeten. Gegen den Beschuldigten wurde wegen Computersabotage gem. § 303b StGB eine Geldstrafe von 1200 € festgesetzt.

AG Elmshorn, 2018: Der Beschuldigte griff unberechtigt auf fremde Mail-Accounts zu. Es wurde eine Geldstrafe in Höhe von 200 Euro festgesetzt.

AG Göttingen, 2018: Der Beschuldigte erlangte unbefugt Zugriff auf ein fremdes WLAN-Netzwerk. Es wurde eine Geldstrafe in Höhe von 225 Euro festgesetzt. Der Beschluss beinhaltete eine Festsetzung der Bewährungszeit auf zwei Jahre.

AG Varel, 2018: Der Beschuldigte griff unbefugt auf den Mail-Account seiner ehemaligen Firma zu. Es wurde eine Geldstrafe in Höhe von 1000 € festgesetzt.

AG Hameln, 2019: Gegen den Beschuldigten wurde wegen Beleidigung und Sachbeschädigung eine Geldstrafe in Höhe von 900 Euro festgesetzt.

AG Husum, 2019: Der Beschuldigte verschaffte sich Zugang zu einem fremden Facebook Profil und löschte Freundschaften. Es wurde eine Geldstrafe von 300 Euro festgesetzt.

AG Oldenburg, 2019: Der Beschuldigte verschaffte sich Zugriff auf den Google-Account seiner Verlobten, indem er sich zunächst das Passwort unbefugt verschaffte und dieses rechtswidrig änderte, sodass die Geschädigte nicht mehr auf ihr eigenes Google-Konto zugreifen konnte. Es wurde eine Geldstrafe in Höhe von 300 Euro festgesetzt.

AG Rendsburg, 2019: Der Beschuldigte bestellte unter falschem Namen online Waren. Es wurde eine Geldstrafe in Höhe von 700 Euro festgesetzt.

AG Weiden in der Oberpfalz, 2019 (I): Der Beschuldigte meldete sich unberechtigt bei fremden Mail-Accounts an. Es wurde eine Geldstrafe in Höhe von 2400 € festgesetzt.

AG Weiden in der Oberpfalz, 2019 (II): Der Beschuldigte ließ sich unbefugt fremde WhatsApp-Nachrichten weiterleiten. Es wurde eine Geldstrafe in Höhe von 3000 € festgesetzt.

AG Bamberg, 2020: Der Beschuldigte verschaffte sich Zugang zu einem fremden Mail-Account. Es wurde eine Geldstrafe in Höhe von 900 Euro festgesetzt.

AG Braunschweig, 2020 (I): Der Beschuldigte übertrug sich ohne Berechtigung von fremden Accounts virtuelle Gegenstände. Es wurde eine Geldstrafe in Höhe von 2100 € festgesetzt. Mit dem später ergangenen Beschluss wurde der Tagessatz herabgesetzt, sodass sich die Geldstrafe nunmehr auf 1050 € beläuft.

AG Braunschweig, 2020 (II): Der Beschuldigte erschien nicht zur Hauptverhandlung. Es wurde eine Gesamtfreiheitsstrafe von einem Jahr auf Bewährung festgesetzt.

AG Göttingen, 2020: Der Beschuldigte erstellte und nutzte eine Phishing-Website. Es wurde eine Geldstrafe in Höhe von 2400 € festgesetzt.

AG Lübeck, 2020 (I): Der Beschuldigte verschaffte sich unberechtigt Zugriff auf den Firmenserver. Es wurde eine Geldstrafe in Höhe von 1500 € festgesetzt.

AG Lübeck, 2020 (II): Der Beschuldigte speicherte zur Täuschung im Rechtsverkehr beweiserhebliche Daten so, dass bei ihrer Wahrnehmung eine unechte Urkunde vorliegen würde, indem er im Namen der Geschädigten Posts veröffentlichte, um diese vor ihren Freunden und Bekannten herabzuwürdigen. Es wurde eine Geldstrafe in Höhe von 400 Euro festgesetzt.

AG Neumünster, 2020: Der Beschuldigte veränderte unberechtigt Daten an einem fremden Handy. Er wurde verwarnt. Der Beschluss beinhaltete weitere Auflagen.

AG Plön, 2020 (I): Der Beschuldigte erlangte unbefugt Zugang zu fremden Facebook-Accounts. Es wurde eine Verwarnung ausgesprochen. Der Beschluss beinhaltete weitere Auflagen.

AG Plön, 2020 (II): Der Beschuldigte schloss Handyverträge unter fremdem Namen ab. Es wurde eine Geldstrafe in Höhe von 1600 € festgesetzt. Der Beschluss beinhaltete eine Änderung der Tagessatzhöhe.

AG Plön, 2020 (III): Dem Beschuldigten wurde vorgeworfen, unter falschem Namen Waren im Internet bestellt zu haben. Zunächst erging ein Strafbefehl, in dem eine Geldstrafe in Höhe von 900 € festgesetzt wurde. Nach Durchführung der Hauptverhandlung und der Beweisaufnahme sprach das Gericht den Angeklagten jedoch frei, da der Tatnachweis nicht mit der erforderlichen Sicherheit geführt werden konnte.

AG Salzgitter, 2020: Der Beschuldigte verschaffte sich Zugang zu einem fremden Google-Konto. Es wurde eine Geldstrafe in Höhe von 750 € festgesetzt.

AG Bamberg, 2021 (I): Der Beschuldigte erlangte unbefugt Zugriff auf ein fremdes Facebook-Konto. Es wurde eine Geldstrafe in Höhe von 2000 € festgesetzt.

AG Bamberg, 2021 (II): Der Beschuldigte verschaffte sich ohne Einwilligung Zugang zu einem fremden Instagram-Account. Es wurde eine Geldstrafe in Höhe von 1200 € festgesetzt.

AG Braunschweig, 2021: Der Beschuldigte nutzte einen Card-Sharing-Dienst. Es wurde eine Geldstrafe in Höhe von 3000 € festgesetzt.

AG Cloppenburg, 2021: Der Beschuldigte machte sich der Beleidigung strafbar, schrieb Mails unter falschem Namen und änderte anschließend das Passwort eines fremden Mail-Accounts. Zudem erschien er nicht zur Hauptverhandlung. Es wurde eine Geldstrafe in Höhe von 300 Euro festgesetzt.

AG Duderstadt, 2021: Der Beschuldigte verschaffte sich unbefugt Zugang zu einem fremden online Banking Account und tätigte Überweisungen an sich selbst. Er erschien trotz ordnungsgemäßer Ladung nicht zur Hauptverhandlung. Es wurde eine Geldstrafe von 1800 € festgesetzt.

AG Gifhorn, 2021: Der Beschuldigte vertrieb gegen Entgelt illegale Fernsehzugänge, die er online anbot. Es wurde eine Geldstrafe festgesetzt.

AG Hildesheim, 2021: Der Beschuldigte stellte gegen Entgelt illegale Zugänge zu Pay-TV-Programmen (sog. Card-Sharing-Dienst) zur Verfügung. Es wurde eine Freiheitsstrafe verhängt, die zur Bewährung ausgesetzt wurde.

AG Northeim, 2021: Der Beschuldigte hörte unbefugt den Funkverkehr ab. Es wurde eine Geldstrafe in Höhe von 900 € festgesetzt.

AG Rendsburg, 2021: Der Beschuldigte erstellte und nutzte unter falschem Namen ein PayPal-Konto. Es wurde eine Geldstrafe in Höhe von 2500 € festgesetzt. Der Beschluss beinhaltete eine Änderung der Tagessatzhöhe.

AG Wolfsburg, 2021: Der Beschuldigte verschaffte sich Zugang zu fremden Accounts. Es wurde eine Geldstrafe in Höhe von 2100 € festgesetzt. Der Beschluss beinhaltete die Festsetzung der Bewährungszeit auf zwei Jahre.

AG Braunschweig, 2022 (I): Der Beschuldigte verschaffte sich illegalen Zugang zu einem Komplettprogramm eines Pay-TV Anbieters über einen sog. Card-Sharing-Dienst. Es wurde eine Geldstrafe von 2875 € festgesetzt.

AG Braunschweig, 2022 (II): Der Beschuldigte verschaffte sich illegalen Zugang zu einem Komplettprogramm eines Pay-TV Anbieters über einen sog. Card-Sharing-Dienst. Er wurde verwarnt. Die Verurteilung zu einer Geldstrafe von 2400 € blieb vorbehalten. Der Beschluss beinhaltete die Festsetzung der Bewährungszeit auf zwei Jahre.

AG Braunschweig, 2022 (III): Der Beschuldigte verschaffte sich illegalen Zugang zu einem Komplettprogramm eines Pay-TV Anbieters über einen sog. Card-Sharing-Dienst. Es wurde eine Geldstrafe von 1350 € festgesetzt.

AG Braunschweig, 2022 (IV): Der Beschuldigte verschaffte sich illegalen Zugang zu einem Komplettprogramm eines Pay-TV Anbieters über einen sog. Card-Sharing-Dienst. Es wurde eine Geldstrafe von 1200 € festgesetzt.

AG Eckernförde, 2022: Der Beschuldigte wird wegen Unterschlagung verurteilt. Es wurde eine Geldstrafe in Höhe von 800 Euro festgesetzt.

AG Flensburg, 2022 (I): Der Beschuldigte verschaffte sich als IT-Verantwortlicher Zugriff auf das System eines Hotels und entfernte mit seinen Administratorenrechten sämtliche Backups. Gegen ihn wurde wegen Datenveränderung und Computersabotage gem. §§ 303a Abs. 1, 303b Abs. 1 Nr. 1 StGB eine Geldstrafe von 2700 € festgesetzt.

AG Flensburg, 2022 (II): Der Beschuldigte erlangte durch seine Rolle als Systemadministrator Zugriff auf diverse E-Mail-Postfächer. Er las Mails mit, welche Angebote von unterschiedlichen Firmen beinhalteten, und leitete diese an seine Vorgesetzte weiter. Weiterhin fertigte er von diesen Mails Screenshots an. Gegen ihn wurde wegen Abfangens von Daten gem. § 202b StGB eine Gesamtgeldstrafe von 1500 € festgesetzt.

AG Halle, 2022: Der Beschuldigte hörte unbefugt vertraulichen Funkverkehr ab. Es wurde eine Geldstrafe in Höhe von 7650 € festgesetzt.

AG Lehrte, 2022: Der Beschuldigte erlangte unbefugt Zugang zu einem fremden Instagram Konto und bearbeitete dort persönliche Daten. Es wurden Maßnahmen/Zuchtmittel verhängt.

AG Plön, 2022: Der Beschuldigte erlangte Zugriff auf einen fremden Facebook-Account. Es wurde eine Verwarnung ausgesprochen.

AG Salzgitter, 2022 (I): Der Beschuldigte verschaffte sich widerrechtlich Zugang zu einem Pay-TV-Abo. Es wurde eine Geldstrafe in Höhe von 2400 € festgesetzt.

AG Salzgitter, 2022 (II): Der Beschuldigte verschaffte sich widerrechtlich Zugang zu einem Pay-TV-Abo. Es wurde eine Geldstrafe in Höhe von 2600 € festgesetzt.

AG Salzgitter, 2022 (III): Der Beschuldigte verschaffte sich widerrechtlich Zugang zu einem Pay-TV-Abo. Es wurde eine Geldstrafe in Höhe von 5700 € festgesetzt.

AG Weiden in der Oberpfalz, 2022: Der Beschuldigte erlangte unbefugt Zugriff auf ein fremdes Facebook-Profil. Es wurde eine Geldstrafe in Höhe von 1350 € festgesetzt.

AG Braunschweig, 2023: Der Beschuldigte Der Beschuldigte verschaffte sich illegalen Zugang zu einem Komplettprogramm eines Pay-TV Anbieters über einen sog. Card-Sharing-Dienst. Es wurde eine Geldstrafe von 450 Euro festgesetzt.

AG Seesen, 2023: Der Beschuldigte löschte ohne Zustimmung Videos eines gemeinsamen Tiktok-Accounts. Es wurde eine Geldstrafe von 400 Euro festgesetzt.

AG Helmstedt, 2024: Der Beschuldigte wurde wegen Diebstahls zu einer Freiheitsstrafe von neun Monaten auf Bewährung verurteilt. Der Beschluss beinhaltete eine Festsetzung der Bewährungszeit auf drei Jahre.

AG Ingolstadt, 2024: Der Beschuldigte verschaffte sich ohne Einwilligung Zugang zu einem fremden Instagram-Account. Es wurde eine Geldstrafe in Höhe von 400 Euro festgesetzt.

AG Kiel, 2024: Die Beschuldigte schloss unter falschem Namen einen Handyvertrag. Es wurde eine Geldstrafe in Höhe von 900 Euro festgesetzt.

AG Leipzig, 2024: Der Beschuldigte war als „Crypter" von Schadsoftware tätig und erstellte diverse Crypto-Werkzeuge, wie etwa „Cold$eal", einen „Stubgenerator" sowie eine Vielzahl von „Crypto-Stubs". Diese dienten dazu, Schadsoftware so zu verändern, dass Antivirenscanner sie nicht erkennen und somit Rechner unbemerkt infiziert werden können. Diese Programme stellte der Beschuldigte seinen Auftraggebern zur Verfügung, welche sie wiederum im Internet verbreiteten. Gegen den Beschuldigten wurde wegen Vorbereiten der Datenveränderung in 424 tatmehrheitlichen Fällen gemäß § 202c Abs. 1 Nr. 2 i.V.m. § 303a Abs. 1, Abs. 3, 25, 53 StGB in Tatmehrheit mit Steuerhinterziehung […] eine Gesamtgeldstrafe von 21.600 € festgesetzt.

AG Wolfsburg, 2024: Der Beschuldigte loggte sich unberechtigt in fremdem Google-Account ein, wodurch er eine Fremdsteuerung eines Smartphones vornahm, und diverse Daten löschte. Es wurde eine Geldstrafe von 3000 € festgesetzt.

4 Fazit

Trotz der Ähnlichkeit vieler in den übermittelten Gerichtsentscheidungen verurteilter Handlungen mit typischen oder zumindest vergleichbaren Methoden der Cybersicherheitsforschung – etwa dem Auffinden von Schwachstellen, dem Einsatz von Analyse-Tools, der Nutzung von Passwörtern zum Testen fremder Systeme oder dem Zugriff auf fehlerhaft konfigurierte Datenbanken – wurde in keinem der vorliegenden Sachverhalte eine Person angeklagt oder gar verurteilt, die Handlungen im Rahmen der Cybersicherheitsforschung vorgenommen hat. Infolgedessen bleibt eine gerichtliche Klärung der entscheidenden Rechtsfragen häufig aus – ebenso wie die Möglichkeit, den Cybersicherheitsforschenden eine verlässliche rechtliche Orientierung zu bieten.

Die als besonders einschlägig eingestuften Urteile zeigen, dass technisch vergleichbare Handlungen strafrechtlich geahndet werden, sobald sie mit erkennbar rechtswidriger Zielsetzung verbunden sind. Das zeigt etwa der Beschluss des Bundesverfassungsgerichts aus dem Jahr 2009, der klarstellt, dass der bloße Besitz oder die Entwicklung sogenannter Dual-Use-Tools – wie sie etwa bei Penetrationstests verwendet werden – nicht strafbar ist, solange keine erkennbare rechtswidrige Zielsetzung vorliegt. Entscheidend sei, dass sich eine Straftatabsicht objektiv manifestiert und das eingesetzte Tool als Schadsoftware qualifiziert werden kann. Das Urteil des AG Bad-Neuenahr-Ahrweiler von 2017 zeigt besonders deutlich, wann die Grenze zwischen legitimer Sicherheitsforschung und strafbarer Handlung überschritten wird. Der Angeklagte hatte unter dem Deckmantel vermeintlicher Sicherheitssoftware Werkzeuge programmiert und vertrieben, die objektiv allein der Unterstützung krimineller Aktivitäten dienten. Das Gericht wies ausdrücklich zurück, dass hier ein Dual-Use-Charakter gegeben sei, und verurteilte den Angeklagten u. a. wegen des Vorbereitens des Ausspähens und Abfangens von Daten.

Für Cybersicherheitsforschende besonders relevant ist, dass strafrechtlich nicht nur die Frage nach der Zielrichtung oder dem Vorsatz umstritten ist, sondern bereits die technische Subsumtion des objektiven Tatbestands im Einzelfall zu bewerten ist. Das zeigt etwa der Beschluss des Amtsgericht Jülich aus dem Jahr 2023, in dem eine Strafbarkeit zunächst mit der Begründung verneint wurde, es habe an einer hinreichenden Zugangssicherung im Sinne des § 202a StGB gefehlt. Im Rahmen einer von der Staatsanwaltschaft beantragten Aufhebung des Beschlusses beurteilte das Landgericht Aachen im Jahr 2024 den technischen Schutz jedoch anders, erkannte die Schutzwirkung eines einfachen Passworts an und bejahte die Strafbarkeit – ebenso wie das Amtsgericht Jülich in seiner späteren Entscheidung im Jahr 2024. Dieser Fall verdeutlicht exemplarisch, dass bereits unterschiedliche Einschätzungen technischer Schutzmaßnahmen darüber entscheiden können, ob ein strafbarer Zugriff vorliegt. Damit wird deutlich, dass strafrechtliche Risiken für Forschende nicht nur auf der subjektiven Ebene des Vorsatzes, sondern auch auf der objektiven Tatbestandsebene bestehen können.

In keinem der übermittelten Fälle wurde eine Forschungssituation juristisch gewürdigt oder das Spannungsfeld zwischen legitimer Sicherheitsanalyse und strafbarer Handlung diskutiert. Insbesondere bleibt daher die Frage offen, wie der subjektive Tatbestand, also der Vorsatz, von Cybersicherheitsforschenden für eine mögliche strafbare Handlung zu bewerten ist. Gerade im Forschungskontext kann die Abgrenzung des Vorsatzes zudem besonders herausfordernd sein, da zwar regelmäßig keine Schädigungsabsicht besteht, aber technisches Wissen über mögliche Folgen durchaus vorhanden ist. Zu beachten ist in diesem Zusammenhang jedoch, dass eine rechtliche Bewertung stets vom Einzelfall abhängt und unter Würdigung aller konkreten Umstände erfolgen muss – insbesondere im Hinblick auf die Zielrichtung des Handelns, die Transparenz gegenüber Betroffenen und das Maß an technisch verursachtem Risiko.

Um die bestehende Rechtsunsicherheit zu beseitigen, sind gesetzgeberische Klarstellungen erforderlich, die den Anwendungsbereich der genannten Normen im Forschungskontext präzisieren. Solange dies ausbleibt, bleibt Cybersicherheitsforschung in Deutschland ein (straf-)rechtliches Risiko und droht, in rechtlichen Grauzonen zu verharren – mit potenziell abschreckender Wirkung auf ein gesellschaftlich dringend notwendiges Tätigkeitsfeld.

Danksagung und Hinweis. Diese Forschungsarbeiten wurden vom Bundesministerium für Bildung und Forschung (BMBF) und vom Hessischen Ministerium für Wissenschaft und Kunst (HMWK) im Rahmen ihrer gemeinsamen Förderung für das Nationale Forschungszentrum für angewandte Cybersicherheit ATHENE unterstützt. Der vorliegende Beitrag gibt die persönliche Meinung der Autorin wieder.

Literatur

Boll, Alina: Ohne Cybersicherheit kein Datenschutz, ohne Datenschutz keine Cybersicherheit?. DuD 2023, S. 346.
Kipker, Dennis-Kenji (Hrsg.): Cybersecurity, 2. Auflage, München 2023.
Knauer, Christoph/Kudlich, Hans/Schneider, Hartmut (Hrsg.): Münchener Kommentar zur Strafprozessordnung, Band 3, 2. Auflage, München 2024.
Lackner, Karl/Kühl, Kristian/Heger, Martin (Hrsg.): Strafgesetzbuch – Kommentar, 30. Auflage, München 2023.
Kindhäuser, Urs/Neumann, Ulfrid/Paeffgen, Hans-Ullrich/Saliger, Frank (Hrsg.): Strafgesetzbuch – Kommentar, 6. Auflage, Baden-Baden 2023.
Von Heintschel-Heinegg, Bernd (Hrsg.): BeckOK StGB, 61. Auflage, München 2024.

Open Access Dieses Kapitel wird unter der Creative Commons Namensnennung – Nicht kommerziell – Keine Bearbeitung 4.0 International Lizenz (http://creativecommons.org/licenses/by-nc-nd/4.0/deed.de) veröffentlicht, welche die nicht-kommerzielle Nutzung, Vervielfältigung, Verbreitung und Wiedergabe in jeglichem Medium und Format erlaubt, sofern Sie den/die ursprünglichen Autor(en) und die Quelle ordnungsgemäß nennen, einen Link zur Creative Commons Lizenz beifügen und angeben, ob Änderungen vorgenommen wurden. Die Lizenz gibt Ihnen nicht das Recht, bearbeitete oder sonst wie umgestaltete Fassungen dieses Werkes zu verbreiten oder öffentlich wiederzugeben.

Die in diesem Kapitel enthaltenen Bilder und sonstiges Drittmaterial unterliegen ebenfalls der genannten Creative Commons Lizenz, sofern sich aus der Abbildungslegende nichts anderes ergibt. Sofern das betreffende Material nicht unter der genannten Creative Commons Lizenz steht und die betreffende Handlung nicht nach gesetzlichen Vorschriften erlaubt ist, ist auch für die oben aufgeführten nicht-kommerziellen Weiterverwendungen des Materials die Einwilligung des jeweiligen Rechteinhabers einzuholen.

Globale Tendenzen in nationalen Cybersicherheitsstrategien: Ein Leitfaden für die Strategieentwicklung

Tanya Gärtner[✉]

Die Autorin ist wissenschaftliche Mitarbeiterin am Fraunhofer-Institut für Sichere Informationstechnologie (SIT) und am Nationalen Forschungszentrum für angewandte Cybersicherheit ATHENE, Darmstadt, Deutschland
tanya.gaertner@sit.fraunhofer.de

1 Einleitung

Der adäquate Schutz von Cybersicherheit und Privatheit verlangt eine kontinuierliche Anpassung einschlägiger Schutzmaßnahmen an die sich stetig wandelnde Bedrohungslandschaft. Aus regulatorischer Sicht gilt es, einerseits mit der Zunahme an Bedrohungsarten Schritt zu halten, ohne andererseits den Fortschritt neuer technologischer Lösungen auszubremsen. Hierzu ist eine gelungene nationale Cybersicherheitsstrategie, welche die Cybersicherheit von kritischen Infrastrukturen, Organisationen und natürlichen Personen angemessen steuert und gewährleistet, essenziell. Eine nationale Cybersicherheitsstrategie blickt aus der Vogelperspektive auf sämtliche staatliche Maßnahmen und ermöglicht daher sicherzustellen, dass keine maßgeblichen Handlungsfelder ausgelassen werden oder sich Schutzmaßnahmen doppeln. Aus der weiten Verbreitung und Multidimensionalität von Informations- und Kommunikationstechnologien ergibt sich jedoch die Herausforderung, jeden Handlungsbedarf zu erkennen und zu adressieren, ohne gleichzeitig einen Grad an Detailliertheit anzunehmen, der zur Unübersichtlichkeit und mangelnder Verständlichkeit der Strategie führt. Der vorliegende Beitrag strengt einen internationalen Vergleich an, der sämtliche nationale Cybersicherheitsstrategien weltweit gegenüberstellt, um einen Überblick über globale Tendenzen in nationalen Cybersicherheitsstrategien zu gewinnen und daraus potenzielle Leitlinien für die Strategieentwicklung herauszudestillieren.

2 Gang der Untersuchung

Die folgende Untersuchung bezieht sich auf offizielle Regierungsveröffentlichungen, die der strategischen Planung der nationalen Cybersicherheit dienen, ungeachtet dessen, ob sie explizit als nationale Cybersicherheitsstrategie betitelt werden. Viele Strategien werden für einen bestimmten Zeitraum verabschiedet, z. B. fünf Jahre. Da allerdings abgelaufene Strategien nicht immer nahtlos erneuert werden, wurden auch veraltete Dokumente ausgewertet, falls eine aktualisierte Strategie noch nicht veröffentlicht wurde. Berücksichtigt wurden die 193 Mitgliedstaaten der Vereinten Nationen, sowie Kosovo, Palästina, Taiwan und Vatikanstadt.[1] Von den 197 berücksichtigten Ländern wurden insgesamt 143 nationale Cybersicherheitsstrategien veröffentlicht. Von diesen Strategien waren fünf nicht online einsehbar (die Bahamas, Fidschi, Liberia, Niger, Sambia). Insgesamt 50 fremdsprachige Strategien wurden mithilfe von neuronaler maschineller Übersetzung übersetzt. Wenngleich diese Technologie weiterhin professioneller menschlicher Übersetzung unterlegen ist, stellt sie die derzeit fortgeschrittenste technische Lösung mit der besten Kosten-Nutzen-Relation für die Übersetzung großer Datenmengen dar, die dementsprechend bereits in vorhergehender Forschung Anwendung fand.[2] In Fällen, in denen die Quellsprache von mehr als einem Übersetzungswerkzeug unterstützt wird, wurden bis zu drei Übersetzungswerkzeuge parallel eingesetzt, um eventuelle Unstimmigkeiten auszugleichen. Bei vier Strategien war aufgrund technischer Schwierigkeiten keine Übersetzung möglich (Myanmar, Nepal, Syrien, Thailand). Insgesamt konnten somit 134 nationale Cybersicherheitsstrategien gesichtet werden.

Im Laufe der Untersuchung haben sich bestimmte Herangehensweisen an die Entwicklung der Strategien identifizieren lassen, die verallgemeinerungsfähig sind. Außerdem konnte beobachtet werden, dass sieben inhaltliche Themen sehr häufig in nationalen Cybersicherheitsstrategien Erwähnung finden. Auch wenn sie manchmal im Kontext anderer Angelegenheiten ad hoc behandelt werden, kommt es oftmals vor, dass ihnen selbst entsprechende, eigene Kapitel gewidmet werden. Diese Themen sind aufschlussreich, da sie sich über regionale Grenzen hinweg wiederholen und damit unabhängig von eventuellen lokalen Gewohnheiten sind. Außerdem sind sie bemerkenswert, da sie nicht nur die offenbar aktuell dringendsten Problematiken abbilden, sondern auch eine gewisse globale Synchronisation im Rahmen ihrer Behandlung widerspiegeln. Diese Themen werden nachfolgend beschrieben und Beispiele für Vorgehensweisen und Strukturen herausgearbeitet. Auf die konkreten Maßnahmen einzelner Staaten wird jeweils exemplarisch Bezug genommen. Dies dient allerdings lediglich der Veranschaulichung und ist nicht so zu verstehen, dass andere Länder nicht entweder ähnliche oder andere Maßnahmen ergreifen.

3 Wissenschaftlicher Kontext

Die Agentur der Europäischen Union für Cybersicherheit veröffentlichte 2012 erstmals Leitlinien für die Entwicklung einer nationalen Cybersicherheitsstrategie. Grundlage hierfür bildeten eine inhaltliche Analyse bestehender Strategien sowie Interviews mit Mitarbeitern und IT-Sicherheitsexperten öffentlicher Behörden sowie

---

[1] Die Bezeichnung einzelner Gebiete als „Staat", „Land" oder Ähnliches spiegelt nicht eine entsprechende politische Anerkennung wider.
[2] Tan et al., AI Open 2020, S. 5; Plenter, Frontiers in Political Science 2023, S. 2–3, 7.

unterschiedlicher Industriebranchen der EU-Mitgliedstaaten und einiger Drittstaaten.[3] Die Leitlinien von 2016 stellen eine Aktualisierung und Erweiterung des Vorgängerdokuments dar, die aus Interviews mit Vertretern der nationalen Cybersicherheitsbehörden von 16 EU-Mitgliedstaaten und einem EFTA-Mitgliedstaat sowie ergänzender Sekundärforschung gewonnen wurden.[4]

Zudem veröffentlichte ein Zusammenschluss aus 20 internationalen und zwischenstaatlichen Organisationen, Wirtschaftsunternehmen sowie Vertretern der Wissenschaft und Zivilgesellschaft im Jahr 2021 die zweite Auflage einer Zusammenstellung von Richtlinien für die Entwicklung einer nationalen Cybersicherheitsstrategie. U. a. der Europarat, Microsoft Corp. und das Institut der Vereinten Nationen für Abrüstungsforschung leiteten aus ihrer gesammelten Praxiserfahrung sowie einschlägiger Publikationen Empfehlungen für Inhalte einer nationalen Cybersicherheitsstrategie ab, welche die maßgeblichen Entwicklungstendenzen der Bedrohungslandschaft abbilden sollten.[5]

Der vorliegende Beitrag ergänzt die bisherigen Studien insofern, als dass er sich nicht auf einzelne Regionen beschränkt, sondern eine weltweite Perspektive einnimmt. Zudem spiegelt er wider, welche Themen von Entscheidungsträgern tatsächlich in die Strategien aufgenommen wurden, mithin also, im Vergleich zu den persönlichen Ansichten befragter Experten, in der Breite einer Regierung konsensfähig waren und entsprechende Relevanz beigemessen wurden. Letztendlich stellt der Blick auf die aktuellen nationalen Cybersicherheitsstrategien eine Aktualisierung der früheren Studien dar.

4 Analyse häufig vorkommender Themenschwerpunkte

Aufschlussreich sind zum einen die unterschiedlichen Prozesse einiger Staaten für die Entwicklung ihrer Strategie. Zum anderen kommen in den Strategien Leitbilder, Begriffsbestimmungen, rechtliche Maßnahmen, technische und organisatorische Maßnahmen, Fachkräfte sowie Forschung und Entwicklung, nationale Partnerschaften und internationale Kooperation besonders häufig vor.

---

[3] ENISA, National Cyber Security Strategies: Practical Guide on Development and Execution, 2012, https://www.enisa.europa.eu/publications/national-cyber-security-strategies-an-implementation-guide.
[4] ENISA, NCSS Good Practice Guide: Designing and Implementing National Cyber Security Strategies, 2016, https://www.enisa.europa.eu/publications/ncss-good-practice-guide?v2=1#contentList.
[5] Council of Europe et al., Guide to Developing a National Cybersecurity Strategy, 2021, https://ncsguide.org/the-guide/, S. viii, 4.

4.1 Entwicklungsprozess und Aufbau

Für die Entwicklung einer nationalen Cybersicherheitsstrategie werden teils Situationsanalysen durchgeführt.[6] Hierbei werden die Angriffsfläche, Art und Verbreitung vorkommender Cyberstraftaten, demografische Merkmale der Geschädigten und Schadenshöhe beachtet. Spiegelbildlich erfolgt eine Bestandsaufnahme der zur Verfügung stehenden technischen und organisatorischen, insbesondere personellen, Ressourcen und Fähigkeiten. Gleichermaßen ist der aktuelle Stand der gesetzlichen Regulierung von Cyberrisiken zu erfassen.

In ähnlicher Weise analysieren einige Staaten ihre individuellen Stärken, Schwächen sowie Chancen und Risiken.[7] Häufig genannte Risikofaktoren sind die zunehmende Abhängigkeit von Informations- und Kommunikationstechnologien, die rasante Steigerung der Anzahl und Komplexität von Cyberangriffen und die Angewiesenheit auf fremde Zulieferer und Fachexpertise.[8] Auch hier lohnt sich ein internationaler Vergleich um mögliche, zukünftige Risiken zu erkennen. So nennt die nationale Cybersicherheitsstrategie von Singapur konkrete Cyberangriffe, die in anderen Ländern vorgefallen sind und reagiert mit eigenen Schutzmaßnahmen, die ähnlich gelagerten Cyberangriffen im eigenen Land vorbeugen könnten.[9]

Ressourcenverteilungen werden mitunter nach einem risikobasierten Ansatz bestimmt. Zu diesem Zweck sieht die nationale Cybersicherheitsstrategie Pakistans vor, dass Organisationen ihre Risikokriterien, Risikobereitschaft und Risikofähigkeit definieren sowie einen eigenen Risikominderungsplan aufrechterhalten.[10]

Darüber hinaus legen einige Länder besonderen Wert auf öffentliche Konsultationsprozesse. Die Regierung Australiens konsultierte über 700 Interessens-

---

[6] Cybersecurity Authority of Ghana, National Cybersecurity Policy & Strategy, 2023, https://www.csa.gov.gh/resources/National%20Cybersecurity%20Policy%20and%20Strategy.pdf, S. 12–20.

[7] Egyptian Supreme Cybersecurity Council, National Cybersecurity Strategy 2023–2027, 2023, https://mcit.gov.eg/Upcont/Documents/Publications_1412024000_National_Cybersecurity_Strategy_2023_2027.pdf, S. 3–7.

[8] Cybersecurity Agency of Singapore, The Singapore Cybersecurity Strategy 2021, 2021, https://isomer-user-content.by.gov.sg/36/6318c1f5-3257-4c99-80e5-27339cf41883/The-Singapore-Cybersecurity-Strategy-2021.pdf, S. 8; Australian Government, 2023–2030 Australian Cyber Security Strategy, 2023, https://www.homeaffairs.gov.au/cyber-security-subsite/files/2023-cyber-security-strategy.pdf, S. 12; Centre for Cybersecurity Belgium, Cybersecurity Strategy Belgium 2.0 – 2021–2025, 2021, https://ccb.belgium.be/sites/default/files/CCB_Strategie%202.0_UK_WEB.pdf, S. 17, 19.

[9] Cybersecurity Agency of Singapore, The Singapore Cybersecurity Strategy 2021, 2021, https://isomer-user-content.by.gov.sg/36/6318c1f5-3257-4c99-80e5-27339cf41883/The-Singapore-Cybersecurity-Strategy-2021.pdf, S. 17, 32.

[10] Government of Pakistan, National Cyber Security Policy 2021, 2021, https://moitt.gov.pk/SiteImage/Misc/files/National%20Cyber%20Security%20Policy%202021%20Final.pdf, S. 17, 18.

vertreter und erhielt über 330 Stellungnahmen.[11] Des Weiteren konsultierte Singapur auch ausländische Forschungseinrichtungen und Denkfabriken.[12]

Letztendlich ist die Umsetzung der Strategie zu planen, auch wenn die Zuständigkeiten für die Erfüllung der beschlossenen Aufgaben nicht in jeder Strategie explizite Erwähnung finden. Die Strategien unterscheiden sich danach, ob die letztendliche Verantwortung für die Umsetzung gebündelt bei einer Institution liegt oder auf mehrere Beteiligte aufgeteilt wird. Die belgische Behörde für Cybersicherheit überwacht die Umsetzung der Strategie, leitet einschlägige Projekte und koordiniert die Zusammenarbeit der betroffenen Parteien.[13] Norwegen wählt einen dezentralen Ansatz. Alle Ministerien sind für die Gewährleistung von Cybersicherheit in ihrem eigenen Bereich zuständig, wobei sektorübergreifende Themen von ausgewählten Behörden koordiniert werden.[14] Den Mittelweg schlägt Botswana ein und sieht die Errichtung eines Sachverständigenrats aus Vertretern des Privatsektors und Regierungseinrichtungen vor, welcher die Umsetzung der nationalen Cybersicherheitsstrategie beaufsichtigen soll.[15]

4.2 Leitbild und strategische Ausrichtung

Die meisten nationalen Cybersicherheitsstrategien formulieren allgemeine, übergeordnete Ziele, die den Soll-Zustand der Cybersicherheit abbilden und möglicherweise auch zeitlich über die in der Strategie definierten, konkreten Aufgaben hinaus gelten sollen. Oft auch „Mission" oder „Vision" genannt, geben sie die strategische Ausrichtung der nationalen Cybersicherheit vor, an der die einzelnen konkreten Maßnahmen orientiert werden können. In der Regel beschreibt das Leitbild einer nationalen Cybersicherheitsstrategie einen hohen Grad an Resilienz. So strebt es Belgien u. a. an, bis 2025 eines der am wenigsten gefährdeten Länder Europas zu sein.[16] Im Fall von Ägypten hat dies sogar Verfassungsrang. Art. 31 der ägyptischen Verfassung besagt, dass Cybersicherheit ein integraler Bestandteil der Wirtschaft und nationalen

---

[11] Department of Home Affairs, 2023–2030 Australian Cyber Security Strategy, Press Release, 2023, https://www.homeaffairs.gov.au/about-us/our-portfolios/cyber-security/strategy/2023-2030-australian-cyber-security-strategy.

[12] Cybersecurity Agency of Singapore, The Singapore Cybersecurity Strategy 2021, 2021, https://isomer-user-content.by.gov.sg/36/6318c1f5-3257-4c99-80e5-27339cf41883/The-Singapore-Cybersecurity-Strategy-2021.pdf, Acknowledgements.

[13] Centre for Cybersecurity Belgium, Cybersecurity Strategy Belgium 2.0 – 2021–2025, 2021, https://ccb.belgium.be/sites/default/files/CCB_Strategie%202.0_UK_WEB.pdf, S. 33.

[14] Norwegian Ministries, National Cyber Security Strategy for Norway, 2019, https://www.regjeringen.no/contentassets/c57a0733652f47688294934ffd93fc53/national-cyber-security-strategy-for-norway.pdf, S. 9, 22.

[15] Republic of Botswana, National Cybersecurity Strategy, 2021, https://www.bocra.org.bw/sites/default/files/documents/approved%20botswana-national-cybersecurity-strategy.pdf, S. 29.

[16] Centre for Cybersecurity Belgium, Cybersecurity Strategy Belgium 2.0 – 2021–2025, 2021, https://ccb.belgium.be/sites/default/files/CCB_Strategie%202.0_UK_WEB.pdf, S. 11.

Sicherheit sei und dass der Staat die erforderlichen Maßnahmen ergreift um sie im Rahmen der gesetzlichen Vorschriften zu gewährleisten.[17]

Nennenswert sind zudem die Fälle, in denen nicht nur die Sicherheit von Informations- und Kommunikationstechnologien angestrebt wird, sondern auch ein bestimmter Nutzen, der noch nicht voll ausgeschöpft wurde. Pakistan und Botswana streben mit erhöhter Cybersicherheit u. a. auch eine sozioökonomische Entwicklung an.[18] Hervorzuheben sind ferner die Länder, die in ihren Leitbildern besonders schutzbedürftige Gruppen berücksichtigen. Albanien strebt den besonderen Schutz von Kindern im Cyberraum an, wobei sie gleichzeitig darauf vorbereitet werden sollen, ihn zu ihrem Vorteil zu nutzen.[19] Argentinien intendiert den Schutz gefährdeter und ehemals diskriminierter Gruppen und sieht zudem vor, dass die Umsetzung aller Maßnahmen geschlechterspezifische Besonderheiten und die Wahrung von Menschenrechten zu berücksichtigen hat.[20]

4.3 Begriffsbestimmungen

Mitunter enthalten nationale Cybersicherheitsstrategien Begriffserläuterungen, entweder in Form von umfassenden Begriffsverzeichnissen oder einzelnen Definitionen. So ist z. B. bemerkenswert, dass es keine international einheitliche Definition für den Begriff „Cybersicherheit" gibt, die nationalen Cybersicherheitsstrategien zugrunde gelegt wird. Pakistan und Belgien beschränken den Begriff jeweils auf den Erhalt der Vertraulichkeit, Integrität und Verfügbarkeit von Informationen im Cyberraum, sowie auf die Minimierung des Risikos von Störungen von und unerlaubten Zugriffen auf Informations- und Kommunikationssystemen.[21] Botswana weitet den Begriff explizit

---

[17] Egyptian Supreme Cybersecurity Council, National Cybersecurity Strategy 2023–2027, 2023, https://mcit.gov.eg/Upcont/Documents/Publications_1412024000_National_Cybersecurity_Strategy_2023_2027.pdf, S. 7.

[18] Government of Pakistan, National Cyber Security Policy 2021, 2021, https://moitt.gov.pk/SiteImage/Misc/files/National%20Cyber%20Security%20Policy%202021%20Final.pdf, S. 6; Republic of Botswana, National Cybersecurity Strategy, 2021, https://www.bocra.org.bw/sites/default/files/documents/approved%20botswana-national-cybersecurity-strategy.pdf, S. 15.

[19] Ministria e Drejtësisë, National Cybersecurity Strategy of Albania 2020–2025: Decision No. 1084, 2020, https://qbz.gov.al/eli/fz/2021/7/65376dba-5d73-49dd-9750-b8e3182445da, S. 1494.

[20] National Executive Branch of the Argentine Republic, National Cybersecurity Strategy of the Argentine Republic, 2023, https://www.boletinoficial.gob.ar/detalleAviso/primera/293377/20230904, S. 4.

[21] Government of Pakistan, National Cyber Security Policy 2021, 2021, https://moitt.gov.pk/SiteImage/Misc/files/National%20Cyber%20Security%20Policy%202021%20Final.pdf, S. 20; Centre for Cybersecurity Belgium, Cybersecurity Strategy Belgium 2.0 – 2021–2025, 2021, https://ccb.belgium.be/sites/default/files/CCB_Strategie%202.0_UK_WEB.pdf, S. 8.

über den Einsatz von Technologie aus und erfasst auch politische und regulatorische Maßnahmen, Kapazitätsentwicklung und Verbraucherbewusstsein.[22]

Kritischer ist es jedoch im Falle von Begriffen, die eventuell politisch umstritten sind oder wesentliche rechtliche Auswirkungen mit sich bringen. So wird z. B. der Begriff „aktive Cyberabwehr" international sehr unterschiedlich verstanden.[23] Da hiermit auch intrusive Abwehrmaßnahmen gemeint sein können, wirft dies Fragen der rechtlichen Zulässigkeit auf.[24] Ähnlich verhält es sich mit dem Begriff „Cyberabwehr". Argentinien weist darauf hin, dass der Ausdruck auf den militärischen Zuständigkeitsbereich und entsprechende Einsatzmöglichkeiten gegen staatliche Aggressionen im Cyberraum bezogen ist.[25] Andere Staaten unterlassen eine solche Klarstellung, sodass in der Regel nicht angenommen werden kann, dass mit dem Begriff „Cyberabwehr" auch militärische Fähigkeiten gemeint sind.

Vor diesem Hintergrund ist auffällig, dass nur sehr wenige nationale Cybersicherheitsstrategien auf vereinheitlichte Definitionen in offiziellen Standards oder ähnlichen Quellen Bezug nehmen. Die nationale Cybersicherheitsstrategie Guatemalas von 2018 verweist in ihrem Begriffsverzeichnis teilweise auf Quellen wie die ISO/IEC-27000-Reihe, Fachpublikationen des amerikanischen National Institute of Standards and Technology und technische Standards der Internationalen Fernmeldeunion.[26]

4.4 Rechtliche Maßnahmen

Sehr viele Strategien enthalten rechtliche Maßnahmen, um die nationale Cybersicherheit zu verbessern. Dies erfolgt grundsätzlich in drei Bereichen: die Schaffung oder Erweiterung von Rechtsgrundlagen für behördliches Handeln, Cyberkriminalität und Strafverfolgung sowie Auflagen für Unternehmen, insbesondere kritischen Infrastrukturen. Botswana sieht die Verabschiedung von rechtlichen Grundlagen für die

---

[22] Republic of Botswana, National Cybersecurity Strategy, 2021, https://www.bocra.org.bw/sites/default/files/documents/approved%20botswana-national-cybersecurity-strategy.pdf, S. 13, 38.

[23] Gärtner, Towards a Taxonomy of Cyber Defence in International Law, INFORMATIK 2023, S. 477.

[24] Gärtner, Towards a Taxonomy of Cyber Defence in International Law, INFORMATIK 2023, S. 488.

[25] National Executive Branch of the Argentine Republic, National Cybersecurity Strategy of the Argentine Republic, 2023, https://www.boletinoficial.gob.ar/detalleAviso/primera/293377/20230904, S. 3.

[26] Ministry of the Interior, National Cybersecurity Strategy of Guatemala, 2018, https://uip.mingob.gob.gt/wp-content/uploads/2019/03/Estrategia-Nacional-de-Seguridad-Cibern%C3%A9tica.pdf, S. 58–61.

Gründung u. a. eines nationalen Computer Emergency Response Teams vor, welches vorrangig Unterstützung bei der Vorfallsreaktion leisten soll.[27]

Im Bereich Cyberkriminalität und Strafverfolgung ist eine weitverbreitete Maßnahme die informationstechnische Fortbildung von und die Verstärkung des Informationsaustausches zwischen Richtern, Staatsanwälten und weiterem Justizpersonal.[28] Pakistan und Ghana planen Gerichte mit besonderer Zuständigkeit für Cyberkriminalität, Ghana darüber hinaus auch eine besondere Abteilung für Cyberkriminalität im Büro des Oberstaatsanwalts und eine Überarbeitung des Beweismittelgesetzes bezüglich der Zulässigkeit von elektronischen Beweismitteln.[29]

Hinsichtlich der Regulierung von Unternehmen, auch kritischen Infrastrukturen, plant Australien Gesetzesreformen betreffend neuer Cybersicherheitsauflagen, verbesserte Prozesse für Ereignismeldungen und Vorfallsreaktionen sowie die Teilung gewonnener Erkenntnisse.[30] Diese Gesetzesreformen sollen in Zusammenarbeit mit und unter Berücksichtigung der regulatorischen Belastung von Unternehmen erfolgen.[31] Auch das Zurückschrauben und Vereinfachen von eventuell zu weitgehenden rechtlichen Verpflichtungen soll geprüft werden.[32] Des Weiteren legt die australische Cybersicherheitsstrategie Wert darauf genau zu prüfen, ob der Rechtsrahmen bestimmte Bereiche der kritischen Infrastruktur auslässt oder doppelt reguliert, für die Normadressaten verständlich ist und einheitliche Anforderungen aufstellt.[33] Singapur erwägt gesetzliche Verpflichtungen auch auf andere Organisationen als kritische Infrastrukturen auszuweiten, lehnt aber von vornherein eine starke Regulierung ab.[34] Dies würde eine Denkweise der Normadressaten begünstigen, die auf lediglich der Ein-

---

[27] Republic of Botswana, National Cybersecurity Strategy, 2021, https://www.bocra.org.bw/sites/default/files/documents/approved%20botswana-national-cybersecurity-strategy.pdf, S. 18, 33.

[28] Centre for Cybersecurity Belgium, Cybersecurity Strategy Belgium 2.0 – 2021–2025, 2021, https://ccb.belgium.be/sites/default/files/CCB_Strategie%202.0_UK_WEB.pdf, S. 28, 29.

[29] Government of Pakistan, National Cyber Security Policy 2021, 2021, https://moitt.gov.pk/SiteImage/Misc/files/National%20Cyber%20Security%20Policy%202021%20Final.pdf, S. 14; Cybersecurity Authority of Ghana, National Cybersecurity Policy & Strategy, 2023, https://www.csa.gov.gh/resources/National%20Cybersecurity%20Policy%20and%20Strategy.pdf, S. 47, 48.

[30] Australian Government, 2023–2030 Australian Cyber Security Strategy, 2023, https://www.homeaffairs.gov.au/cyber-security-subsite/files/2023-cyber-security-strategy.pdf, S. 9, 40.

[31] Australian Government, 2023–2030 Australian Cyber Security Strategy, 2023, https://www.homeaffairs.gov.au/cyber-security-subsite/files/2023-cyber-security-strategy.pdf, S. 9, 40.

[32] Australian Government, 2023–2030 Australian Cyber Security Strategy, 2023, https://www.homeaffairs.gov.au/cyber-security-subsite/files/2023-cyber-security-strategy.pdf, S. 32.

[33] Australian Government, 2023–2030 Australian Cyber Security Strategy, 2023, https://www.homeaffairs.gov.au/cyber-security-subsite/files/2023-cyber-security-strategy.pdf, S. 40.

[34] Cybersecurity Agency of Singapore, The Singapore Cybersecurity Strategy 2021, 2021, https://isomer-user-content.by.gov.sg/36/6318c1f5-3257-4c99-80e5-27339cf41883/The-Singapore-Cybersecurity-Strategy-2021.pdf, S. 9.

haltung der Vielzahl an gesetzlichen Verpflichtungen beschränkt ist, wohingegen ein selbstständiges Risikomanagement vorzugswürdig sei.[35]

Außerdem werden bestehende Gesetze kontinuierlich an den technologischen Fortschritt angepasst und neu auftretenden Bedrohungen entgegentreten. In Pakistan ist u. a. das Angleichen von Politiken an aufkommenden Anforderungen im Cyberraum die Aufgabe eines eigenen „Cyber Governance Policy Committee", das dem Genehmigungsvorbehalt des Bundeskabinetts untersteht.[36]

4.5 Technische und Organisatorische Maßnahmen

Kern der meisten nationalen Cybersicherheitsstrategien sind technische und organisatorische Schutzmaßnahmen. Diese Maßnahmen sollen vor allem in zwei Hauptbereichen Anwendung finden, nämlich einerseits zum Schutz von Regierungsnetzwerken und andererseits zum Schutz der Bevölkerung.

Singapur bezweckt sichere und resiliente Regierungsnetzwerke mit der Aktualisierung von Richtlinien, Steigerung von IT-Kompetenzen in der Breite der Regierung, Penetrationstests, Einführung von Zero-Trust-Architektur und Bug Bounty sowie Vulnerability Disclosure Programmen.[37]

Hinsichtlich der Schutzmaßnahmen für die Bevölkerung lassen sich Regelungen finden, die kritische Infrastrukturen, andere Unternehmen und natürliche Personen betreffen. Kritischen Infrastrukturen werden bei Cybervorfällen im Rahmen von Reaktionsplänen Hilfe geleistet.[38] Anderen Unternehmen werden oftmals Hilfe zur Selbsthilfe angeboten, z. B. mit Selbsthilfe-Tools und Unterstützung bei der Implementierung von grundliegenden Datenschutzmaßnahmen.[39] Bürger werden unter besonderen Schutz gestellt, z. B. durch die Gewährleistung von Cybersicherheit im Rahmen von Wahlen, sichere elektronische Identitäten und digitalen Verbraucherschutz.[40]

---

[35] Cybersecurity Agency of Singapore, The Singapore Cybersecurity Strategy 2021, 2021, https://isomer-user-content.by.gov.sg/36/6318c1f5-3257-4c99-80e5-27339cf41883/The-Singapore-Cybersecurity-Strategy-2021.pdf, S. 9.

[36] Government of Pakistan, National Cyber Security Policy 2021, 2021, https://moitt.gov.pk/SiteImage/Misc/files/National%20Cyber%20Security%20Policy%202021%20Final.pdf, S. 8.

[37] Cybersecurity Agency of Singapore, The Singapore Cybersecurity Strategy 2021, 2021, https://isomer-user-content.by.gov.sg/36/6318c1f5-3257-4c99-80e5-27339cf41883/The-Singapore-Cybersecurity-Strategy-2021.pdf, S. 18, 19.

[38] Public Safety Canada, Canada's National Cyber Security Strategy, 2025, https://www.publicsafety.gc.ca/cnt/rsrcs/pblctns/ntnl-cbr-scrt-strtg-2025/ntnl-cbr-scrt-strtg-2025-en.pdf, S. 30.

[39] Cybersecurity Agency of Singapore, The Singapore Cybersecurity Strategy 2021, 2021, https://isomer-user-content.by.gov.sg/36/6318c1f5-3257-4c99-80e5-27339cf41883/The-Singapore-Cybersecurity-Strategy-2021.pdf, S. 25.

[40] Bundesministerium des Innern, für Bau und Heimat, Cybersicherheitsstrategie für Deutschland 2021, 2021, https://www.bmi.bund.de/SharedDocs/downloads/DE/veroeffentlichungen/2021/09/cybersicherheitsstrategie-2021.pdf, S. 35, 39, 95.

Kanada plant, mittels Cybersicherheitsversicherungen Cyberkriminalität weniger lukrativ zu machen.[41]

Innerhalb dieser zwei Bereiche – dem Schutz von Regierungsnetzwerken und dem Schutz der Bevölkerung – lassen sich wiederum bestimmte Kategorien an Schutzmaßnahmen finden. Mit passiven Cyberabwehrmaßnahmen werden Vorkehrungen für eventuelle zukünftige Cyberangriffe getroffen. Aktive Cyberabwehrmaßnahmen zielen dagegen auf die Unterbindung eines konkreten, absehbaren oder laufenden, Cyberangriffs ab.[42] Maßnahmen der Cyberabwehr haben zudem entweder nur auf die eigenen, internen IT-Infrastrukturen Auswirkungen oder auch auf externe IT-Infrastrukturen. Externe Cyberabwehrmaßnahmen können nicht-intrusiv oder intrusiv sein, je nach dem, ob sie zu einem unbefugten Zugriff auf fremde IT-Infrastrukturen führen oder deren Vertraulichkeit, Integrität oder Verfügbarkeit verletzen bzw. dies versuchen.[43]

Ein Beispiel für passive Cyberabwehrmaßnahmen ist die Stärkung der physischen Resilienz von nationalen Netzwerken in Chile.[44] Die Echtzeit-Überwachung der Bedrohungslandschaft von IT-Infrastrukturen der singapurischen Regierung stellt demgegenüber eine aktive, nicht-intrusive Cyberabwehrmaßnahme dar und die kanadische Zusammenarbeit mit Internetanbietern, um z. B. die Aktivitäten von Botnetzen zu blockieren, wiederum eine aktive und intrusive Cyberabwehrmaßnahme.[45]

4.6 Fachkräfte, Forschung und Entwicklung

Ein weltweit wiederkehrendes Thema ist der Fachkräftemangel, z. B. in der nationalen Cybersicherheitsstrategie von Pakistan.[46] Um dem Fachkräftemangel entgegenzutreten sehen Länder wie Pakistan und Ghana Bildungs- und Trainingsangebote sowie

---

[41] Public Safety Canada, Canada's National Cyber Security Strategy, 2025, https://www.publicsafety.gc.ca/cnt/rsrcs/pblctns/ntnl-cbr-scrt-strtg-2025/ntnl-cbr-scrt-strtg-2025-en.pdf, S. 29.
[42] Gärtner, Towards a Taxonomy of Cyber Defence in International Law, INFORMATIK 2023, S. 479.
[43] Gärtner, Towards a Taxonomy of Cyber Defence in International Law, INFORMATIK 2023, S. 481.
[44] Interministerial Committee on Cybersecurity of Chile, National Cybersecurity Policy 2023–2028, 2023, https://anci.gob.cl/documents/4431/National_Cybersecurity_Policy_2023-2028-_Chile.pdf, S. 15.
[45] Cybersecurity Agency of Singapore, The Singapore Cybersecurity Strategy 2021, 2021, https://isomer-user-content.by.gov.sg/36/6318c1f5-3257-4c99-80e5-27339cf41883/The-Singapore-Cybersecurity-Strategy-2021.pdf, S. 18; Public Safety Canada, Canada's National Cyber Security Strategy, 2025, https://www.publicsafety.gc.ca/cnt/rsrcs/pblctns/ntnl-cbr-scrt-strtg-2025/ntnl-cbr-scrt-strtg-2025-en.pdf, S. 27.
[46] Government of Pakistan, National Cyber Security Policy 2021, 2021, https://moitt.gov.pk/SiteImage/Misc/files/National%20Cyber%20Security%20Policy%202021%20Final.pdf, S. 4.

Personalentwicklungspläne, aber auch Budgeterhöhungen für Forschung und Entwicklung vor.[47]

Die Förderung von Forschung und Innovation soll die Abhängigkeit von ausländischen Produkten beschränken und schließlich den Export eigener Lösungen ermöglichen.[48] Chile lenkt die angewandte Forschung gezielt auf die Bedürfnisse der privaten und öffentlichen Sektoren und schafft wirtschaftliche, wie auch nichtwirtschaftliche Anreize für diesen Bedürfnissen entsprechendes und forschungsgestütztes Unternehmertum, gerade auch in ländlichen Regionen.[49] Das „National Integrated Centre for Evaluation" in Singapur ist eine Anlaufstelle für Fachleute, um ihre Fähigkeiten im Rahmen der Sicherheitsüberprüfung von Produkten zu verbessern und ihre Innovationen in dieser Hinsicht zu evaluieren.[50] Ähnlich soll in Belgien ein „Cyber Green House" entstehen, welches die Möglichkeit bieten soll, neue Entwicklungen und Geschäftsmodelle in einer Testumgebung risikolos zu testen.[51] Ferner gibt es mit der "Cyber Security Coalition" einen Zusammenschluss aus über 100 aktiven Mitgliedern aus der Wissenschaft, öffentlichen Einrichtungen und der Wirtschaft, welcher der branchenübergreifenden Zusammenarbeit und dem Wissensaustausch dient.[52] Den Technologietransfer von der Forschung in die Wirtschaft unterstützt Pakistan mit der Förderung der Kommerzialisierung von Forschungsergebnissen.[53]

Zur Förderung der Wirtschaft lassen sich Maßnahmen wie der „Cybersecurity Industry Call for Innovation" in Singapur beobachten, im Rahmen dessen Unternehmen mit lokalen Abnehmern wie Betreiber kritischer Infrastrukturen zusammengebracht werden, um die spezifischen Bedürfnisse der Abnehmer kennenzulernen und maß-

---

[47] Government of Pakistan, National Cyber Security Policy 2021, 2021, https://moitt.gov.pk/SiteImage/Misc/files/National%20Cyber%20Security%20Policy%202021%20Final.pdf, S. 14; Cybersecurity Authority of Ghana, National Cybersecurity Policy & Strategy, 2023, https://www.csa.gov.gh/resources/National%20Cybersecurity%20Policy%20and%20Strategy.pdf, S. 28.

[48] Government of Pakistan, National Cyber Security Policy 2021, 2021, https://moitt.gov.pk/SiteImage/Misc/files/National%20Cyber%20Security%20Policy%202021%20Final.pdf, S. 14; Cybersecurity Authority of Ghana, National Cybersecurity Policy & Strategy, 2023, https://www.csa.gov.gh/resources/National%20Cybersecurity%20Policy%20and%20Strategy.pdf, S. 28.

[49] Interministerial Committee on Cybersecurity of Chile, National Cybersecurity Policy 2023–2028, 2023, https://anci.gob.cl/documents/4431/National_Cybersecurity_Policy_2023-2028-_Chile.pdf, S. 17.

[50] Cybersecurity Agency of Singapore, The Singapore Cybersecurity Strategy 2021, 2021, https://isomer-user-content.by.gov.sg/36/6318c1f5-3257-4c99-80e5-27339cf41883/The-Singapore-Cybersecurity-Strategy-2021.pdf, S. 46.

[51] Centre for Cybersecurity Belgium, Cybersecurity Strategy Belgium 2.0 – 2021–2025, 2021, https://ccb.belgium.be/sites/default/files/CCB_Strategie%202.0_UK_WEB.pdf, S. 21.

[52] Centre for Cybersecurity Belgium, Cybersecurity Strategy Belgium 2.0 – 2021–2025, 2021, https://ccb.belgium.be/sites/default/files/CCB_Strategie%202.0_UK_WEB.pdf, S. 30.

[53] Government of Pakistan, National Cyber Security Policy 2021, 2021, https://moitt.gov.pk/SiteImage/Misc/files/National%20Cyber%20Security%20Policy%202021%20Final.pdf, S. 14.

geschneiderte Lösungen zu entwickeln.⁵⁴ Ferner planen einige Länder die Migration von öffentlichen Einrichtungen zu Produkten, die im eigenen Land entwickelt wurden.⁵⁵ Abschließend zielen einige Strategien darauf ab, heimische Produkte zu exportieren. Um dies zu begünstigen, werden insbesondere Sicherheitsbewertungen und entsprechende Zertifikate und Gütesiegel eingesetzt.⁵⁶

4.7 Nationale Partnerschaften

Ein weiteres oft vorkommendes Thema sind nationale Partnerschaften, die in der Regel in zwei Richtungen eingegangen werden. Einerseits werden zunehmend bestimmte Unternehmen in die Pflicht genommen und dazu berufen, den Staat bei der Gewährleistung nationaler Cybersicherheit zu unterstützen. Andererseits soll oftmals eine „Kultur der Cybersicherheit" in der Gesellschaft gefördert werden, in der Individuen für entsprechende Gefahren sensibilisiert und ihnen die Möglichkeit gegeben wird, selbständig Schutzmaßnahmen zu ergreifen. Da Cybersicherheit nicht allein von staatlicher Seite gewährleistet werden kann, ist der Grundgedanke dieses Themenbereichs, dass Cybersicherheit vielmehr zur Aufgabe für alle gemacht werden soll.

Pakistan verfolgt z. B. den Grundsatz, dass die Reaktion auf einen Cybervorfall zwar von der Regierung geleitet, aber auch von dem privaten Sektor unterstützt wird.⁵⁷ So sollen z. B. Internet- und Telekomanbieter den Zugriff auf schädliche Internetseiten unterbinden und somit die Bekämpfung von Malware-Angriffen unterstützen.⁵⁸ Eine auffällige Ausnahme in dieser Hinsicht ist Libanon. Obwohl die libanesische Cybersicherheitsstrategie eine Stärkung der Zusammenarbeit zwischen den öffentlichen und privaten Sektoren vorsieht, wird vermerkt, dass die öffentliche Hand wegen misslungenen Projektübergaben von früheren Kooperationen geschwächt wurde und dass dies zukünftig verbessert werden soll.⁵⁹

---

54 Cybersecurity Agency of Singapore, The Singapore Cybersecurity Strategy 2021, 2021, https://isomer-user-content.by.gov.sg/36/6318c1f5-3257-4c99-80e5-27339cf41883/The-Singapore-Cybersecurity-Strategy-2021.pdf, S. 45.
55 Government of Pakistan, National Cyber Security Policy 2021, 2021, https://moitt.gov.pk/SiteImage/Misc/files/National%20Cyber%20Security%20Policy%202021%20Final.pdf, S. 14; Interministerial Committee on Cybersecurity of Chile, National Cybersecurity Policy 2023–2028, 2023, https://anci.gob.cl/documents/4431/National_Cybersecurity_Policy_2023-2028-_Chile.pdf, S. 18.
56 Cybersecurity Agency of Singapore, The Singapore Cybersecurity Strategy 2021, 2021, https://isomer-user-content.by.gov.sg/36/6318c1f5-3257-4c99-80e5-27339cf41883/The-Singapore-Cybersecurity-Strategy-2021.pdf, S. 46.
57 Government of Pakistan, National Cyber Security Policy 2021, 2021, https://moitt.gov.pk/SiteImage/Misc/files/National%20Cyber%20Security%20Policy%202021%20Final.pdf, S. 7.
58 Government of Pakistan, National Cyber Security Policy 2021, 2021, https://moitt.gov.pk/SiteImage/Misc/files/National%20Cyber%20Security%20Policy%202021%20Final.pdf, S. 9.
59 National Cybersecurity Committee, Lebanon National Cyber Security Strategy, 2019, http://pcm.gov.lb/Library/Files/LRF/tamim/Strategie_Liban_Cyber_EN_V20_Lg.pdf, S. 10, 32.

Demgegenüber können folgende Maßnahmen als eine Förderung einer „Kultur der Cybersicherheit" begriffen werden. In Belgien werden Nutzer über Bedrohungen und Schwachstellen informiert und z. B. darum gebeten, verdächtige E-Mails an eine staatliche Meldestelle weiterzuleiten.[60] Ähnliche Berichtspflichten gibt es aufgrund europäischer Rechtsakte wie der NIS2-RL darüber hinaus auch in anderen EU-Mitgliedstaaten. In Chile sollen Informationen über Cyberhygiene und -sicherheit in die Schulausbildung integriert werden.[61] Pakistan versucht das Vertrauen der Nutzer in digitale Transaktionen mit der Durchsetzung von digitalen Zertifikaten und Signaturen sowie skalierbare Public-Key-Infrastruktur zu stärken.[62]

4.8 Internationale Zusammenarbeit

Internationale Zusammenarbeit wird in fast allen nationalen Cybersicherheitsstrategien thematisiert und meistens auf drei Säulen gestützt: Völkerrecht und Normen im Cyberraum, grenzüberschreitende Zusammenarbeit in Strafsachen und internationaler Kapazitätsaufbau.

Im Rahmen einer zu intensivierenden Teilnahme an Foren wie den Vereinten Nationen und anderen internationalen Organisationen sollen Normen und völkerrechtliche Regeln für verantwortungsvolles Staatshandeln im Cyberraum geformt und deren Geltung gestärkt werden. Dies beabsichtigen z. B. Chile, Singapur und Schweden.[63] Außerdem entwickelte z. B. Singapur zusammen mit dem Büro der Vereinten Nationen für Abrüstungsfragen und anderen Staaten einen regionalen Plan, um die elf Normen der Vereinten Nationen für ein verantwortungsvolles Verhalten der Staaten im Cyberraum zu implementieren.[64] Eine nennenswerte Bereichsausnahme der internationalen Zusammenarbeit ist die politische Attribution von Cyberangriffen, also die

---

[60] Centre for Cybersecurity Belgium, Cybersecurity Strategy Belgium 2.0 – 2021–2025, 2021, https://ccb.belgium.be/sites/default/files/CCB_Strategie%202.0_UK_WEB.pdf, S. 24.

[61] Interministerial Committee on Cybersecurity of Chile, National Cybersecurity Policy 2023–2028, 2023, https://anci.gob.cl/documents/4431/National_Cybersecurity_Policy_2023-2028-_Chile.pdf, S. 16.

[62] Government of Pakistan, National Cyber Security Policy 2021, 2021, https://moitt.gov.pk/SiteImage/Misc/files/National%20Cyber%20Security%20Policy%202021%20Final.pdf, S. 17.

[63] Interministerial Committee on Cybersecurity of Chile, National Cybersecurity Policy 2023–2028, 2023, https://anci.gob.cl/documents/4431/National_Cybersecurity_Policy_2023-2028-_Chile.pdf, S. 17; Cybersecurity Agency of Singapore, The Singapore Cybersecurity Strategy 2021, 2021, https://isomer-user-content.by.gov.sg/36/6318c1f5-3257-4c99-80e5-27339cf41883/The-Singapore-Cybersecurity-Strategy-2021.pdf, S. 35; Ministry of Justice of Sweden, A National Cyber Security Strategy, 2017, https://www.government.se/contentassets/d87287e088834d9e8c08f28d0b9dda5b/a-national-cyber-security-strategy-skr.-201617213#:~:text=The%20national%20security%20strategy%20states,the%20area%20of%20information%20technology, 25.

[64] Cybersecurity Agency of Singapore, The Singapore Cybersecurity Strategy 2021, 2021, https://isomer-user-content.by.gov.sg/36/6318c1f5-3257-4c99-80e5-27339cf41883/The-Singapore-Cybersecurity-Strategy-2021.pdf, S. 35.

Beschuldigung von Urhebern eines Cyberangriffs, die sich Staaten oft als souveräne Entscheidung vorbehalten, z. B. Belgien.[65]

Eine grenzüberschreitende Zusammenarbeit in Strafsachen plante etwa Ghana, u. a. anhand der Durchführung internationaler Verträge zur Bekämpfung von Cybercrime, wie das Übereinkommen des Europarates über Cyberkriminalität, die Rahmenkonvention der afrikanischen Union zu Cybersicherheit und Datenschutz und der Richtlinie zu Cyberkriminalität der Westafrikanischen Wirtschaftsgemeinschaft sowie der verstärkten Zusammenarbeit mit Institutionen wie INTERPOL, EUROPOL und AFRIPOL.[66] Die niederländische Herangehensweise an Zusammenarbeit in Strafsachen umfasst u. a. die Unterstützung anderer Länder bei der Umsetzung von Regelwerken wie das Übereinkommen des Europarates über Cyberkriminalität, das Leisten von Rechtshilfe in Strafverfahren und einen verstärkten internationalen Informationsaustausch bezüglich Cybercrime.[67]

Internationalen Kapazitätsaufbau betreibt Tschechien z. B. mit Wissens- und Erfahrungsaustausch in Form von Cybersicherheitsübungen und -trainings mit sowie der Verteilung von rechtlichen und strategischen Rahmenplänen an Partnerstaaten.[68] Singapur unterstützt wiederum die Etablierung von internationalen technischen Standards und beteiligt sich an dem Cyberkapazitäten-Programm des Verbands Südostasiatischer Nationen (ASEAN) mit dem „ASEAN-Singapore Cybersecurity Centre of Excellence", mit welchem die politischen, operationellen und technischen Fähigkeiten von ASEAN-Beamten ausgebaut werden.[69]

5 Schlussfolgerung

Der Vergleich nationaler Cybersicherheitsstrategien zeigt weltweite, grundlegende Tendenzen auf, die für zukünftige Strategien eine gewisse Vorbildwirkung entfalten können. Dies beginnt bereits bei der Strategieentwicklung, im Rahmen derer die international beobachteten Herangehensweisen kombiniert werden können. Zunächst sollten die individuellen Umstände, Risiken und Chancen einer Gesellschaft identifiziert werden, um aufgrund dessen übergeordnete Ziele zu definieren, die mit konkreten

---

[65] Centre for Cybersecurity Belgium, Cybersecurity Strategy Belgium 2.0 – 2021–2025, 2021, https://ccb.belgium.be/sites/default/files/CCB_Strategie%202.0_UK_WEB.pdf, S. 29.

[66] Cybersecurity Authority of Ghana, National Cybersecurity Policy & Strategy, 2023, https://www.csa.gov.gh/resources/National%20Cybersecurity%20Policy%20and%20Strategy.pdf, S. 50, 51.

[67] Ministry of Foreign Affairs of the Netherlands, International Cyber Strategy 2023–2028, 2023, https://www.government.nl/documents/publications/2023/09/12/international-cyber-strategy-netherlands-2023-2028, S. 12.

[68] National Cyber and Information Security Agency, National Cyber Security Strategy of the Czech Republic, 2021, https://nukib.gov.cz/en/cyber-security/strategy-action-plan/, S. 17.

[69] Cybersecurity Agency of Singapore, The Singapore Cybersecurity Strategy 2021, 2021, https://isomer-user-content.by.gov.sg/36/6318c1f5-3257-4c99-80e5-27339cf41883/The-Singapore-Cybersecurity-Strategy-2021.pdf, S. 37, 38.

Maßnahmen zur Stärkung der allgemeinen Cybersicherheit erreicht werden können. Die im Rahmen einer Situationsanalyse erfasste, individuelle Bedrohungslage einer Gesellschaft bestimmt reziprok die erforderlichsten Schutzmaßnahmen einer Cybersicherheitsstrategie. Basierend auf diesen Vorarbeiten sollten Entscheidungsträger einen öffentlichen Konsultationsprozess einleiten, um die geplanten Maßnahmen mittels der speziellen Perspektiven, Erfahrungen und Bedürfnissen der Wirtschaft und Zivilgesellschaft zu konkretisieren und effektiver zu gestalten. Gleichermaßen könnte sich bei den beteiligten Parteien ein Gefühl der Teilhabe und Verantwortung entwickeln, was der späteren Umsetzung der Strategie zugutekommen könnte. Gerade für Länder mit einer fortgeschrittenen rechtlichen und technischen Cybersicherheitslandschaft ist ein intensiver Entwicklungsprozess wichtig, um größtmögliche Kompatibilität mit bestehenden Regelwerken herzustellen. Dafür, dass die Zuständigkeiten für die beschlossenen Aufgaben nicht nur intern festgelegt, sondern im Rahmen der nationalen Cybersicherheitsstrategie auch öffentlich kommuniziert werden, spricht die damit einhergehende Verbindlichkeit der Zielerreichung und verbesserte Transparenz für Bürger. Zudem bietet dies Anlass dafür, die Priorität von nationaler Cybersicherheit bewusst festzulegen und die schlussendliche Verantwortung für die Umsetzung der Strategie an einer Regierungsebene mit entsprechenden Weisungsbefugnissen anzusiedeln. Die Klarstellung von relevanten Begriffen ist insoweit vorteilhaft, als dass somit die Verständlichkeit der Inhalte allgemein erhöht und auch internationale Zusammenarbeit vereinfacht wird. Auch wenn es ein relativ klares umgangssprachliches Verständnis von Begriffen wie z. B. „Cybersicherheit" gibt, ist es dennoch zweckdienlich klarzustellen, welche Tragweite der Begriff in einem Land haben soll und ob etwa auch nicht-technische Schutzmaßnahmen erfasst sind. Dies gilt umso mehr für politisch oder rechtlich kritische Begriffe. An dieser Stelle bietet es sich an, auf Definitionen in anerkannten Quellen, wie z. B. technischen Standards, zurückzugreifen. Die in nationalen Cybersicherheitsstrategien beschlossenen Maßnahmen unterscheiden sich danach, ob sie rechtlicher, technischer oder organisatorischer Natur sind, auf welchen Bereich sie Anwendung finden und wie stark sie diesen Bereich regeln. Die Regelungsdichte kann mit abnehmender Schutzbedürftigkeit der betreffenden Bereiche abnehmen, da Cybersicherheit zunehmend als gesamtgesellschaftliche Aufgabe verstanden wird. Nutzer werden unter besonderen Schutz gestellt, aber auch für Cyberrisiken sensibilisiert und zu einer „Kultur der Cybersicherheit" angehalten. Unternehmen werden dagegen grundsätzlich Hilfe zur Selbsthilfe angeboten und oft nur in unverzichtbaren Fällen und unter Beachtung der regulatorischen Belastung konkret reguliert, z. B. kritische Infrastrukturen. Zusätzlich werden Unternehmen mit relevanten Fähigkeiten teilweise zur Unterstützung des Staates in die Pflicht genommen. In der Regel werden staatliche Strukturen mit umfassenden Maßnahmen gestärkt, Justizangehörigen entsprechende Fortbildungsmöglichkeiten gegeben und Gesetze an den technologischen Fortschritt angepasst. Mit Maßnahmen zur Stärkung der Forschung und Innovation wird u. a. ein Technologietransfer in die Wirtschaft und eine Abmilderung des Fachkräftemangels angestrebt. Internationale Zusammenarbeit auf dem Gebiet der Cybersicherheit nimmt scheinbar zu und manifestiert sich in der Entwicklung internationaler Regeln, Amtshilfe in Strafsachen und Kapazitätenaufbau mit Partnerstaaten. Diese Strukturen und Herangehensweisen können als Grundgerüst herangezogen und mit eigenen Maßnahmen, die auf die individuelle Bedrohungssituation eines Landes abgestimmt sind, ausgefüllt werden.

Danksagung. Die diesem Beitrag zugrunde liegenden Forschungsarbeiten wurden vom Bundesministerium für Bildung und Forschung (BMBF) und vom Hessischen Ministerium für Wissenschaft und Kunst (HMWK) im Rahmen ihrer gemeinsamen Förderung für das Nationale Forschungszentrum für angewandte Cybersicherheit ATHENE unterstützt.

Literatur

Australian Government: 2023–2030 Australian Cyber Security Strategy, über: https://www.homeaffairs.gov.au/cyber-security-subsite/files/2023-cyber-security-strategy.pdf.

Australian Government: 2023–2030 Australian Cyber Security Strategy, Press release, über: https://www.homeaffairs.gov.au/about-us/our-portfolios/cyber-security/strategy/2023-2030-australian-cyber-security-strategy.

Bundesministerium des Innern, für Bau und Heimat: Cybersicherheitsstrategie für Deutschland 2021, über: https://www.bmi.bund.de/SharedDocs/downloads/DE/veroeffentlichungen/2021/09/cybersicherheitsstrategie-2021.pdf.

Centre for Cybersecurity Belgium: Cybersecurity Strategy Belgium 2.0 – 2021–2025, über: https://ccdcoe.org/uploads/2018/10/Belgium_CCB_Strategy-2.0_2021_English.pdf.

Council of Europe et al: NCS Guide: Guide to Developing a National Cybersecurity Strategy, über: https://ncsguide.org/the-guide/.

Cybersecurity Agency of Singapore: The Singapore Cybersecurity Strategy 2021, über: https://isomer-user-content.by.gov.sg/36/6318c1f5-3257-4c99-80e5-27339cf41883/The-Singapore-Cybersecurity-Strategy-2021.pdf.

Cybersecurity Authority of Ghana: National Cybersecurity Policy & Strategy, über https://www.csa.gov.gh/resources/National%20Cybersecurity%20Policy%20and%20Strategy.pdf.

Egyptian Supreme Cybersecurity Council: National Cybersecurity Strategy, über: https://mcit.gov.eg/Upcont/Documents/Publications_1412024000_National_Cybersecurity_Strategy_2023_2027.pdf.

ENISA: National Cyber Security Strategies: Practical Guide on Development and Execution, über https://www.enisa.europa.eu/publications/national-cyber-security-strategies-an-implementation-guide.

ENISA: NCSS Good Practice Guide: Designing and Implementing National Cyber Security Strategies, über: https://www.enisa.europa.eu/publications/ncss-good-practice-guide?v2=1#contentList.

Gärtner, Tanya: Towards a Taxonomy of Cyber Defence in International Law. In *Klein, Maike* et al.: INFORMATIK 2023 – Designing Futures: Zukünfte gestalten, Gesellschaft für Informatik e. V, S. 477.

Government of Pakistan: National Cyber Security Policy 2021, über: https://moitt.gov.pk/SiteImage/Misc/files/National%20Cyber%20Security%20Policy%202021%20Final.pdf.

Interministerial Committee on Cybersecurity of Chile: National Cybersecurity Policy 2023–2028, über: https://anci.gob.cl/documents/4431/National_Cybersecurity_Policy_2023-2028-_Chile.pdf.

Ministria e Drejtësisë: National Cybersecurity Strategy of Albania 2020–2025: Decision No. 1084, über: https://qbz.gov.al/eli/fz/2021/7/65376dba-5d73-49dd-9750-b8e3182445da.

Ministry of Foreign Affairs of the Netherlands: International Cyber Strategy 2023–2028: Decisive Diplomacy in the Digital Domain, über https://www.government.nl/documents/publications/2023/09/12/international-cyber-strategy-netherlands-2023-2028.

Ministry of Justice of Sweden: A National Cyber Security Strategy, über: https://www.government.se/contentassets/d87287e088834d9e8c08f28d0b9dda5b/a-national-cyber-security-strategy-skr.-201617213#:~:text=The%20national%20security%20strategy%20states,the%20area%20of%20information%20technology.

Ministry of the Interior: National Cybersecurity Strategy of Guatemala 2018, über: https://uip.mingob.gob.gt/wp-content/uploads/2019/03/Estrategia-Nacional-de-Seguridad-Cibern%C3%A9tica.pdf.

National Cyber and Information Security Agency: National Cyber Security Strategy of the Czech Republic 2021, über: https://nukib.gov.cz/en/cyber-security/strategy-action-plan/.

National Cybersecurity Committee: Lebanon National Cyber Security Strategy: Towards Year 2022, über: http://pcm.gov.lb/Library/Files/LRF/tamim/Strategie_Liban_Cyber_EN_V20_Lg.pdf.

National Executive Branch of the Argentine Republic: National Cybersecurity Strategy of the Argentine Republic 2023, über: https://www.boletinoficial.gob.ar/detalleAviso/primera/293377/20230904.

Norwegian Ministries: National Cyber Security Strategy for Norway, über: https://www.regjeringen.no/contentassets/c57a0733652f47688294934ffd93fc53/national-cyber-security-strategy-for-norway.pdf.

Plenter, Johanna Ida: Advantages and Pitfalls of Machine Translation for Party Research: the Translation of Party Manifestos of European Parties using DeepL, Frontiers in Political Science 2023, S. 1.

Public Safety Canada, Canada's National Cyber Security Strategy: Securing Canada's Digital Future, über: https://www.publicsafety.gc.ca/cnt/rsrcs/pblctns/ntnl-cbr-scrt-strtg-2025/ntnl-cbr-scrt-strtg-2025-en.pdf.

Republic of Botswana: National Cybersecurity Strategy 2021, über: https://www.bocra.org.bw/sites/default/files/documents/approved%20botswana-national-cybersecurity-strategy.pdf.

Tan, Zhixing, et al: Neural machine translation: A review of methods, resources, and tools, AI Open 2020, S. 5.

Open Access Dieses Kapitel wird unter der Creative Commons Namensnennung - Nicht kommerziell - Keine Bearbeitung 4.0 International Lizenz (http://creativecommons.org/licenses/by-nc-nd/4.0/deed.de) veröffentlicht, welche die nicht-kommerzielle Nutzung, Vervielfältigung, Verbreitung und Wiedergabe in jeglichem Medium und Format erlaubt, sofern Sie den/die ursprünglichen Autor(en) und die Quelle ordnungsgemäß nennen, einen Link zur Creative Commons Lizenz beifügen und angeben, ob Änderungen vorgenommen wurden. Die Lizenz gibt Ihnen nicht das Recht, bearbeitete oder sonst wie umgestaltete Fassungen dieses Werkes zu verbreiten oder öffentlich wiederzugeben.

Die in diesem Kapitel enthaltenen Bilder und sonstiges Drittmaterial unterliegen ebenfalls der genannten Creative Commons Lizenz, sofern sich aus der Abbildungslegende nichts anderes ergibt. Sofern das betreffende Material nicht unter der genannten Creative Commons Lizenz steht und die betreffende Handlung nicht nach gesetzlichen Vorschriften erlaubt ist, ist auch für die oben aufgeführten nicht-kommerziellen Weiterverwendungen des Materials die Einwilligung des jeweiligen Rechteinhabers einzuholen.

Einordnung wesentlicher und wichtiger Einrichtungen nach der NIS-2-Richtlinie – eine Betrachtung mit Schwerpunkt auf dem Energiesektor

Mark Joshua Hardt(✉)

Fraunhofer SIT und ATHENE, Darmstadt, Deutschland
mark.joshua.hardt@sit.fraunhofer.de

1 Einleitung

Cybersicherheit stellt einen weiten Begriff dar, der in der digitalen Landschaft zunehmend an Bedeutung gewonnen hat und umfänglich alle Aspekte der IT-Sicherheit wie etwa den Schutz von Netzwerken, Systemen und Programmen beschreibt.[1] Mit Einführung der Richtlinie zur Gewährleistung einer hohen gemeinsamen Netz- und Informationssicherheit in der Union (NIS-RL)[2] wurde hierzu die erste horizontale Regulierung auf europäischer Ebene eingeführt.[3] Übergeordnet dient die NIS-RL dazu, IT-bezogene Ausfälle in kritischen Infrastrukturen zu begrenzen sowie andere Betreiber vor entsprechenden Ausfällen zu schützen.[4] Da jedoch die Gefahr der Cyberkriminalität in den letzten Jahren zunahm,[5] sah der Unionsgesetzgeber erneut Handlungsbedarf und verabschiedete am 14. Dezember 2022 die NIS-2-RL[6], welche die ursprüngliche NIS-RL am 18. Oktober 2024 ablöste. Mit der neu formulierten NIS-2-RL sollen Einrichtungen, welche Netz- und Informationssysteme zu einem

---

[1] Pohlmann in Cyber-Sicherheit, 1.1 Einleitung, S. 1 ff.
[2] Richtlinie (EU) 2016/1148 über Maßnahmen zur Gewährleistung eines hohen gemeinsamen Sicherheitsniveaus von Netz- und Informationssystemen in der Union.
[3] Gitter in Hornung/Schallbruch, IT-Sicherheitsrecht, Teil 2 § 15 Rdnr. 13.
[4] Eberstaller/Forgó in Ebers/Heinze/Krügel/Steinrötter, Künstliche Intelligenz und Robotik, § 12 Rdnr. 20.
[5] BSI, BSI-Lagebericht 2022: Gefährdungslage im Cyber-Raum hoch wie nie, über https://www.bsi.bund.de/DE/Service-Navi/Presse/Pressemitteilungen/Presse2022/221025_Lagebericht.html.
[6] Richtlinie (EU) 2022/2555 über Maßnahmen für ein hohes gemeinsames Cybersicherheitsniveau in der Union, zur Änderung der Verordnung (EU) Nr. 910/2014 und der Richtlinie (EU) 2018/1972 sowie zur Aufhebung der Richtlinie (EU) 2016/1148 (NIS-2-RL).

© Der/die Autor(en) 2026
A. Selzer (Hrsg.): Aktuelle Entwicklungen des Rechtsrahmens der Cybersicherheit und Privatheit, P. 109–126. https://doi.org/10.1007/978-3-658-49640-1_8

relevanten Grad betreiben, derart reguliert werden, dass den fortwährenden Entwicklungen in der Cyberbedrohungslandschaft Rechnung getragen werden kann.

Die relevanten Einrichtungen werden hierin jedoch nicht gleichermaßen erfasst und reguliert. Unterschiede bestehen zunächst im Hinblick auf die sektorale Einordnung einer Einrichtung. Diese basiert auf ihrer gesellschaftlichen Relevanz und der damit verbundenen Kritikalität. So stellt sich etwa der Energiesektor aufgrund seiner Versorgungsrelevanz von immanenter Wichtigkeit für Staat und Bevölkerung dar.[7] Die präzise Regulierung ergibt sich weiterführend jedoch aus einer Einstufung der Einrichtungen als sogenannte wesentliche oder wichtige Einrichtungen. Hierbei handelt es sich grundsätzlich um eine unabhängige Einstufung nach eigenen Maßstäben. Bei diesen Maßstäben spielt wiederum auch die Kritikalitätseinstufung des übergeordneten Sektors nach der NIS-2-RL, nach nationalen Umsetzungsspielräumen, sowie nach zuzüglichen Rechtsakten des Unionsgesetzgebers eine Rolle. Die Sektorbezogene Kritikalität ist in diesem Kontext nicht als ein für sich stehender regulatorischer Maßstab zu verstehen, sondern bildet hiernach den Rahmen für die weitere Regulierung.

Für Einrichtungsbetreiber, die aufgrund ihrer Ausrichtung ggf. von der NIS-2-RL erfasst werden, könnte sich eine solch verzweigte Regulierung als nur schwer verständlich stellen. Insbesondere in der Frage, ob und in welchem Umfang die NIS-2-RL jeweils anwendbar ist, könnten so Unsicherheiten entstehen. Der vorliegende Beitrag soll insofern Klarheit darüber verschaffen, nach welchen Maßstäben bestimmt wird, ob eine Einrichtung von der NIS-2-RL erfasst wird, wie sie eingeordnet wird, insbesondere im Hinblick auf die rechtliche Unterscheidung zwischen wesentlichen und wichtigen Einrichtungen nach der NIS-2-RL, der übergeordneten europäischen Cybersicherheitsstrategie, sowie der derzeit intendierten Umsetzung auf Bundesebene. Aufgrund der immanenten Bedeutung des Energiesektors erfolgt die Veranschaulichung insbesondere vor dem Hintergrund dieses Sektors.

2 Anwendungsbereich der NIS-2-RL

Das Erfassen des Regulierungsumfangs im Detail setzt ein breiteres Verständnis darüber voraus, was den Anwendungsbereich der Richtlinie insgesamt ausmacht. Hierzu wurde eingangs bereits skizziert, inwiefern die sektorale Einordnung mit der einrichtungsbezogenen Einstufung zusammenspielt. Im Folgenden wird daher erläutert, welche Einrichtungen überhaupt unter die NIS-2-RL zu verordnen sind und nach welchen Kriterien sich dies zu bestimmen hat, wobei der Energiesektor gesondert dargestellt wird.

---

[7] BSI, Positionspapier: Cybersicherheit im Energiesektor Deutschlands, über https://www.bsi.bund.de/SharedDocs/Downloads/DE/BSI/Cyber-Sicherheit/Positionspapier_Cybersicherheit_Energiesektor.pdf?__blob=publicationFile&v=2, S. 2.

2.1 Erfasste Einrichtungen

Um den bisherigen Regelungsrahmen der NIS-RL zu stärken, sieht die NIS-2-RL neben einer präziseren Formulierung einen gegenüber der Vorgängerregelung breiteren Anwendungsbereich vor.[8] Über einen sektoralen Ansatz wird hierin weiterhin bestimmt, welche Einrichtungen von der NIS-2-RL betroffen sein können.[9] So definieren die Anhänge 1 und 2 der NIS-2-RL insgesamt 18 kritische Sektoren für den europäischen Binnenmarkt, welche von der NIS-2-RL erfasst werden. Dabei listet Anhang 1 der NIS-2-RL *Sektoren mit hoher Kritikalität* auf, während Anhang 2 der NIS-2-RL *sonstige kritische Sektoren* auflistet, worunter jeweils gleichermaßen öffentliche und private Einrichtungen erfasst werden.[10] Zu beachten ist, dass es für die Zugehörigkeit zu einem der in Anhang 1 oder 2 aufgeführten kritischen Sektoren gegebenenfalls auch ausreicht, dass eine Einrichtung eine Nebentätigkeit ausführt, die einer der in den Anhängen beschriebenen Tätigkeiten entspricht.[11] Dabei richtet sich der Rechtsakt an alle diejenigen juristischen Personen, welche als Entscheidungsträger die Tätigkeiten ausüben bzw. die Dienste erbringen, wobei unternehmerische Verbindungen hierin zu berücksichtigen sind.[12] Abzustellen ist insoweit auf sämtliche Tätigkeiten, wenn auch diese in ihrem Umfang nur geringfügig ausfallen mögen.

Als Sektor mit hoher Kritikalität wird in Anhang 1 der NIS-2-RL – wie auch in der NIS-RL – an erster Stelle der Energiesektor aufgeführt. Zwar ist die Anordnung der Sektoren innerhalb der Anhänge nicht mit einer Gewichtung gleichzusetzen, dennoch wird hierdurch der hohe Stellenwert erkennbar, welcher Einrichtungen des Energiesektors für den europäischen Binnenmarkt zugemessen wird.

Eine Anwendbarkeit der NIS-2-RL bestimmt sich jedoch nicht allein aufgrund der bloßen tätigkeitsbezogenen Zugehörigkeit zu einem der in Anhang 1 und 2 der NIS-2-RL aufgelisteten kritischen Sektoren. Die Anwendbarkeit der Richtlinie bestimmt sich viel mehr nach einem Vorliegen der in Art. 2 NIS-2-RL bestimmten Kriterien, zu welchem die Sektor-Zugehörigkeit mitanhängig ist. Hiernach liegt der Anwendbarkeit grundsätzlich nach Art. 2 Abs. 1 NIS-2-RL die Tatbestandsvoraussetzungen im Sinne einer Drei-Stufen-Prüfung zugrunde, worin kumulativ die Erfüllung bestimmter Schwellenwerte bzgl. der Unternehmensgröße anhand der Mitarbeiterzahl sowie dem Jahresumsatz bzw. der Jahresbilanz (Stufe 1), eine wie zuvor beschriebene Zugehörigkeit zu einem der in Anhang 1 oder 2 aufgelisteten Sektoren (Stufe 2) und die Erbringung der Dienstleistungen bzw. Durchführung der Tätigkeiten innerhalb der EU (Stufe 3) vorausgesetzt wird.[13] Diese teils Schwellenwert-orientierte

---

[8] Europäische Kommission, NIS2-Richtlinie: neue Vorschriften für die Cybersicherheit von Netz- und Informationssystemen, über https://digital-strategy.ec.europa.eu/de/policies/nis2-directive.
[9] Hessel in Marly, Praxishandbuch Softwarerecht, Teil 4 § 14 Rdnr. 70.
[10] Hessel in Marly, Praxishandbuch Softwarerecht, Teil 4 § 14 Rdnr. 70.
[11] So etwa Hessel/Schneider, MMR 2025, 243 (246 f.).
[12] Hessel/Callewaert/Schneider, RDi 2024, 208 (210).
[13] Hessel in Marly, Praxishandbuch Softwarerecht, Teil 4 § 14 Rdnr. 70.

Bestimmung stellt eine Abkehr von der Vorgängerrichtlinie dar, welche sich lediglich an allgemeinen Kriterien richtete und hiernach bloß die Bereitstellung eines Netz- und Informationssystems, dessen Leistung von hoher gesellschaftlicher bzw. wirtschaftlicher Bedeutung sei und durch einen Vorfall erheblich beeinträchtigt werden könnte, voraussetzte. Mit der NIS-2-RL bestehen demgegenüber konkrete Mindestanforderungen, welche den Mitgliedsstaaten wenig Spielraum für ein Abweichen von diesen Maßstäben bieten.[14] Insofern bezweckt der Unionsgesetzgeber hiermit gesamteuropäisch die Umsetzung eines harmonisierteren Anwendungsbereich gegenüber der Vorgängerrichtlinie. Zu betonen ist jedoch, dass die Drei-Stufen-Prüfung nur die Grundlage für die Anwendbarkeit der NIS-2-RL im Sinne einer allgemeinen Zugangsnorm darstellt. Eine Anwendbarkeit kann sich darüber hinaus auch über die weiteren einrichtungsspezifischen Kriterien in den sonstigen Bestimmungen Art. 2 NIS-2-RL, unabhängig von der Drei-Stufen-Prüfung ergeben. Diese verfolgen eine einrichtungsorientierte Bewertung im Einzelnen und unabhängig von der Unternehmensgröße anhand von mit der Kritikalität oder der Tätigkeit im Zusammenhang stehenden Faktoren, etwa wenn bestimmte Dienste erbracht werden (Art. 2 Abs. 2 lit. a NIS-2-RL, Art. 2 Abs. 4 NIS-2-RL), die Einrichtung unerlässlich für die Aufrechterhaltung kritischer gesellschaftlicher oder wirtschaftlicher Tätigkeiten ist (Art. 2 Abs. 2 lit. b NIS-2-RL) oder die Einrichtung aufgrund ihrer besonderen Bedeutung für den betreffenden Sektor, die betreffende Art des Dienstes oder für andere voneinander abhängige Sektoren, kritisch ist (Art. 2 Abs. 2 lit. e NIS-2-RL).

2.2 Die Unternehmensgröße als Schwellenwertkriterium

Wie bereits dargestellt, erfolgt die Prüfung der Anwendbarkeit grundsätzlich im Rahmen einer Drei-Stufen-Prüfung. Hierin die erste Prüfungsstufe bzgl. der schwellenwertorientieren Bestimmung der Unternehmensgröße gesondert hervorzuheben, da diese bedingt ihrer Rolle für die spezifische Feststellung aus Unternehmenssicht besonders relevant ist.

Im Rahmen dieses Schritts ist zu klären, ob die betroffene Einrichtung die über Art. 2 Abs. 1 NIS-2-RL in Verbindung mit Art. 2 des Anhangs der Empfehlung 2003/361/EG festgelegten Schwellenwerte für mittlere Unternehmen unterschreitet oder diese erreicht bzw. überschreitet.[15] Konkret bestimmt sich hiernach, dass ein Unternehmen mittlerer Größe vorliegt, sofern es mehr als 49 Mitarbeiter beschäftigt und einen Jahresumsatz von 2 Mio. EUR überschreitet. Sofern dieses Unternehmen mehr als 249 Mitarbeiter beschäftigt und entweder einen Jahresumsatz von 50 Mio. EUR übertrifft oder eine Jahresbilanzsumme von mehr als 43 Mio. EUR erzielt, handelt es sich um ein Großunternehmen im Sinne dieses Gesetzes.

---

[14] Fischer in Hornung/Schallbruch, IT-Sicherheitsrecht, Teil 2 § 13 Rdnr. 71.
[15] Die Schwellenwerte zu der Einordnung über die Unternehmensgröße richtet sich nach der Empfehlung der Kommission 2003/361/EG vom 6. Mai 2003, betreffend die Definition der Kleinstunternehmen sowie der kleinen und mittleren Unternehmen.

In Abgrenzung zu der vorangegangenen NIS-RL kann die Aufnahme von Schwellwerten als Kriterium in der NIS-2-RL als eine systematische Erweiterung gegenüber den bisherigen, auf einzelstaatlicher Ebene angelegten Bestimmungskriterien aufgefasst werden, um auf Grundebene einen EU-weit einheitlichen Regelungsrahmen unabhängig der Mitgliedsstaaten zu etablieren.[16] Insofern dient die Bestimmung der Schwellwerte nach der Drei-Stufen-Prüfung insgesamt neben der Harmonisierung auf Unionsebene als eine Art Grundgerüst, welche betroffenen Unternehmen eine sicherere Rechtsanwendung verspricht.

Die Größenprüfung der Einrichtungen erfolgt nicht zuletzt, um Klein- und Kleinstunternehmen von der Anwendbarkeit des Rechtsaktes zu befreien und somit zu entlasten.[17] Dies ist im Kontext des Anwendungsbereiches der NIS-2-RL von erheblicher Bedeutung, da solche Unternehmen, wie bereits angedeutet in der Regel vom Anwendungsbereich der NIS-2-RL ausgenommen sind – auch, wenn sie einem der in den Anhängen 1 und 2 der NIS-2-RL aufgeführten kritischen Sektor zugehörig sind. Eine vollständige Befreiung von Klein- und Kleinstunternehmen begründet sich hierüber jedoch nicht, da wie in dem vorigen Kapitel bereits beschrieben, Art. 2 NIS-2-RL Umstände vorsieht, zu denen die Größe des Unternehmens unerheblich ist.

Obgleich eine Entlastung der Klein- und Kleinstunternehmen grundsätzlich positiv ist, ist die Umsetzung in der Bemessung zu mittleren und Großunternehmen dennoch zu kritisieren. So stellt das Kriterium der Mitarbeiteranzahl nicht notwendigerweise einen Indiz für die Kritikalität der Einrichtung innerhalb der Gesellschaft dar.[18] Insofern erachtet es etwa auch der Bundesverband der Energie- und Wasserwirtschaft (BDEW) für sachgemäß und zielführend die Bestimmung über die Anwendbarkeit der NIS-2-RL zumindest im Energiesektor an der Versorgungskritikalität der Einrichtung festzumachen und nicht an der Unternehmensgröße.[19] Diese Auffassung verkennt jedoch, dass die Schwellwerte nicht dazu dienen die Kritikalität einer Einrichtung zu bewerten, sondern darauf abzielen, eine faire Lastenverteilung zu erwirken und kleinere Unternehmen nicht zu überfordern.[20] Zudem ist darauf hinzuweisen, dass die Unternehmensschwellwerte nicht den einzigen Maßstab für die Anwendbarkeit der NIS-2-RL darstellen, sondern die NIS-2-RL vielmehr zahlreiche weitere Kriterien bestimmt, aufgrund derer die NIS-2-RL auch für Klein- und Kleinstunternehmen anwendbar sein kann. Hierdurch wird besonderen Risikolagen und Kritikalitäten Rechnung getragen, die auch von Klein- und Kleinstunternehmen in den in Anhang 1 oder 2 der NIS-2-RL bestimmten Sektoren ausgehen können.

---

[16] Vgl. Gitter in Hornung/Schallbruch: IT-Sicherheitsrecht, Teil 2 § 15 Rdnr. 19 f.; Hessel/Schneider, MMR 2025, 243 (246).
[17] Vgl. Fischer in Hornung/Schallbruch, IT-Sicherheitsrecht, Teil 2 § 13 Rdnr. 73 ff.
[18] Rath/Ekardt/Schiela, MMR 2023, 83 (86); so auch Hessel/Schneider, MMR 2025, 243 (246).
[19] BDEW, Stellungnahme zum Kommissionsvorschlag für die Überarbeitung der „NIS-Richtlinie" (EU) 2016/1148 (Gewährleistung einer EU-weit hohen Netz- und Informationssicherheit), S. 5 f.
[20] So auch Hessel/Schneider, MMR 2025, 243 (246).

Der BDEW kritisiert weiter, dass die Definition über Kleinstunternehmen nach Auffassung der Kommission eine ungerechtfertigte Benachteiligung mit sich zieht. Grund hierfür ist, dass nach dessen Definition Einrichtungen, die anteilig mindestens zu 25 % durch eine staatliche Stelle bzw. solche des öffentlichen Rechts kontrolliert werden, nicht unter den Begriff der KMU gefasst werden und daher auch nicht von der NIS-2-RL befreit wären, was gerade im Energiesektor auf kommunaler Ebene problematisch sein dürfte.[21] Da dies nicht der Zielsetzung der NIS-2-RL entspricht kleinere Unternehmen zu entlasten, ist der diesbezüglichen Kritik des BDEW zuzustimmen.

2.3 Implikationen für den Energiesektor

Aufgrund des breiteren Anwendungsbereiches sowie dem nach der NIS-2-RL neu gefassten sektoralen Ansatzes, ist nach ersten Hochrechnungen von einer Verzehnfachung der von dem Rechtsakt erfassten Wirtschaftsunternehmen auszugehen.[22] Allein in Deutschland ist nach Schätzungen des Bundesministeriums für Wirtschaft und Klimaschutz (*BMWK*) davon auszugehen, dass etwas über 30.000 Unternehmen von der aktuell geplanten Umsetzung der NIS-2-RL erfasst sein dürften.[23] Auch Einrichtungen, die potenziell in Anhang 1 NIS-2-RL des Energiesektors verordnet werden, dürften insofern von der weiten Fassung des Anwendungsbereichs betroffen sein.

Nach Anhang 1 NIS-2-RL werden Einrichtungen erfasst, welche unter die Teilsektoren Elektrizität, Fernwärme und -kälte, Erdöl, Erdgas sowie Wasserstoff zu fassen sind. Dabei weist die NIS-2-RL basierend auf der systematischen Erweiterung sowie Konkretisierung der Teilsektoren im Vergleich zur Vorgängerrichtlinie einen grundsätzlich weiten Anwendungsbereich auf.[24] Dies deckt sich auch mit der Auffassung, dass für die Frage der Anwendbarkeit der NIS-2-RL auf sämtliche Tätigkeiten abzustellen ist, unabhängig des Umfangs, was die Ausübung von Nebentätigkeiten miteinschließt. Hiernach könnten neben typischen Einrichtungen des Energiesektors, wie Großkraftwerken, auch Einrichtungen erfasst werden, die zum Beispiel aufgrund einer einzelnen in Betrieb genommenen Photovoltaikanlage potenziell unter den weit-gefassten Anwendungsbereich der NIS-2-RL fallen.[25] Da aufgrund einer wachsenden Vernetzung der Sektoren auch im Energiesektor, die erbrachten Leistungen aus Effizienzwecken zunehmend über Einzelanlagen erbracht werden, erscheint eine solche weit ausgelegte

---

[21] BDEW, Stellungnahme zum Kommissionsvorschlag für die Überarbeitung der „NIS-Richtlinie" (EU) 2016/1148 (Gewährleistung einer EU-weit hohen Netz- und Informationssicherheit), S. 5.
[22] Bostelmann in Hornung/Schallbruch, IT-Sicherheitsrecht, Teil 3 § 25 Rdnr. 17.
[23] BMI, Entwurf eines Gesetzes zur Umsetzung der NIS-2-RL und zur Regelung wesentlicher Grundzüge des Informationssicherheitsmanagements in der Bundesverwaltung, 23.6.2025, über https://www.bmi.bund.de/SharedDocs/gesetzgebungsverfahren/DE/Downloads/referentenentwuerfe/CI1/NIS-2-RefE_2025.pdf?__blob=publicationFile&v=8, S. 118.
[24] Vgl. Gitter in Hornung/Schallbruch: IT-Sicherheitsrecht, Teil 2 § 15 Rdnr. 20.
[25] Hessel/Schneider, MMR 2025, 243 (244).

Auffassung hier als konsequent um diesen Entwicklungen Rechnung zu tragen und gegebenenfalls auch kleinere Einrichtungen erfassen zu können.[26] Die Anwendbarkeit der spezifischen Einrichtungen des Energiesektors hat sich im Weiteren nach wie vor an das Vorliegen der weiteren Prüfungsschritte der Drei-Stufen-Prüfung, bzw. der schwellenwertunabhängigen Kriterien des Art. 2 NIS-2-RL zu richten.

3 Wesentliche und wichtige Einrichtungen als Adressaten der NIS-2-RL

Nachdem die sektorale Einordnung einer Einrichtung und die daraus folgende Anwendbarkeit der NIS-2-RL im Sinne des übergeordneten Regelungsrahmens bestimmt wurden, ist die Einstufung der Einrichtung als wesentlich oder wichtig vorzunehmen. Von dieser Einordnung hängt die weitere präzise Regulierung nach der NIS-2-RL ab.[27]

Konkret unterscheidet und reguliert die NIS-2-RL die sogenannten *wesentlichen* und *wichtigen Einrichtungen*, welche unabhängig von der Einordnung über die Anhänge (*Sektoren mit hoher Kritikalität* und *sonstige kritische Sektoren*) einzustufen sind.

3.1 Einordnung als wesentliche oder wichtige Einrichtung

Ob eine Einrichtung als wesentliche oder wichtige Einrichtung im Sinne der NIS-2-RL einzustufen ist, bestimmt sich nach Art. 3 der Richtlinie. Hierin regelt Art. 3 Abs. 1 NIS-2-RL die wesentlichen Einrichtungen und Art. 3 Abs. 2 NIS-2-RL die wichtigen Einrichtungen. Dabei orientieren sich die Tatbestandsmerkmale zu den Einrichtungen in weiten Teilen an Art. 2 NIS-2-RL. In diesem Kontext weist ErwGr. 15 NIS-2-RL darauf hin, dass die Unterscheidung zwischen wesentlichen und wichtigen Einrichtungen im Wesentlichen auf dem Grad ihrer Sektor-bezogenen Kritikalität, der Art der erbrachten Dienste und der Unternehmensgröße beruhen, um basierend hierauf die gesellschaftliche Relevanz der Einrichtung darzulegen.

Über Abs. 1 des Art. 3 NIS-2-RL werden eine Vielzahl an Kriterien gelistet, an die das Vorliegen wesentlicher Einrichtungen nach diesem Rechtsakt geknüpft wird. Wie eingangs beschrieben, ähneln diese Kriterien denen aus Art. 2 NIS-2-RL, gehen jedoch über diese in Teilen hinaus. So setzt beispielsweise eine wesentliche Einrichtung nach Art. 3 Abs. 1 lit. a NIS-2-RL das Überschreiten der Schwellenwerte für mittlere Unternehmen voraus (Großunternehmen), wohingegen der Anwendungsbereich aus Art. 2 Abs. 1 NIS-2-RL bereits mittlere Unternehmen erfasst. Demgegenüber werden als wichtige Einrichtungen nach Art. 3 Abs. 2 NIS-2-RL all diejenigen Einrichtungen erfasst, welche zwar in den Anwendungsbereich des Art. 2 sowie der Sektoren über die Anhänge der NIS-2-RL fallen, nicht aber die Voraussetzungen einer wesentlichen Einrichtung nach Art. 3 Abs. 1 NIS-2-RL erfüllen. In diesem Sinne handelt es sich im weiteren Sinne um die sonstigen nach diesem Rechtsakt erfassten Einrichtungen.

---

[26] Vgl. Rath/Ekardt/Schiela, MMR 2023, 83 (83 f.).
[27] Siehe hierzu die Beschreibung aus dem Kap. 1 *Einleitung*.

3.2 Rechtsfolgen aus der unterschiedlichen Einordnung

Die Unterschiede in der Einstufung der Einrichtung ziehen ein unterschiedliches Maß an Regulierung für die relevanten Einrichtungen mit sich. Dabei unterliegen wesentliche Einrichtungen aufgrund ihrer besonderen Kritikalität grundsätzlich einem strengeren regulatorischen Rahmen als wichtige Einrichtungen, insbesondere im Hinblick auf Aufsichts- und Durchsetzungsmechanismen.

So beschreibt Kap. 7 der NIS-2-RL in den Art. 31 ff. Aufsichts- und Durchsetzungsmaßnahmen, welche die zuständigen Behörden über die Mitgliedsstaaten ergreifen können, um die Wahrnehmung der Vorgaben zu dieser Richtlinie sicherzustellen. Hierin stellt sich ein unterschiedliches Regulierungsmaß an wesentliche und wichtige Einrichtungen jeweils über Art. 32 und Art. 33 NIS-2-RL. Die Notwendigkeit einer Unterscheidung in der Umsetzung dieser Maßnahmen ergibt sich aus der grundsätzlichen Art dieser Einrichtungen. Im Sinne von ErwGr. 15 NIS-2-RL soll demnach ein ausgewogenes Verhältnis zwischen den risikobasierten Anforderungen bzw. Pflichten einerseits und dem Verwaltungsaufwand im Rahmen der Einhaltungsüberwachung andererseits gewährleistet werden. Hieraus ergibt sich eine essenzielle Unterscheidung in den konkreten ergreifbaren Aufsichts- und Durchsetzungsmaßnahmen der zuständigen Behörden, die, wie bereits in der Vorgängerrichtlinie, gegenüber wesentlichen Einrichtungen befugt sind (auch) ex-ante Kontrollen durchzuführen, während gegenüber wichtigen Einrichtungen lediglich ex-Post-Kontrollen im Falle begründeter Verdachtsfälle umsetzbar sind. Zudem bestehen Unterschiede hinsichtlich der Regelmäßigkeit der Überprüfung.[28]

Neben den Aufsichts- und Durchsetzungsmaßnahmen bestehen auch in Bezug auf das Sanktionsausmaß Unterschiede. So ist ein Verstoß gegen die Vorgaben zu Cybersicherheitsmaßnahmen oder gegen die Meldepflichten ist nach Art. 35 Abs. 4 oder Abs. 5 NIS-2-RL je nach Einrichtungsart unterschiedlich zu ahnden. Für wesentliche Einrichtungen ergibt sich ein Höchstsatz von mindestens 10 Mio. EUR bzw. mindestens 2% des weltweiten Gesamtumsatzes des Vorjahres. Demgegenüber beläuft sich der Höchstsatz für wichtige Einrichtungen auf mindestens 7 Mio. EUR bzw. mindestens 1,4% des weltweiten Gesamtumsatzes des Vorjahres. Aus Sicht des BDEW geht jedoch das vom Unionsgesetzgeber vorgesehene Höchstmaß – unabhängig der Einrichtungsart – zu weit. Beide Höchstmaßsummen würden dem Grundsatz auf Verhältnismäßigkeit entgegenstehen, da basierend hierauf erhebliche Rückstellungen seitens der Betreiber gebildet werden müssen, welche in der Folge Investitionen bremsen könnten.[29] Der Verhältnismäßigkeitsgrundsatz ist in Art. 34 Abs. 1 NIS-2-RL als Grundlage für die Verhängung des Strafmaßes festgehalten, wobei neben diesem auch die Anforderungen auf Wirksamkeit und Abschreckung zugrunde liegen. Die hier festgehaltenen allgemeinen Voraussetzungen entsprechen auch denen, die sich

---

[28] Werry/Éles, MMR 2024, 829 (830).
[29] BDEW, Stellungnahme zum Kommissionsvorschlag für die Überarbeitung der „NIS-Richtlinie" (EU) 2016/1148 (Gewährleistung einer EU-weit hohen Netz- und Informationssicherheit), S. 13.

an verantwortliche Stellen im Sinne der DS-GVO nach Art. 83 Abs. 1 stellen. Hierin können sich zweckmäßig die Grundsätze der Verhältnismäßigkeit und Abschreckung in der Bemessung der Geldbuße antagonistisch gegenüberstehen.[30] Jedoch ist das Abschreckungsgebot sowie auch das Gebot auf Wirksamkeit lediglich auf generalpräventive Zwecke abgerichtet, während demgegenüber die Verhältnismäßigkeit auf die Geeignetheit abstellt, das übergeordnete Ziel zu erreichen.[31] Der BDEW könnte insofern diese Zielsetzung des Unionsgesetzgebers missverständlich interpretiert haben. Hinsichtlich der Zielsetzung ist zu beachten, dass der Verhältnismäßigkeitsgrundsatz nach dem europäischen Rechtsverständnis nicht bloß eine Begrenzung, sondern – zusammen mit den anderen Grundsätzen als integrale Bestandteile für eine effektive Sanktionsbemessung – ein Mindesterfordernis darstellt.[32] Die konkrete Höhe muss demnach stets im Verhältnis zur Schwere des jeweiligen Verstoßes stehen. Bereits die Voraussetzungen an eine wirksame Durchsetzung im Sinne des ErwGr. 127 NIS-2-RL vermitteln diesen Umstand, wonach unter anderem Art, Schwere und Dauer des Verstoßes, Maßnahmen zur Vermeidung, Grad der Verantwortlichkeit, sowie jeder andere erschwerende oder mildernde Umstand zu berücksichtigen sind. Die Bemessung des Höchstsatzes dürfte hiernach nur dann verhältnismäßig ausgeschöpft werden, wenn der Verstoß entsprechend gravierend wäre. Einer Annahme die Schadensbemessung der Höchstsatzsumme sei unverhältnismäßig hoch, ist insofern nicht überzeugend.

Des Weiteren ist auf die Maßgaben des Art. 21 NIS-2-RL hinzuweisen. Innerhalb dieser Norm wird zwar keine konkrete Unterscheidung zwischen den wesentlichen und wichtigen Einrichtungen getroffen; beide Einrichtungsarten haben gleichermaßen geeignete und verhältnismäßige Maßnahmen in technischer, operativer und organisatorischer Hinsicht zu treffen, um NIS-bezogene Risiken zu vermeiden. Die Bewertung der Verhältnismäßigkeit der getroffenen Maßnahmen richtet sich jedoch nach einrichtungsbezogenen Kriterien im Sinne des Art. 21 Abs. 1 UAbs. 2 NIS-2-RL, insbesondere nach dem Ausmaß der Risikoexposition der Einrichtung, der Größe der Einrichtung und den aus Sicherheitsvorfällen folgenden gesellschaftlichen und wirtschaftlichen Auswirkungen. Da auch die Einordnung von Einrichtungen als wesentlich oder wichtig unter anderem von der Sektor-bezogenen Kritikalität und der Unternehmensgröße abhängen können, ergibt sich hieraus indirekt, dass bereits die bloße Einordnung als wesentliche Einrichtung das Ausmaß der zu ergreifenden Maßnahmen erhöht.

---

[30] Vgl. Bergt in Kühling/Buchner, DS-GVO BDSG, DS-GVO Art. 83 Rdnr. 59j.
[31] Vgl. Holländer in Wolff/Brink/v. Ungern-Sternberg BeckOK Datenschutzrecht. DS-GVO Art. 83 Rdnr. 22 f.
[32] Vgl. Boehm in Simitis/Hornung/Spiecker gen. Döhmann, Datenschutzrecht, DS-GVO Art. 83 Rdnr. 20 f.

3.3 Implikationen für den Energiesektor

Für die Einstufung der Einrichtungen des Energiesektors ist in der Bewertung der wesentlichen Einrichtungen auf Art. 3 NIS-2-RL Abs. 1 abzustellen, wonach das Vorliegen einer wesentlichen Einrichtung zu bestätigen ist, soweit nach lit. a die Schwellenwerte für mittlere Unternehmen überschritten werden oder aber unabhängig von der Unternehmensgröße nach lit. b bis g bestimmte Voraussetzungen erfüllt werden. In Abgrenzung zu der allgemeinen Prüfung der Anwendbarkeit, richtet sich die Einordnung über die Schwellenwerte nach Art. 3 NIS-2-RL dabei nur an Einrichtungen des Anhang 1 NIS-2-RL, wobei hervorzuheben ist, dass hierin nur Großunternehmen erfasst werden. Im Sinne einer dem zu Grunde liegenden kumulativen Normenkonkurrenz mit einheitlicher Rechtsfolge erübrigt sich die Einstufung als wesentliche Einrichtung bei Vorliegen bereits einer der Voraussetzungen des Art. 3 Abs. 1 NIS-2-RL.[33]

Im Rahmen einer Einordnung zu Einrichtungen des Energiesektors im Sinne wesentlicher Einrichtungen ergibt sich ein unterschiedliches Maß an Einschlägigkeit zu den Tatbestandvoraussetzungen des Art. 3 Abs. 1 NIS-2-RL. Für Einrichtungen des Energiesektors stellen sich die maßgeblichen Voraussetzungen zur Einstufung als wesentliche Einrichtung neben der schwellenwertgebundenen Prüfung insbesondere über Art. 3 Abs. 1 lit. e bzw. f der NIS-2-RL dar, welche an ein Vorliegen der Tatbestandsmerkmale aus Art. 2 Abs. 2 lit. b bis e bzw. Abs. 3 NIS-2-RL anknüpfen. Hierin wird zusammengefasst die Einstufung seitens eines Mitgliedsstaates aufgrund der kritischen Eigenschaft der Einrichtung für die Versorgung oder Sicherheit in der Gesellschaft wiedergegeben. Die weiteren Normenbestimmungen des Art. 3 Abs. 1 NIS-2-RL sind nicht bzw. nur begrenzt anwendbar. Art. 3 Abs. 1 lit. g) NIS-2-RL bezieht sich etwa auf den Verweis auf eine bereits stattgefundene Einstufung wesentlicher Einrichtungen, basierend auf der Umsetzung der vorangegangenen NIS-RL, als Tatbestandsvoraussetzung. Ein solcher Verweis kann jedoch nicht als ein automatischer Rückgriff auf bereits bestehende Regulierungen verstanden werden, da die Richtlinie als europäisches Sekundärrecht nach Art. 288 Abs. 3 AEUV lediglich zielgerichtet verbindliche Rahmenbedingungen schafft, die einer Umsetzung auf nationaler Ebene bedürfen.[34] Dies müsste insofern einzelstaatlich geprüft werden.

Unter den vorgenannten infrage kommenden schwellenwertunabhängigen Voraussetzungen zur Erfassung wesentlicher Einrichtungen ist zunächst Art. 3 Abs. 1 lit. e i. V. m. Art. 2 Abs. 2 lit. b bis e NIS-2-RL hervorzuheben. Dieser sieht eine Einstufung als wesentliche Einrichtung für Einrichtungen unabhängig ihrer Unternehmensgröße vor, sofern diese eine gewisse Kritikalität aufweisen oder in sonstiger Weise eine wesentliche Relevanz bezogen auf die Wahrnehmung öffentlicher Interessen oder auf die Sektoren der NIS-2-RL aufweisen. Hierbei überlässt der europäische Gesetzgeber die Qualifizierung als wesentliche Einrichtung nach diesen Kriterien den Mitgliedsstaaten, lässt dabei aber auch die Möglichkeit offen, diese Einrichtungen

---

[33] Vgl. Barczak, JuS 2015, 969 (970).
[34] Vgl. Husmann, NZS 2010, 655 (658).

lediglich als wichtige Einrichtungen nach Art. 3 Abs. 2 NIS-2-RL einstufen zu lassen, sofern die Mitgliedstaaten eine Einstufung nur bis zu diesem Grad vorsehen.

Neben einer Einstufung der Einrichtungen hierüber kann in Bezug auf den Energiesektor zudem die Einstufung einer wesentlichen Einrichtung aufgrund ihrer Eigenschaft als kritische Einrichtung im Sinne von Art. 3 Abs. 1 lit. f i. V. m. Art. 2 Abs. 3 NIS-2-RL hervorgehoben werden. Die Feststellung darüber, ob eine kritische Einrichtung im Sinne der NIS-2 Richtlinie vorliegt, ergibt sich nach den Maßgaben dieser Norm aufgrund der Bestimmungen einer separaten Richtlinie des Europäischen Parlaments und des Rates.[35] Es handelt sich hierbei um die CER-RL, welche sich hinlänglich der erfassten Sektoren der NIS-2-RL in Anhang 1 und 2 weitgehend mit dieser deckt, und in ihrem übergeordneten Ziel vorgibt, kritische Einrichtungen, ehemals bezeichnet als kritische Infrastruktur (KRITIS), seitens der Mitgliedsstaaten zu identifizieren und deren physische Widerstandsfähigkeit zu stärken.[36] Die CER-RL selbst befindet sich auf Bundesebene zum derzeitigen Stand noch im Gesetzgebungsverfahren, sodass eine nationale Umsetzung auch hier noch ausstehend ist. Ein Gesetzesentwurf liegt mit dem KRITIS-DachG vor.[37] Die sich in der Gegenüberstellung von NIS-2-RL und CER-RL ergebende Regelungskonkurrenz ist dabei wohl Ausdruck der unionsrechtlich intendierten Verzahnung beider Richtlinien, erkennbar auch an den Erwägungsgründen 30 und 79 NIS-2-RL.[38]

4 Umsetzung der NIS-2-RL nach nationalem Recht

Da es sich bei der NIS-2-RL um europäisches Sekundärrecht im Sinne von Art. 288 Abs. 3 AEUV handelt, ist diese zur Wirksamkeit ihrer Normen in nationales Recht umzusetzen. Der nationale Gesetzgeber hat es dabei versäumt der Umsetzungspflicht bis zum 17. Oktober 2024 nach Art. 41 Abs. 1 NIS-2-RL nachzukommen. Zum Zeitpunkt der Entstehung des vorliegenden Beitrags liegt der am 23.06.2025 verabschiedete Referentenentwurf für das NIS-2-Umsetzungs- und Cybersicherheitsstärkungsgesetz (NIS2UmsuCG)[39] vor. Innerhalb dieses Artikelgesetzes soll unter anderem eine Anpassung der gesetzlichen Regelungen zum Bundesamt für Sicherheit in der Informationstechnik und zur Sicherheit in der Informationstechnik von Einrichtungen

---

[35] Richtlinie (EU) 2022/2557 vom 14. Dezember 2022 über die Resilienz kritischer Einrichtungen.
[36] Bostelmann in Hornung/Schallbruch, IT-Sicherheitsrecht, Teil 3 § 25 Rdnr. 25 ff.
[37] Deutscher Bundestag BT-Drs. 20/13.961, über: https://dserver.bundestag.de/btd/20/139/2013961.pdf.
[38] Ebenfalls über Deutscher Bundestag BT-Drs. 20/13.961, über: https://dserver.bundestag.de/btd/20/139/2013961.pdf, S. 31.
[39] BMI, Entwurf eines Gesetzes zur Umsetzung der NIS-2-RL und zur Regelung wesentlicher Grundzüge des Informationssicherheitsmanagements in der Bundesverwaltung, 23.6.2025, über https://www.bmi.bund.de/SharedDocs/gesetzgebungsverfahren/DE/Downloads/referentenentwuerfe/CI1/NIS-2-RefE_2025.pdf?__blob=publicationFile&v=8.

(BSI) erfolgen. Demnach soll das BSIG a. F. durch das BSIG-E abgelöst werden (Art. 1 NIS2UmsuCG). Der finale Gesetzesabschluss der NIS-2-RL ist somit für das nationale Recht auf Bundesebene noch ausstehend. Es ist aufgrund des noch ausstehenden parlamentarischen Abschlusses des Gesetzes darauf hinzuweisen, dass keine verbindlichen Aussagen in diesem Zusammenhang getroffen werden können.

4.1 Allgemeine Änderungen über das BSIG-E

In der Umsetzung der NIS-2-RL sieht der nationale Gesetzgeber Änderungen an dem BSIG a. F. vor, die sich in ihrer Umsetzung stark an der Ausgestaltung des europäischen Rechtsaktes orientieren. Die Klassifizierung der Sektoren über die Anlagen 1 und 2 des BSIG-E stellen eine Neuerung zu dem BSIG a. F. dar, welche sich in ihrer Ausgestaltung an den Inhalten der NIS-2-RL orientiert. Allerdings erweisen sich in der nationalen Umsetzung auch gewisse Unterschiede zu den Ausführungen über die europäische Richtlinie. So enthält Anlage 1 des BSIG-E in der Begrifflichkeit klare Bezüge zu nationalem Fachrecht und trifft detailliertere Einrichtungsdefinitionen. Im Zusammenhang mit dem Energiesektor ergeben sich etwa dadurch Abweichungen, dass die Wasserstofferzeugung und die Erdgas-Versorgung gemeinsam unter die Gasversorgung (Punkt 1.4) gefasst werden und die Erdöl-Versorgung innerhalb der Kraftstoff- und Heizölversorgung (Punkt 1.3) verordnet wird. In der NIS-2-RL handelt es sich hierbei dagegen jeweils um eigene Teilsektoren.

Derzeitig sieht der nationale Gesetzgeber die Umsetzung zur Bestimmung der Einrichtungen nach Art. 3 NIS-2-RL auf nationaler Ebene über § 28 BSIG-E vor. Hierin werden die wesentlichen bzw. wichtigen Einrichtungen als *besonders wichtige* bzw. *wichtige* Einrichtungen definiert, was aus Sicht des nationalen Gesetzgebers wohl eine Klarstellung gegenüber der potenziell missverständlichen NIS-2-RL darstellt.[40] Der BMWK schätzt eine generelle Einstufung von etwa 8.250 Unternehmen als besonders wichtige Einrichtungen und 21.600 Unternehmen als wichtige Einrichtungen ein.[41] In der Umsetzung der Vorlagerichtlinie nimmt der BSI über das BSIG-E innerhalb der hierin festgehaltenen Anlagen bereits vorab eine Einordnung der Einrichtungen vor, wonach Anlage 1, dem auch der Energiesektor zugehörig ist, besonders wichtige und wichtige Einrichtungen listet, während Anlage 2 lediglich wichtige Einrichtungen auflistet. Die Anlagen des BSIG-E unterscheiden sich insofern von denen der NIS-2-RL, da hierin vorab keine Eingrenzung stattfindet, sondern eine Unterscheidung erst in Art. 3 NIS-2-RL über die Kriterien festgehalten wird. Einrichtungen des Energiesektors können demnach als besonders wichtige bzw. wichtige Einrichtungen eingestuft werden.

---

[40] Zu einem alten Entwurf, jedoch übertragbar: Kipker/Dittrich, MMR 2023, 481 (481).
[41] BMI, Entwurf eines Gesetzes zur Umsetzung der NIS-2-RL und zur Regelung wesentlicher Grundzüge des Informationssicherheitsmanagements in der Bundesverwaltung, 23.6.2025, über https://www.bmi.bund.de/SharedDocs/gesetzgebungsverfahren/DE/Downloads/referentenentwuerfe/CI1/NIS-2-RefE_2025.pdf?__blob=publicationFile&v=8, S. 118.

Weiterhin nimmt der Referentenentwurf gegenüber der NIS-2-RL eine erhebliche Eingrenzung des Anwendungsbereichs über § 28 Abs. 3 BSIG-E vor. Hiernach sind nunmehr diejenigen Geschäftstätigkeiten nicht zu berücksichtigen, die im Hinblick auf die Tätigkeit der Einrichtung im Gesamten vernachlässigbar sind. Eine solche Formulierung wirft im Kontext eines weit gefassten Anwendungsbereiches zunächst Fragen auf, konkretisiert sich aber über die Begründung des Bundesministeriums des Innern (BMI). Demnach dient dieser Absatz dazu, im Einzelfall eine unverhältnismäßige Identifizierung von Einrichtungen aufgrund einer nur geringfügigen Nebentätigkeit zu vermeiden.[42] Dies stände demzufolge entgegen einer weiten Auffassung, wonach jegliche Nebentätigkeit im Rahmen des Anwendungsbereiches eine Rolle spielen. (siehe Abschn. 2.1 *Erfasste Einrichtungen*). Ob sich eine solche Einschränkung als richtlinienkonform erweist, ist jedoch fraglich.[43] Zudem stellt sich die Frage, wann eine vernachlässigbare Nebentätigkeit vorliegt.

4.2 Anforderungen an die Schwellenwerte nach dem BSIG-E

Die Einstufung der Einrichtungen im Rahmen der Unternehmensschwellenwerte ergibt sich aus § 28 Abs. 1 Nr. 4 BSIG-E. Dieser weist in seinem Wortlaut bei der Bestimmung der relevanten Schwellenwertdaten auf die gleichen übergeordneten Kriterien wie die NIS-2-RL hin, nämlich Mitarbeiterzahl, sowie Jahresumsatz und Jahresbilanzsumme. Hierin stellt sich jedoch ein Unterschied zu den Maßgaben nach der NIS-2-RL. Anders als die die NIS-2-RL, welche den Jahresumsatz und die Jahresbilanzsumme als alternative Schwellwerte aufführt, müssen diese Schwellenwerte gemäß § 28 Abs. 1 Nr. 4 BSIG-E kumulativ erreicht werden. Dies stellt eine Eingrenzung des Anwendungsbereichs der NIS-2-RL dar, wenn auch die Eingrenzung nicht sehr umfangreich erscheint. Eine richtlinienkonforme Umsetzung könnte zumindest weiterhin vorliegen, wenn nach Auffassung der Gerichte das Richtlinienziel dadurch nicht infrage zu stellen ist.[44]

Darüber hinaus sieht der nationale Gesetzgeber über § 28 Abs. 4 BSIG-E konkretere Voraussetzungen gegenüber den Unternehmen vor, um von dem Gesetz überhaupt erfasst zu werden. Spezifisch sollen saisonale Schwankungen sowie unbeständige Werte, die nicht über zwei aufeinanderfolgende Jahre erreicht werden, keine Berücksichtigung

---

[42] BMI, Entwurf eines Gesetzes zur Umsetzung der NIS-2-RL und zur Regelung wesentlicher Grundzüge des Informationssicherheitsmanagements in der Bundesverwaltung, 23.6.2025, über https://www.bmi.bund.de/SharedDocs/gesetzgebungsverfahren/DE/Downloads/referentenentwuerfe/CI1/NIS-2-RefE_2025.pdf?__blob=publicationFile&v=8, S. 157.

[43] Vergleichbare Kritik wurde bereits an dem Wortlaut des überholten Gesetzesentwurfs zum NIS2UmsuCG hinlänglich der relevanten Schwellenwertdaten aufgrund der Bestimmung ausschließlich über die Geschäftstätigkeit geäußert; siehe hierzu Hessel/Schneider, MMR 2025, 243 (247).

[44] Vgl. Mantel in Huber/Mantel: Aufenthaltsgesetz/Asylgesetz, Vorbemerkung zum AsylG Rdnr. 26.

in der schwellenwertbezogenen Ermittlung finden.[45] Darüber hinaus trägt der Referentenentwurf über § 28 Abs. 4 S. 1 BSIG-E der Kritik des BDEW Rechnung, welche den staatlichen Einfluss in der Bestimmung der erfassten Unternehmen anbelangt (siehe Abschn. 3.1.a. *Einordnung in den Anwendungsbereich, Art. 2 NIS-2-RL*). Es ist nunmehr unerheblich, ob eine Einrichtung zu über 25 % durch eine staatliche Stelle bzw. eine des öffentlichen Rechts kontrolliert wird.

4.3 Einstufung der Einrichtungen aufgrund ihrer Kritikalität auf nationaler Ebene

Neben der Einstufung über die Unternehmensschwellenwerte ist gesondert die Einstufung nach § 28 Abs. 1 Nr. 1 i. V. m. § 56 Abs. 4 BSIG-E hervorzuheben, wonach die Betreiber kritischer Anlagen als besonders wichtige Einrichtungen einzustufen sind. Dies entspricht zwar grundsätzlich den Vorgaben aus Art. 3 Abs. 1 lit. f i. V. m. Art. 2 Abs. 3 NIS-2-RL, wonach wesentliche Einrichtungen aufgrund ihrer Einstufung als kritische Einrichtung bestimmt werden. Da an Betreiber kritischer Anlagen jedoch erweiterte Anforderungen etwa aufgrund des BSI-KritisV gestellt werden, handelt es sich bei diesen Einrichtungen um eine eigenständige Kategorie, was auch die bisherige Systematik des Bundesgesetzgebers fortführt.[46]

Der Begriff Betreiber kritischer Anlagen aus dem BSIG-E löst die Bezeichnung der KRITIS der bisherigen Gesetzeslage ab.[47] Eine Legaldefinition für die Betreiber kritischer Anlagen ergibt sich über § 28 Abs. 8 BSIG-E, wonach es sich um einen Rechtsträger handeln muss, welcher nach den wirtschaftlichen, organisatorischen oder tatsächlichen Umständen einen bestimmenden Einfluss auf eine oder mehrere kritische Anlagen nimmt. Hieraus entspringt eine Umsetzungspflicht für alle betroffenen Betreiber, welche Einflussnahme ausüben, im Einzelnen. Das Konzept eines gemeinsamen Betreibers kann hieraus entsprechend nicht abgeleitet werden.[48] Die weiteren relevanten Definitionen ergeben sich aus den Begriffsbestimmungen in § 2 Nr. 22 und Nr. 24 BSIG-E. Hierüber werden die kritischen Anlagen, sowie die damit in Verbindung stehenden kritischen Dienstleistungen definiert. Letztere sind insoweit besonders relevant, als hierin explizit der Energiesektor als kritische Dienstleistung benannt wird, sofern dieser der Versorgung der Allgemeinheit dient und „deren Ausfall

---

[45] BMI, Entwurf eines Gesetzes zur Umsetzung der NIS-2-RL und zur Regelung wesentlicher Grundzüge des Informationssicherheitsmanagements in der Bundesverwaltung, 23.6.2025, über https://www.bmi.bund.de/SharedDocs/gesetzgebungsverfahren/DE/Downloads/referentenentwuerfe/CI1/NIS-2-RefE_2025.pdf?__blob=publicationFile&v=8, S. 157.

[46] Zu einem alten Entwurf, jedoch übertragbar: Schmidt, RDi 2024, 550 (551); a.A. Kipker/Dittrich, MMR 2023, 481 (482).

[47] Vgl. BMI, Entwurf eines Gesetzes zur Umsetzung der NIS-2-RL und zur Regelung wesentlicher Grundzüge des Informationssicherheitsmanagements in der Bundesverwaltung, 23.6.2025, über https://www.bmi.bund.de/SharedDocs/gesetzgebungsverfahren/DE/Downloads/referentenentwuerfe/CI1/NIS-2-RefE_2025.pdf?__blob=publicationFile&v=8, S. 106, 135.

[48] Zu einem alten Entwurf, jedoch übertragbar: Schmidt, RDi 2024, 550 (551).

oder Beeinträchtigung zu erheblichen Versorgungsengpässen oder zu Gefährdungen der öffentlichen Sicherheit führen würde".

Die Begriffsänderung nach nationalem Recht, weg von dem Begriff der kritischen Einrichtungen hin zu dem Begriff der kritischen Anlagen, könnte eine gezielte dogmatische Präzisierung darstellen. Der derzeitige Entwurf des KRITIS-DachG erkennt an, dass es sich bei kritischen Anlagen um einen Teilbereich von KRITIS handelt,[49] jedoch erübrigt sich eine Unterscheidung dieser Begriffe über den planmäßigen Wortlaut dieses Gesetzes, da innerhalb seiner Normierung kritische Anlagen mit dem Begriff von KRITIS gleichgesetzt werden, sofern sie auf Unionsebene eine übergeordnete Rolle einnehmen.[50] Vor diesem Hintergrund wird die über dieses Gesetz intendierte Erweiterung der europarechtlichen Cybersicherheitsstrategie deutlich. Im Kontext der Einrichtungen ergeben sich neue Regelungsmaßstäbe auf nationaler sowie supranationaler Ebene. Weiterführend ergibt sich hieraus in der Zuordnung von Einrichtungen als kritische Einrichtung, dass dem BMI neben den Maßgaben aus dem BSIG-E auch über das KRITIS-DachG weitreichende Kompetenzen und Verantwortung in der Bestimmung kritischer Anlagen zugesprochen werden.

Der Referentenentwurf nimmt im Kontext kritischer Anlagen keinen konkreten Bezug zu der bisherigen Gesetzgebung bzw. Umsetzung dieser. Hiernach ist ein Rückgriff auf eine vorhandene KRITIS-Strategie des Bundesgesetzgebers im Sinne von Art. 3 Abs. 1 lit. g NIS-2-RL ausgeschlossen. Nach dieser Norm wäre es zulässig die bisherige nationale Einstufung zu wesentlichen Einrichtungen beizubehalten, was aber explizit vorgesehen werden müsste. Folglich handelt es sich bei der Umsetzung über das BSIG-E um eine an den Änderungen der NIS-2-RL orientierte Neufassung. Im Rahmen der geplanten gesetzlichen Neuerungen ist vorgegeben, dass die Bestimmung der kritischen Anlagen nach § 56 Abs. 4 BSIG-E seitens des BMI im Einvernehmen mit den anderen relevanten Ministerien des Bundes zu vollziehen ist und sich anhand branchenspezifischer Schwellenwerte zu richten hat, sofern sich hierüber das Vorliegen eines als bedeutend anzusehenden Versorgungsgrades für diesen Sektor bejahen lässt.

Zu der Bestimmung kritischer Anlagen ist konkret auf die Umsetzung über § 56 Abs. 4 BSIG-E sowie § 5 KRITIS-DachG hinzuweisen, wonach sich die Kritikalität einer Anlage nach dem Überschreiten branchenspezifischer Schwellenwerte richtet, dessen Kriterien in § 5 Abs. 2 KRITIS-DachG konkret dargestellt werden. Die Schwellenwerte orientieren sich hierbei systematisch sowie inhaltlich an der BSI-KritisV, welche die vorige Einstufung kritischer Anlagen über den Versorgungsgrad der Bevölkerung als Kriterium regelte.[51] Als Regelwert ist die Kritikalität hiernach gegeben, sofern die Anlage mindestens 500.000 Einwohner versorgt. Von den

---

[49] Deutscher Bundestag BT-Drs. 20/13.961, über: https://dserver.bundestag.de/btd/20/139/2013961.pdf, S. 34.
[50] Deutscher Bundestag BT-Drs. 20/13.961, über: https://dserver.bundestag.de/btd/20/139/2013961.pdf, S. 1, sowie über § 3 Abs. 8, § 9 KRITIS-DachG.
[51] Deutscher Bundestag BT-Drs. 20/13.961, über: https://dserver.bundestag.de/btd/20/139/2013961.pdf, S. 46 f.

Maßstäben dieses Rechtsakts ausgehend ergibt sich hierzu aus § 2 i. V. m. Anhang 1 BSI-KritisV, dass die Einrichtungen des Energiesektors als kritische Dienstleistungen gelten, sofern sie der Versorgung der Allgemeinheit dienen und gewisse Schwellenwerte überschreiten. Die Umsetzung nach diesen Vorgaben lässt sich mit der bisherigen Umsetzung des Bundesgesetzgebers zu KRITIS parallelisieren, wonach in § 2 Abs. 10 Nr. 1 BSIG a. F., sowie das Bundesamt für Bevölkerungsschutz und Katastrophenhilfe (BBK) zu Einrichtungen des Energiesektors bereits festgehalten wurde, dass Einrichtungen dieses Sektors bei Vorliegen weiterer Bedingungen als KRITIS einzustufen sind.[52]

5 Fazit

Die NIS-2-RL zielt in ihrer neuen Fassung auf einen einheitlicheren und klareren Regelungsrahmen im Vergleich zu ihrer Vorgängerrichtlinie ab. Dennoch erweist sich die Einordnung der relevanten Einrichtungen als wesentliche oder wichtige Einrichtungen nach diesem Rechtsakt als anspruchsvoll. Insbesondere der weit gefasste Anwendungsbereich, welcher potenziell die Erfassung von Nebentätigkeiten miteinbezieht, ist hervorzuheben. Demnach können Unternehmen, die nicht eindeutig einem der erfassten Sektoren zuzuordnen sind, dennoch unter die Regelungen fallen. Gerade der Energiesektor ist beispielhaft für diesen Umstand zu nennen. Trotz der Bemühungen einer klareren Fassung bleibt die Umsetzung nicht frei von Kritik. Gerade die Erfassung von Nebentätigkeiten im Anwendungsbereich der Richtlinie führt zu Bedenken, da sie aus Sicht von kleineren Unternehmen etwa zu umfangreichen Melde- und Sicherheitsanforderungen führen können. Zudem könnte sich das vorgesehene Strafmaß als potenziell unverhältnismäßig darstellen. Die nationale Umsetzung scheint diesen Bedenken Rechnung zu tragen und bemüht sich vor diesem Hintergrund eigens Konkretisierungen zu treffen und führt in dem derzeit intendierten Referentenentwurf eine klarere Einordnungsstruktur, welche den europäischen Wortlaut präzisiert.

Bei Festlegung darüber, wie eine Einrichtung unter der NIS-2-RL zu verordnen ist, ist zunächst auf den Anwendungsbereich abzustellen, bevor eine weitere Einstufung in die Einrichtungsart erfolgen kann. Dabei legt die Einordnung über den Anwendungsbereich im Rahmen der sektoralen Bestimmung über die Anhänge zugleich den übergeordneten Rahmen für die weitere Bestimmung fest. Die konkrete Einstufung erfolgt in jedem Fall entweder auf Grundlage der von der Richtlinie vorgegebenen allgemeinen Schwellenwerte hinlänglich der Unternehmensgröße, wobei die Umsetzung auf Bundesebene zum Teil marginale Abweichungen vorsieht, oder durch eine gesonderte nationale Bewertung anhand der besonderen Relevanz, wel-

---

[52] Bundesamt für Bevölkerungsschutz und Katastrophenhilfe, KRITIS-Sektor: Energie, https://www.bbk.bund.de/DE/Themen/Kritische-Infrastrukturen/Sektoren-Branchen/Energie/energie_node.html.

che die jeweilige Einrichtung für die Allgemeinheit annimmt. Zu letzterem sind die kritischen Einrichtungen gesondert hervorzuheben, welche nach dem nationalen Gesetzgeber an der Erfüllung sektorspezifischer Schwellenwerte zu bemessen sind. Angesichts der noch ausstehenden finalen Fassungen des BSIG-E und des KRITIS-Dachgesetzes sollte sich die praktische Anwendung derzeit vorrangig an den allgemeinen Schwellenwerten der NIS-2-RL orientieren. Es ist im Sinne einer kontinuitätsorientierten Rechtsfortentwicklung jedoch davon auszugehen, dass der nationale Gesetzgeber an seiner bisherigen Linie zur KRITIS-Regulierung festhalten wird und die unionsrechtlichen Schwellenwerte lediglich eine von mehreren Maßstäben in der nationalen Umsetzung darstellen werden.

Danksagung. Die diesem Beitrag zugrundeliegenden Forschungsarbeiten wurden vom Bundesministerium für Bildung und Forschung (BMBF) und vom Hessischen Ministerium für Wissenschaft und Kunst (HMWK) im Rahmen ihrer gemeinsamen Förderung für das Nationale Forschungszentrum für angewandte Cybersicherheit ATHENE unterstützt.

Literatur

Barczak, Tristan: Normenkonkurrenz und Normenkollision, JuS 2015, S. 969–976.
Bundesverband der Energie- und Wasserwirtschaft e. V.: Stellungnahme zum Kommissionsvorschlag für die Überarbeitung der „NIS-RL" (EU) 2016/1148 (Gewährleistung einer EU-weit hohen Netz- und Informationssicherheit), 2021, über https://www.bdew.de/media/documents/20210319_BDEW_Stellungnahme_NIS-RL_2.0.pdf.
Bundesamt für Bevölkerungsschutz und Katastrophenhilfe: KRITIS-Sektor – Energie, https://www.bbk.bund.de/DE/Themen/Kritische-Infrastrukturen/Sektoren-Branchen/Energie/energie_node.html.
Bundesamt für Sicherheit in der Informationstechnik: BSI-Lagebericht 2022, Gefährdungslage im Cyber Raum hoch wie nie, über: https://www.bsi.bund.de/DE/ServiceNavi/Presse/Pressemitteilungen/Presse2022/221025_Lagebericht.html.
Bundesamt für Sicherheit in der Informationstechnik: Cybersicherheit im Energiesektor Deutschlands, über: https://www.bsi.bund.de/SharedDocs/Downloads/DE/BSI/CyberSicherheit/Positionspapier_Cybersicherheit_Energiesektor.pdf?__blob=publicationFile&v=2.
Bundesministerium des Innern: Entwurf eines Gesetzes zur Umsetzung der CER-Richtlinie und zur Stärkung der Resilienz kritischer Anlagen, über: https://www.bmi.bund.de/SharedDocs/gesetzgebungsverfahren/DE/Downloads/referentenentwurfe/KM4/KRITISDachG1.pdf?__blob=publicationFile&v=5.
Bundesministerium des Innern: Entwurf eines Gesetzes zur Umsetzung der NIS-2-RL und zur Regelung wesentlicher Grundzüge des Informations¬sicherheits¬managements in der Bundesverwaltung, 23.6.2025, über https://www.bmi.bund.de/SharedDocs/gesetzgebungsverfahren/DE/Downloads/referentenentwurfe/CI1/NIS-2-RefE_2025.pdf?__ blob= publicationFile&v=8.
Deutscher Bundestag: BT Drs. 20/13961, über: https://dserver.bundestag.de/btd/20/139/.
Ebers, Martin/ Heinze, Christian/ Krügel, Tina/ Steinrötter, Björn: Künstliche Intelligenz und Robotik, 1. Auflage, München 2020.
Europäische Kommission: NIS2-Richtlinie, neue Vorschriften für die Cybersicherheit von Netz- und Informationssystemen, über https://digital-strategy.ec.europa.eu/de/policies/nis2-directive.

Hessel, Stefan/ Callewaert, Christoph/ Schneider, Moritz: Die NIS-2-Richtlinie aus Unternehmensperspektive, RDi 2024, S. 208–215.
Hessel, Stefan/ Schneider, Moritz: Anwendungsbereich der NIS-2-RL, MMR 2025, S. 243–247.
Hornung, Gerrit/ Schallbruch, Martin: IT-Sicherheitsrecht, 2. Auflage, Baden-Baden 2024.
Huber, Bertold/ Mantel, Johanna: Aufenthaltsgesetz/Asylgesetz, 4. Auflage, München 2025.
Husmann, Manfred: Die Richtlinien der Europäischen Union, NZS 2010, S. 655–662.
Kipker, Dennis-Kenji/ Dittrich, Tilmann: Rolle der Kritischen Infrastrukturen nach dem neuen NIS-2-Umsetzungs- und Cybersicherheitsstärkungsgesetz, MMR 2023, S. 481–487.
Kühling, Jürgen/ Buchner, Benedikt: Datenschutz-Grundverordnung/BDSG, 4. Auflage, München 2024.
Marly, Jochen: Praxishandbuch Softwarerecht, 8. Auflage, München 2024.
Pohlmann, Norbert: Cyber-Sicherheit, 2. Auflage, Wiesbaden 2022.
Rath/Ekardt/Schiela: Cybersicherheit in der Energiewende und das EU-Recht, MMR 2023, S. 83–88.
Schmidt, Stephan: Der Regierungsentwurf zur NIS-2-RL – Richtliniengetreue Umsetzung oder deutscher Sonderweg?, RDi 2024, S. 550–557.
Simitis, Spiros/ Hornung, Gerrit/ Indra, Spiecker gen. Döhmann: Datenschutzrecht, 2. Auflage, Baden-Baden 2025.
Werry, Susanne/ Éles, Kata: Umsetzung der NIS2 Richtlinie: Harmonisierung oder Heterogenität?, MMR 2024, S. 829–834.
Wolff, Heinrich Amadeus/ Brink, Stefan/ v. Ungern Sternberg, Antje: BeckOK Datenschutzrecht, 52. Edition, München 2025.

Open Access Dieses Kapitel wird unter der Creative Commons Namensnennung - Nicht kommerziell - Keine Bearbeitung 4.0 International Lizenz (http://creativecommons.org/licenses/by-nc-nd/4.0/deed.de) veröffentlicht, welche die nicht-kommerzielle Nutzung, Vervielfältigung, Verbreitung und Wiedergabe in jeglichem Medium und Format erlaubt, sofern Sie den/die ursprünglichen Autor(en) und die Quelle ordnungsgemäß nennen, einen Link zur Creative Commons Lizenz beifügen und angeben, ob Änderungen vorgenommen wurden. Die Lizenz gibt Ihnen nicht das Recht, bearbeitete oder sonst wie umgestaltete Fassungen dieses Werkes zu verbreiten oder öffentlich wiederzugeben.

Die in diesem Kapitel enthaltenen Bilder und sonstiges Drittmaterial unterliegen ebenfalls der genannten Creative Commons Lizenz, sofern sich aus der Abbildungslegende nichts anderes ergibt. Sofern das betreffende Material nicht unter der genannten Creative Commons Lizenz steht und die betreffende Handlung nicht nach gesetzlichen Vorschriften erlaubt ist, ist auch für die oben aufgeführten nicht-kommerziellen Weiterverwendungen des Materials die Einwilligung des jeweiligen Rechteinhabers einzuholen.

Ansätze zur Unterstützung eines hohen Cybersicherheitsniveaus im Energiesektor: Teilautomatisierte Verifizierung von Vorgaben des (geplanten) NIS-2-Umsetzungs- und Cybersicherheitsstärkungsgesetzes

Soni Wadud Bakhtawer Rathore(✉)

Fraunhofer-Institut für Sichere Informationstechnik SIT und
Nationales Forschungszentrum für angewandte Cybersicherheit ATHENE,
Darmstadt, Deutschland
b.mian@hotmail.de

1 Cybersicherheit als Herausforderung des Energiesektors

Für Cyberkriminelle, die beabsichtigen, eine Gesellschaft möglichst schwerwiegend anzugreifen, sind Energieversorger ein attraktives Ziel, da Angriffe auf diese zu großflächigen Stromausfällen führen können. Diese wiederum können u. a. zur Folge haben, dass ärztliche Versorgung nur noch eingeschränkt möglich ist, wichtige Kommunikationskanäle zeitweise entfallen und Lebensmittel nicht mehr unterbrechungsfrei gekühlt werden können. Laut Schätzungen könnten gravierende Stromausfälle daher innerhalb Europas bereits nach wenigen Tagen zu bürgerkriegsähnlichen Zuständen führen [AE25].[1] Nicht zuletzt vor diesem Hintergrund ist es daher von essenzieller Wichtigkeit, Energieversorger – und damit gleichzeitig unsere Gesellschaft – bestmöglich vor Cyberangriffen und deren möglichen Auswirkungen zu schützen.

Der europäische Gesetzgeber verfolgt mit der neuen Richtlinie zur Netzwerk- und Informationssicherheit (NIS-2-Richtlinie) das Ziel, das Cybersicherheitsniveau innerhalb Europas weiter zu stärken. Von den dort – im Gegensatz zur ursprünglichen NIS-Richtlinie – geregelten strengeren Anforderungen an Cybersicherheitsmaßnahmen ist auch der Energiesektor betroffen. Als Europäische Richtlinie muss die NIS-2-Richtlinie zunächst in nationales Recht umgesetzt werden. In Deutschland soll dies über das NIS-2-Umsetzungs- und Cybersicherheitsstärkungsgesetz erfolgen. Als (geplantes) Artikelgesetz soll durch dieses u. a. das Energiewirtschaftsgesetz (EnWG) um einen neuen § 5c ergänzt werden. In ihrem Absatz 4 normiert der aktuelle Entwurf

---

[1] Appelt/Enzmann/Selzer, Cybersicherheit im Energiesektor – Überprüfung der Umsetzung von Cybersicherheitsmaßnahmen nach § 5c Energiewirtschaftsgesetz, DuD 2025 (im Druck).

dieser Vorschrift[2] die Mindestinhalte eines von (bestimmten) Betreibern von Energieversorgungsnetzen und/oder Energieanlagen einzuhaltenden Maßnahmenkatalogs.[3]

Im vorliegenden Beitrag möchten wir darstellen, wie das Cybersicherheitsniveau im Energiesektor – aufbauend auf dem eben skizzierten regulatorischen Ansatz – auch technisch unterstützt werden kann und den ersten hierfür notwendigen Schritt durchführen.

2 Metrikensystem als Hilfestellung für den Energiesektor

Konkreter gesprochen möchten wir im vorliegenden Beitrag darstellen, wie der Umsetzungsgrad des in § 5c Abs. 4 EnWG (geplanten) Maßnahmenkatalogs mittels eines Metrikensystems verifiziert werden kann.

2.1 Überblick über Metriken und Metrikensysteme

Metriken sind Kennzahlen, mit deren Hilfe sich der Umsetzungsgrad bestimmter Eigenschaften (z. B. rechtlichen Vorgaben) auf Basis vertrauenswürdiger Messdaten bewerten und mit vorherigen erzielten Messergebnissen vergleichen lässt [So11]. Die Kennzahlen können an unterschiedliche Zielgruppen adressiert sein, u. a. den IT-Verantwortlichen oder das Management einer Organisation.

Ein Beispiel für eine Metrik wäre eine Kennzahl darüber, wie viel Prozent der von einer Organisation verschickten E-Mails in einem bestimmten Zeitraum verschlüsselt sind. Um eine bessere – bis vollständige – Aussage über die Umsetzung erforderlicher Cybersicherheitsmaßnahmen treffen zu können, werden eine Vielzahl solcher Metriken benötigt. Häufig kommt es hierbei vor, dass eine einzelne Metrik (allein) weder eine Aussagekraft für die gesamte Umsetzung erforderlicher Cybersicherheitsmaßnahmen noch für einen Teilbereich liefern kann. Verfolgt man mit der o.g. Metrik beispielsweise das Ziel, den Sicherheitsgrad der E-Mail-Verschlüsselung zu verifizieren, so bedarf es u. a. auch Aussagen über das eingesetzte Verschlüsselungsverfahren und die verwendeten Schlüssellängen. Alle Metriken, die auf dieselbe übergeordnete Fragestellung einwirken (z. B. Sicherheitsgrad der E-Mail-Verschlüsselung) werden auch als Metrikenbündel bezeichnet. Strebt man eine teilautomatisierte[4] Verifizierung des Umsetzungsgrades vorgegebener Eigenschaften an, so fließen diese Metriken(bündel) gemeinsam mit technischen Messdaten, Berechnungsvorschriften und

---

[2] Der vorliegende Beitrag beruht auf dem Referentenentwurf mit Bearbeitungsstand 23.06.25.
[3] Dieser im Energiewirtschaftsgesetz als „IT-Sicherheitskatalog" bezeichnete Maßnahmenkatalog wird von der Bundesnetzagentur im Einvernehmen mit dem Bundesamt für Sicherheit in der Informationstechnik bestimmt.
[4] Derzeit ist es in den meisten Fällen nicht – oder nicht mit angemessenem Aufwand – möglich, rechtliche Anforderungen an die Cybersicherheit vollständig automatisiert zu überprüfen, weshalb wir im vorliegenden Beitrag von „teilautomatisierter" Verifizierung sprechen. Ziel sollte es jedoch sein, darauf hinzuarbeiten, die automatisierte Verifizierung mit angemessenem Aufwand Stück für Stück zu erreichen.

sogenannter Schwellwerte – also der Festlegung von einem Wert je Metrik, die anzeigt, ob die Verifizierung der Metrik zu einem „Bestanden" oder „Nicht-Bestanden" geführt hat – in einem Metriksystem zusammen.

Möchte man Metriken zum Umsetzungsgrad rechtlicher Anforderungen teilautomatisiert überprüfen, so erfolgt die Entwicklung der Metriken regelmäßig auf Basis des inter-disziplinären Top-Down-Bottom-Up-Ansatzes [s. Abb. 1].

Mittels des Top-Down-Ansatzes werden zunächst aus Sicht der Rechtswissenschaften die rechtlichen Anforderungen, die teilautomatisiert verifiziert werden sollen, systematisch erfasst. Weil rechtliche Anforderungen i. d. R. nicht konkret genug sind, um deren Umsetzungsgrad mittels eines Metriksystems teilautomatisiert verifizieren zu können, müssen diese rechtlichen Anforderungen sodann in konkret umsetzbare – und konkret überprüfbare – Maßnahmen „übersetzt" werden. Sodann werden mittels des Bottom-Up-Ansatzes aus Sicht der Informatikwissenschaften technische Datenquellen identifiziert, die eine Aussage zur Umsetzung der „übersetzten" Maßnahmen liefern könnten. Diese werden in einem weiteren Schritt auf ihren genauen Aussagegehalt bzgl. der zu verifizierenden Maßnahmen bewertet. Im Ergebnis erhält man also durch den Top-Down-Ansatz den genauen Untersuchungsgegenstand und durch den Bottom-Up-Ansatz die genauen Datenquellen zur Verifizierung des Umsetzungsstandes des Untersuchungsgegenstandes.[5]

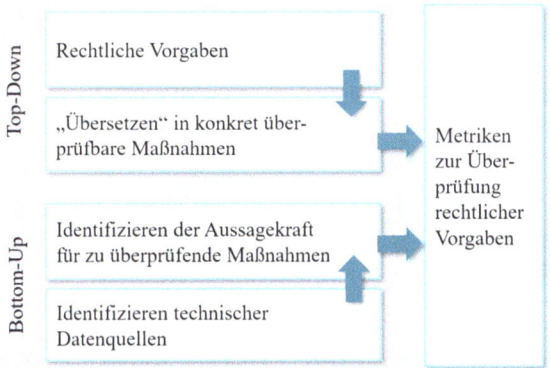

Abb. 1 Top-Down-Bottom-Up-Ansatz[6]

2.2 Systematische Erfassung und Maßnahmenableitung zum § 5c Abs. 4 EnWG

Nachfolgend wollen wir durch die Durchführung des Top-Down-Ansatzes den ersten zentralen Schritt zur Entwicklung teilautomatisiert verifizierbarer Metriken zu cybersicherheitsrechtlichen Anforderungen für den Energiesektor durchführen. Vor

---

[5] Appelt/Enzmann/Selzer, Cybersicherheit im Energiesektor – Überprüfung der Umsetzung von Cybersicherheitsmaßnahmen nach § 5c Energiewirtschaftsgesetz, DuD 2025 (im Druck).
[6] Angelehnt an Luhn, Rahmenwerk für Metriken, S. 1 ff.

diesem Hintergrund werden die rechtlichen Anforderungen des (geplanten) § 5c Abs. 4 EnWG systematisch erfassen und diese Anforderungen sodann in konkret umsetzbare und überprüfbare Maßnahmen „übersetzt".

Tab. 1 Maßnahmenableitung § 5c Abs. 4 S. 1 und 2 EnWG

Anforderung des § 5c Abs. 4 S. 1 und S. 2 EnWG
Die IT-Sicherheitskataloge i. S. d. Norm sollen jeweils den Stand der Technik einhalten und unter Berücksichtigung der einschlägigen europäischen Normen oder der einschlägigen internationalen Normen sowie der Umsetzungskosten ein Sicherheitsniveau der informationstechnischen Systeme, Komponenten und Prozesse gewährleisten, das dem bestehenden Risiko angemessen ist.Bei der Bewertung, ob Maßnahmen dem bestehenden Risiko angemessen sind, gilt es, folgende Hilfswerte zu berücksichtigen: – Risikoexposition, – Größe des Betreibers, – Eintrittswahrscheinlichkeit, – Schwere von Sicherheitsvorfällen – gesellschaftliche und wirtschaftliche Auswirkungen.
Konkrete Umsetzungsmaßnahmen[7]
Für die Bewertung der Angemessenheit der durchzuführenden Maßnahmen sind zunächst Schutzbedarfskategorien sowie eine Schutzbedarfsfeststellung durchzuführen. Solange von der Bundesnetzagentur als zuständige Regulierungsbehörde keine konkretisierenden Vorgaben vorhanden sind, sollte eine Einstufung in die Auswirkungskategorien katastrophal, kritisch, schwerwiegend, signifikant und geringfügig erfolgen. – Der Schutzbedarf „geringfügig" ist entsprechend ISO/IEC 27005 zu wählen, wenn die Beeinträchtigung in Bezug auf die Sicherheit des Betriebs oder der Durchführung der Tätigkeit und der Sicherheit von Personen oder Sachen keinerlei Auswirkungen für diese hat. – Der Schutzbedarf „signifikant" ist entsprechend ISO/IEC 27005 zu wählen, wenn die Beeinträchtigung in Bezug auf die Einrichtung, einschließlich der Sicherheit der Personen und Sachen eine signifikante, aber begrenzte Auswirkungen für diese hat. Ein Überstehen der Situation ist wahrscheinlich. – Der Schutzbedarf „schwerwiegend" ist entsprechend ISO/IEC 27005 zu wählen, wenn bei der Durchführung der Tätigkeit, d.h. der Ausübung einer bestimmten geschäftlichen, operativen oder technischen Funktion/Tätigkeit im Zusammenhang mit der Energieversorgung, erhebliche Beeinträchtigungen in Bezug auf die Sicherheit von Personen und Sachen haben, welche erhebliche Auswirkungen für diese hat. Dabei ist das Überleben der Einrichtung nur unter großen Schwierigkeiten möglich. – Der Schutzbedarf „kritisch" ist entsprechend ISO/IEC 27005 zu wählen, wenn die Einrichtung unfähig ist, ihre Tätigkeit ganz oder teilweise sicherzustellen, was schwerwiegende Auswirkungen auf die Sicherheit von Personen oder Sachen hat. Dabei ist das Überleben der Einrichtung bedroht und sie wird die Situation höchstwahrscheinlich nicht überstehen. – Der Schutzbedarf „katastrophal" ist entsprechend ISO/IEC 27005 zu wählen, wenn erhebliche Auswirkungen auf die branchenspezifischen Ökosysteme gegeben sind, die langanhaltende Auswirkungen haben können; und/oder Schwierigkeiten für den Staat, eine Behörden-/Regulierungsfunktion oder eine der staatlichen Aufgaben von existenzieller Bedrohung sicherzustellen sind; und/oder die Auswirkungen auf die Sicherheit von Personen oder Sachen kritisch sind.

---

[7] Quelle der nachfolgenden Auflistung: DIN EN ISO/IEC 27005:2025-01, Anh. A 1., Tab. A.1.

Tab. 2 Maßnahmenableitung § 5c Abs. 4 S. 3 Nr. 1 EnWG

Anforderung des § 5c Abs. 4 S. 3 Nr. 1 EnWG
Es müssen Maßnahmen eingeführt werden, die geeignet sind, Risikoanalysen durchzuführen und die Sicherheit der Informationstechnik zu gewährleisten.
Konkrete Umsetzungsmaßnahmen[8]
Die Rollen und Verantwortlichkeiten wurden im Vorfeld definiert, festgelegt und zugewiesen sowie innerhalb der Organisation bekannt gemacht.
Es wurde ein angemessenes Verfahren für die durchzuführende Risikoanalyse ausgewählt und festgelegt.
– Die Einführung und der Betrieb etwa eines ISMS wird sichergestellt.
– Einschlägige juristische, gesetzliche, regulatorische und vertragliche Anforderungen werden für den Aufbau jeglicher Prozesse in der jeweils geltenden Fassung berücksichtigt, ermittelt, dokumentiert und auf dem neusten Stand gehalten.
Eine Sicherheitskonzeption wurde im Vorfeld angefertigt und definiert.
– Es wurde der Geltungsbereich der bevorstehenden Risikoanalyse mit den einzubeziehenden Bereichen, Netzplänen, Prozessen und (wichtigsten) IT-Systemen definiert.
– Es wurden die spezifischen Zielobjekte der Risikoanalyse identifiziert.
– Eine Priorisierung dieser Zielobjekte hinsichtlich des Schutzbedarfs sowie der Bedeutung bzw. des Einflusses für die Organisation im Falle eines Risikoereignisses wurde vorgenommen.
– Sämtliche in der Risikoanalyse zu betrachtenden Anforderungen und Kriterien werden dokumentiert.
Im Rahmen der Risikoanalyse werden insbesondere die 47 derzeit im IT-Grundschutz-Kompendium aufgeführten elementaren Gefährdungen berücksichtigt.

---

[8] Quellen der nachfolgenden Auflistung: DIN EN ISO/IEC 27005-01, Abschn. 6.1 ff.; BSI-Standard 200-3, S. 9; Kersten/Schröder, ISO 27001:2022/2023 – Management der Informationssicherheit nach den aktuellen Standards, S. 47; Bundesnetzagentur, IT-Sicherheitskatalog, Stand 12/2018: https://www.bundesnetzagentur.de/SharedDocs/Downloads/DE/Sachgebiete/Energie/Unternehmen_Institutionen/Versorgungssicherheit/IT_Sicherheit/IT_Sicherheitskatalog_2018.pdf?__blob=publicationFile&v=1, S. 12; https://www.bundesnetzagentur.de/SharedDocs/Downloads/DE/Sachgebiete/Energie/Unternehmen_Institutionen/Versorgungssicherheit/IT_Sicherheit/IT_Sicherheitskatalog_08-2015.pdf?__blob=publicationFile&v=1, S. 10; BSI, IT-Grundschutz-Kompendium, Stand: 02/2023, Kap. „Elementare Gefährdungen" S. 1 ff.: https://www.bsi.bund.de/DE/Themen/Unternehmen-und-Organisationen/Standards-und-Zertifizierung/IT-Grundschutz/IT-Grundschutz-Kompendium/it-grundschutz-kompendium_node.html; siehe auch BSI-Standard 200-3, S. 9 f.

Tab. 3 Maßnahmenableitung § 5c Abs. 4 S. 3 Nr. 2 EnWG

Anforderung des § 5c Abs. 4 S. 3 Nr. 2 EnWG
Es müssen Maßnahmen getroffen werden, die eine effektive Bewältigung von Sicherheitsvorfällen ermöglichen.
Konkrete Umsetzungsmaßnahmen[9]
Es werden Verantwortliche festgelegt, um schnell und wirksam auf Sicherheitsvorfälle zu reagieren
– Es wird ein Team mit entsprechenden Kompetenzen benannt, welches auf den Sicherheitsvorfall reagieren und diesen möglichst eindämmen kann
– Dieses Team hat klare, für die Bewältigung eines Sicherheitsvorfalls definierte Aufgaben
– Diese werden im Vorfeld definiert und festgelegt
– Jedem Geschäftsprozess wird ein Prozessverantwortlicher zugeordnet
– Jedem kritischen Wert (Asset) wird ein Asset-Verantwortlicher zugeordnet
– Insbesondere wird eine Eindämmung des Vorfalls vorgenommen, wenn sich die Folgen des befallenen Systems auf weitere Systeme ausbreiten können
Es wird sichergestellt, dass sämtliche Abhilfeaktivitäten, die durchgeführt wurden, zur späteren Analyse korrekt und ordnungsgemäß protokolliert werden
Es wird sichergestellt, dass zu einem möglichst frühzeitigen Zeitpunkt nach dem Sicherheitsvorfall Beweismaterial gesammelt, sichergestellt und aufbewahrt wird
– Es werden interne Verfahren für eine effektive Verwaltung und dem Umgang mit Beweismaterial hinsichtlich Informationssicherheitsvorfällen etabliert
– Grundsätzlich werden dabei Anweisungen zur Identifizierung, Sammlung, Beschaffung sowie Aufbewahrung von Beweismitteln vorgegeben. Diese richten sich an die unterschiedlichen Arten von Speichermedien, Geräten und Gerätestatus
– Die Sammlung der Beweismittel erfolgt so, dass sie vor den zuständigen Gerichten bzw. anderen Disziplinarorganen zulässig sind
– Dahingehend wird sichergestellt, dass die Vollständigkeit der Aufzeichnungen sowie ihre Integrität gewährleistet ist; die Kopien elektronischer Beweismittel den Originalen entsprechen; sämtliche Informationssysteme während der Aufzeichnung des Beweismaterials einwandfrei funktioniert haben
– Der Energieversorger hat im Vorfeld die Situationen sowie Systeme, die eine Beweissicherung realisierbar machen, zu definieren und festzulegen
– Einschlägige juristische, gesetzliche und regulatorische Anforderungen werden für eine hohe Wahrscheinlichkeit der rechtsordnungsübergreifenden Anerkennung in der jeweils geltenden Fassung berücksichtigt
Es wurde geprüft, ob für bestimmte Sicherheitsvorfälle Meldepflichten an das BSI, das BBK und/oder die BNetzA bestehen
– Es wurden die Zuständigkeiten und Fristen der Meldungen definiert
– Der Vorfall wird an die hier einschlägigen Behörden gemeldet

(Fortsetzung)

---

[9] Quellen der nachfolgenden Auflistung: DIN EN ISO/IEC 27001:2024, Anh. A-5.30; DIN EN ISO/IEC 27002:2024-01, Abschn. 5.26; ISO/IEC 27019:2024-10, Abschn. 5.9; DIN EN ISO/IEC 27002:2024-01, Abschn. 5.26; DIN EN ISO/IEC 27002:2024-01, Abschn. 5.28; ISO/IED 27050, DIN EN ISO/IEC 27005:2025-01, Abschn. 10.5 ff.; DIN EN ISO/IEC 27002:2024-01, Abschn. 5.5; ISO/IEC 27019:2024-10, Abschn. 5.5.

Tab. 3 (Fortsetzung)

Der Kontakt zu den einschlägigen Behörden sollte durch die Betreiber der Prozesssteuerungssysteme der Energieversorgung sowie damit verbundenen Anwendungen gepflegt werden
– Es wird Kontakt zu relevanten öffentlichen Stellen wie der Feuerwehr oder der Polizeidienststelle gepflegt
– Ergänzend zu den relevanten öffentlichen Stellen besteht die Kontaktpflege zu nationalen und internationalen Behörden und Kooperationseinrichtungen zum Schutz Kritischer Infrastrukturen; nationalen und internationalen CSIRT-Organisationen; Katastrophenschutz- und Katastrophenhilfsorganisationen; Gefahrenabwehrorganisationen und -personal
– Die Dokumentation der Erreichbarkeit/Kontaktdaten der entsprechenden Stellen liegt in mind. zweifacher Ausführung ausgedruckt vor. Je einer dieser Ausdrucke befindet sich in unterschiedlichen Brandabschnitten
– Die Kontaktdaten zur Erreichbarkeit der entsprechenden Stellen wird regelmäßig auf Aktualität überprüft und ggf. aktualisiert
– Die Regelmäßigkeit wird durch einen verbindlich festgelegten Turnus sichergestellt
– Es wird definiert und festgelegt, wann Informationssicherheitsvorfälle zu melden sind, welche Personen dafür verantwortlich sind und auf welche Weise die Meldung zu erfolgen hat
– Es ist zu ermitteln und sicherzustellen, ob/welche weiteren lokalen oder übergreifenden Vorschriften und Gesetze hinsichtlich des Kontakts mit Behörden einschlägig sind
Im Rahmen des täglichen Betriebs, der Betriebseinsatzplanung und der Vorbereitung auf außergewöhnliche Lagen werden Wetterinformationen eingeholt. Zu diesem Zweck wird ein kontinuierlicher direkter Austausch mit den zuständigen Wetterdiensten auf lokaler, regionaler und nationaler Ebene sowie mit relevanten Informationsdiensten sichergestellt, gepflegt und aufrechterhalten

Tab. 4 Maßnahmenableitung § 5c Abs. 4 S. 3 Nr. 3 EnWG

Anforderung des § 5c Abs. 4 S. 3 Nr. 3 EnWG
Es müssen Maßnahmen getroffen werden, die geeignet sind, einen Betrieb auch im Notfall aufrechtzuerhalten.
Konkrete Umsetzungsmaßnahmen[10]
Es ist ein Notfallplan vorhanden.   – Der Notfallplan enthält definierte Notfallrollen und die damit verbundenen personellen Verantwortlichkeiten.   – Der Notfallplan enthält Angaben zur Priorisierung wichtiger Geschäftsprozesse und benennt diese deutlich.   – Dieser Notfallplan wird regelmäßig auf Aktualität überprüft und ggf. aktualisiert.   – Dieser Notfallplan enthält auch Prozesse zur Umsetzung des Wiederanlaufs.   – Dieser Notfallplan liegt in mind. zweifacher Ausführung ausgedruckt vor. Je einer dieser Ausdrucke befindet sich in unterschiedlichen Brandabschnitten.   Es sind rund um die Uhr einschlägige technische Mitarbeiter verfügbar.   – Die Dokumentation des Einsatzes und der Erreichbarkeit/Kontaktdaten der entsprechenden Mitarbeiter liegt in mind. zweifacher Ausführung ausgedruckt vor. Je einer dieser Ausdrucke befindet sich in unterschiedlichen Brandabschnitten.   – Die Kontaktdaten zur Erreichbarkeit der Mitarbeiter wird regelmäßig auf Aktualität überprüft und ggf. aktualisiert.   – Für wichtige Rollen dieser Mitarbeiter gibt es Vertretungsregeln, die sicherstellen, dass wichtige Rollen auch im Falle von kurzfristigen Ausfällen im Notfall besetzt sind.   – Diese Mitarbeiter haben klare, für den Notfall definierte Aufgaben.   – Diese Mitarbeiter werden regelmäßig für den Umgang mit verschiedenen technischen Notfällen geschult.   Die unterbrechungsfreie Stromversorgung kritischer Systeme wird mit Notstromaggregaten sichergestellt.   – Die Notstromaggregate werden regelmäßig gewartet.   – Es wird regelmäßig auf die maximale Leistungskapazität der Notstromaggregate hingewirkt.   Geräte, die die Stromversorgung unterstützen, werden gemäß den Spezifikationen des Herstellers konfiguriert, betrieben und gewartet.   Die Erforderlichkeit redundanter Internetverbindungen wurde geprüft und ggf. durch Verträge mit unterschiedlichen Providern und unterschiedlichen Übertragungswegen/Datenkabeln unterstützt   Sicherungs- und Backup-Systeme werden für die Aufrechterhaltung eines Betriebs im Notfall betrieben   – Es werden regelmäßige Tests der Wiederherstellung des Backups durchgeführt   – Insbesondere wird dabei beachtet, dass die Wiederherstellung des Backups sowie die wiederhergestellten Sicherungs-Systeme einwandfrei funktionieren und die Dauer der Wiederherstellung des Backups angemessen ist   – Die Testergebnisse werden dokumentiert und bewertet

(Fortsetzung)

---

[10] Quellen der nachfolgenden Auflistung: DIN EN ISO/IEC 27002:2024-01, Abschn. 5.29 f., 5.35, 7.10, 8.13, 9.2.; ISO/IEC 27019:2024-10, Abschn. 0.3 und 7.11; DIN EN ISO/IEC 27001:2022, Anh. A-5.30; Kersten/Schröder, ISO 27001:2022/2023 – Management der Informationssicherheit nach den aktuellen Standards, S. 139 f.

Tab. 4 (Fortsetzung)

Es ist ein Backup-Plan vorhanden
– Der Backup-Plan enthält klare Rollen und Zuständigkeiten, welche im Vorfeld definiert, festgelegt und zugewiesen sowie innerhalb der Organisation bekannt gemacht wurden
– Der Backup-Plan enthält einen regelmäßigen vorher definierten Backup-Turnus
– Backup-Datenträger werden in anderen Sicherheitsabschnitten gelagert
– Backup-Datenträger werden regelmäßig überprüft und aktualisiert
– Der Backup-Plan wird regelmäßig auf Aktualität überprüft und ggf. aktualisiert
– Der Backup-Plan enthält auch Prozesse zur problemlosen Umsetzung der Wiederherstellung
– Der Backup-Plan wird an einem sicheren externen Ort in ausreichender Entfernung aufbewahrt
Es ist ein Notfallwiederherstellungsplan (Disaster-Recovery-Plan) vorhanden
– Der Notfallwiederherstellungsplan enthält klare Rollen und Zuständigkeiten, welche im Vorfeld definiert, festgelegt und zugewiesen sowie innerhalb der Organisation bekannt gemacht wurden
– Der Notfallwiederherstellungsplan umfasst die vollständige Dokumentation der Backup-Strategien, inkl. Speicherorte, Wiederherstellungsverfahren und Priorisierung der Systeme
– Der Notfallwiederherstellungsplan wird regelmäßig auf Aktualität überprüft und ggf. aktualisiert
Es wurde geprüft, welche Hardware im Notfall ggf. ersatzweise zur Verfügung stehen muss und diese wurde beschafft (insbesondere Ersatz-Laptops, Netzwerkkomponenten, ggf. Server)
– Diese Hardware wird regelmäßig auf Aktualität überprüft und ggf. upgedatet/ausgetauscht
– Tests und Audits werden regelmäßig durchgeführt, um die ordnungsgemäße Funktion dieser Notfall-Hardware sicherzustellen
Die Regelmäßigkeit wird hinsichtlich aller vorher genannten Umsetzungsmaßnahmen durch einen verbindlich festgelegten Turnus sichergestellt

Tab. 5 Maßnahmenableitung § 5c Abs. 4 S. 3 Nr. 4 EnWG

Anforderung des § 5c Abs. 4 S. 3 Nr. 4 EnWG
Es müssen Maßnahmen getroffen werden, die geeignet sind, die Sicherheit der Lieferkette zu gewährleisten, einschließlich sicherheitsbezogener Aspekte der Beziehungen zwischen den einzelnen Einrichtungen und ihren unmittelbaren (Dienste-)Anbietern.
Konkrete Umsetzungsmaßnahmen[11]
Es wurden spezifische Richtlinien im Hinblick auf die Informationssicherheit in Lieferantenbeziehungen erstellt. Diese Richtlinien enthalten: – eine Dokumentation der Lieferantenarten, – die Bestimmung der Kriterien zur Bewertung und Auswahl von Lieferanten auf Grundlage der Sensibilität ihrer bereitgestellten Informationen, Produkte und Dienstleistungen, – die sorgfältige Auswahl und Bewertung der Produkte oder Dienstleistungen des Lieferanten, – die Sicherstellung der Verfügung über eine angemessene, gründliche und lückenlose Informationssicherheitskontrolle der Produkte und Dienstleistungen, – Definitionen der IKT-Produkte, IKT-Dienste und IKT-Prozesse sowie der physischen Infrastruktur der Einrichtung bzw. Umgebung, auf welche die Lieferanten Zugriff haben, sie überwachen, steuern und verwenden können. Es wurde eine Lieferantenvereinbarung zwischen dem Energieversorger und den einschlägigen Zulieferern von IT-Dienstleistungen bzw. anderen unterstützenden und in Verbindung mit der Energieversorgung stehenden Dienstleistungen erstellt. – Die Lieferantenvereinbarung benennt u.a. die Informationen, die bereitgestellt oder auf die zugegriffen werden soll sowie entsprechende Bereitstellungs-/Zugriffsmethoden, Anforderungen im Hinblick auf Schulung und Sensibilisierung hinsichtlich spezifischer Verfahren und Anforderungen an die Informationssicherheit, Regelungen zum zulässigen und ggf. unzulässigen Gebrauch von Informationen und anderen damit in Verbindung stehenden Assets, spezielle Anforderungen im Hinblick auf die IT-Infrastruktur bei dem Lieferanten sowie die Benennung von Entschädigungen und Abhilfemaßnahmen bei Nichterfüllung der Anforderungen durch den Auftragnehmer. – Es wird sichergestellt, dass der Schutzbedarf von Informationen in Verbindung mit kritischen Assets in der zugrundeliegenden Lieferantenvereinbarung sachgerecht ermittelt und beachtet wird. – Die Einrichtung wird sämtliche Lieferantenvereinbarungen mit externen Parteien durch System- und Werteeigentümer regelmäßig überprüfen lassen, um die Notwendigkeit an externen Zugriffen auf Prozesssteuerungssysteme zu bewerten. – Es wurde sichergestellt, dass zwischen der einzelnen Einrichtung und ihren unmittelbaren Lieferanten/(Dienste-)Anbietern ein eindeutiges Verständnis hinsichtlich der Erfüllung relevanter IT-Sicherheitsanforderungen/-verpflichtungen besteht. – Einschlägige juristische, gesetzliche, regulatorische sowie vertragliche Anforderungen werden in der jeweils geltenden Fassung berücksichtigt.

(Fortsetzung)

---

[11] Quellen der nachfolgenden Auflistung: DIN EN ISO/IEC 27002:2024-01 Abschn. 5.19; Naumann, ISO/IEC 27001, ISO/IEC 27002 und IT-Grundschutz: Schnelleinstieg Informationssicherheit 2022/2024, S. 124; DIN EN ISO/IEC 27002:2024-01, Abschn. 5.20, 5.35, A.5.21; ISO/IEC 27019:2024-10, Abschn. 5.20; weitere Einzelheiten zu Lieferantenvereinbarungen siehe ISO/IEC 27036; zu Vereinbarungen über Cloud-Dienste siehe ISO/IEC 19086.

Tab. 5 (Fortsetzung)

Es wird zusätzlich ein Verzeichnis angefertigt und geführt, welches Vereinbarungen mit externen Parteien enthält und den eigenen Informationsfluss nachvollziehbar macht.

Anbieter von ITK-Produkten werden dazu angehalten, Informationen darüber zu erteilen, welche Softwarekomponenten in den jeweiligen Produkten enthalten sind sowie Informationen über die integrierten Sicherheitsfunktionen und die notwendige Konfiguration für einen sicheren und möglichst fehlerfreien Betrieb.

– Es wurde durch die Umsetzung entsprechender Prozesse wie Kennzeichnungen sichergestellt, dass die von den Lieferanten gelieferten Produkte/Komponenten nicht manipuliert oder gefälscht sind.

– Es wurde etwa durch formale Zertifizierung sichergestellt, dass die entsprechenden ITK-Produkte die notwendigen und geforderten Sicherheitsstufen erreichen.

Es wurden spezifische Anforderungen für den Umgang mit der Informationssicherheit in der Lieferkette der IKT definiert.

Es werden geeignete und angemessene Sicherheitspraktiken durch die Anbieter in der gesamten Lieferkette implementiert und verbreitet, insbesondere wenn die entsprechenden Produkte Komponenten enthalten, welche von externen Anbietern oder Stellen gekauft oder erworben wurden.

Mitarbeiter werden regelmäßig geschult, um die Sicherheit der Lieferkette auf Grundlage der genannten und ggf. weiterer Maßnahmen stets zu gewährleisten.

Die Regelmäßigkeit wird hinsichtlich aller vorher genannten Umsetzungsmaßnahmen durch einen verbindlich festgelegten Turnus sichergestellt.

Tab. 6 Maßnahmenableitung § 5c Abs. 4 S. 3 Nr. 5 EnWG

Anforderung des § 5c Abs. 4 S. 3 Nr. 5 EnWG
Es sind Sicherheitsmaßnahmen bei Erwerb, Entwicklung und Wartung von Netz- und Informationssystemen zu implementieren, einschließlich Management und Offenlegung von Schwachstellen.
Konkrete Umsetzungsmaßnahmen[12]
Die Definierung klarer (vertraglicher) Vorgaben, welche durch die Lieferanten und Entwickler im Erwerbsprozess einzuhalten sind und einschlägige juristische, gesetzliche, regulatorische Anforderungen in der jeweils geltenden Fassung berücksichtigen, wurde vorgenommen.
Es werden die Rollen und Verantwortlichkeiten sowie die Verfahrensweise für die Netzwerktechnik- und Geräteverwaltung definiert, festgelegt, zugewiesen sowie innerhalb der Organisation bekannt gemacht.
Es werden die Verantwortlichkeiten für eine Schwachstellenüberwachung, Schwachstellen-Risikobewertung, Aktualisierung, Bestandsverfolgung sowie sämtlicher erforderlicher Koordinierungen definiert, festgelegt, zugewiesen sowie innerhalb der Organisation bekannt gemacht.
Eine Dokumentation sämtlicher Netzwerke und Netzwerkgeräte wird vorgenommen. – Diese Dokumentation wird regelmäßig und sorgfältig gepflegt und aktualisiert. – Netzwerkdiagramme und Konfigurationsdateien werden ebenso dokumentiert.
Es wird eine vollständige Inventarisierung der Assets für ein effektives technisches Schwachstellenmanagement durchgeführt. – Das Schwachstellen-Inventar enthält den Softwareanbieter, den Softwarenamen, die Versionsnummer, den aktuellen Stand der Bereitstellung sowie die innerhalb der Organisation jeweils zuständige(n) Person(en) für die Software. – Das Schwachstellen-Inventar umfasst sämtliche für die Energieversorgung relevanten Geschäftsprozesse, Prozesssteuerungssysteme und Informationen, Anwendungen sowie deren unterstützenden Assets. – Das Schwachstellen-Inventar ist genau, aktuell, vollständig sowie abgestimmt mit anderen Inventaren. – Ggf. wird das Schwachstellen-Inventar auf Aktualität und Genauigkeit der darin enthaltenen Assets geprüft und aktualisiert.

(Fortsetzung)

---

[12] Quellen der nachfolgenden Auflistung: DIN EN ISO/IEC 27002:2024-01, Abschn. 5.9 ff., 8.8, 8.20, 8.37; ISO/IEC 27019:2024-10, Abschn. 5.9; siehe auch BSI, IT-Grundschutz-Kompendium, Stand 02/2023, Kap. "OPS-Betrieb", S. 7 zur Erstellung und Pflege eines entsprechenden Schwachstellen-Inventars und zum Schwachstellenmanagement; Bundesnetzagentur, IT-Sicherheitskatalog für Strom- und Gasnetze, Stand 08/2015, S. 11; Empfehlung zu Netzplan-Aufbau siehe z.B. Naumann, ISO/IEC 27001, ISO/IEC 27002 und IT-Grundschutz, S. 227 ff.

Tab. 6 (Fortsetzung)

Der Umgang mit Altsystemen erfolgt nach eindeutig festgelegten betrieblichen Vorgaben, die Sicherheitsanforderungen, Wartung und mögliche Ersatzstrategien regeln.
– Der Betreiber wird sämtliche gebräuchliche Prozesssteuerungssystemtechnologien, Systeme und Komponente auf potenzielle Schwachstellen im Hinblick auf die Informationssicherheit identifizieren.
– Sämtliche physische und logische Datenschnittstellen wurden gesichert.
– Eine strikte und adäquate Netzwerktrennung wurde umgesetzt.
– Es wird sichergestellt, dass Fernzugriffe im Rahmen einer Konfiguration oder Wartung unterbunden werden.
– Sollte dies dennoch notwendig sein, wird eine angemessene Entkopplung der Netzwerke durch die Hinzuziehung von Proxyservern durchgeführt.
– Ggf. werden veraltete und nicht mehr unterstützte Systeme bzw. Software vollständig deaktiviert und durch neuere, sichere Systeme ersetzt, für die es auch Sicherheitsupdates gibt.
Es ist ein Netzstrukturplan vorhanden.
– Der Betreiber der Energieversorgungsnetze und Energieanlagen hat die Anwendungen, Systeme und Komponente, die im IT-Sicherheitskatalog erfasst sind, mit den anzutreffenden Haupttechnologien und deren Verbindungen zu erstellen.
– Eine Übersicht der Technologiekategorien ist in „Leitsystem/Systembetrieb", „Übertragungstechnik/Kommunikation" und „Sekundär-, Automatisierungs- und Fernwirktechnik" zu unterteilen.
– Die Ausgestaltung des Netzstrukturplans erfolgt im Sinne des IT-Sicherheitskatalogs in geeigneter Form, bspw. tabellarisch.
– Der Netzstrukturplan enthält eine Gruppierung der enthaltenen Elemente, etwa nach Typ, Konfiguration, Netz, Lokation, Rahmenbedingungen, Anwendungen oder Diensten, um die Darstellung zu vereinfachen.
– Bei größeren Netzen sind getrennte Teilpläne zu erstellen.
– Der Netzstrukturplan enthält eine klare Kennzeichnung und eine übersichtliche Definition aller Schnittstellen zu Teilsystemen, die nicht zu den in Abschnitt D des IT-Sicherheitskatalogs genannten Teilnetzen gehören oder nicht direkt vom Netzbetreiber kontrolliert werden.
– Der Netzstrukturplan enthält eine klare Trennung der Netzstrukturen anhand der jeweils einschlägigen Sicherheitsstandards, indem er unterscheidet, ob für die betriebenen Systeme Maßnahmen gemäß DIN EN ISO/IEC 27019 oder solche gemäß DIN ISO/IEC 27002 zur Anwendung kommen.
– Der Netzstrukturplan wird sorgfältig gepflegt und regelmäßig auf Aktualität überprüft sowie ggf. aktualisiert.
Bei Fernübertragungstechnologien, insbesondere Funk- und Drahtlosübertragungstechnologien wird die relevante Absicherung etwa durch Netzwerkzugriffskontrollen oder Verschlüsselung der Datenübertragung berücksichtigt und umgesetzt.
Die Netzwerkinfrastruktur von Prozesssteuerungssystemen wird in unterschiedliche Netzzonen mit verschiedenem Funktionsumfang und Sicherheitsanforderungen getrennt aufgeteilt.
– Eine Trennung verschiedener technischer und betrieblicher Bereiche wird insbesondere beachtet und umgesetzt.
– Die betriebliche Verantwortlichkeit für die Netzwerke vom Betrieb der IKT-Systeme wird getrennt.
– Die Netzwerkverwaltungskanäle von anderem Netzwerkverkehr werden ebenso getrennt.
– Domänen, die getrennt werden, berücksichtigen zusätzliche Kriterien wie etwa physische Einheiten (z.B. verschiedene Standorte oder Anlageneinheiten).

(Fortsetzung)

Tab. 6 (Fortsetzung)

Es wird regelmäßig überprüft und sichergestellt, dass Informationssysteme technische Vorgaben einhalten. – Es werden regelmäßig Penetrationstest sowie Schwachstellenanalysen und -bewertungen durchgeführt. – Die dafür einschlägigen Tools werden sicher konfiguriert und gewartet. – Ggf. werden in diesem Zusammenhang Analysen im Passivmodus durchgeführt. – Die Ergebnisse werden präzise dokumentiert sowie regelmäßig auf Aktualität geprüft und aktualisiert.
Ein entsprechendes vorher benanntes Incident-Response-Team wird der Ermittlung von Schwachstellen und Störungen entgegentreten. – Die Dokumentation des Einsatzes und der Erreichbarkeit/Kontaktdaten der entsprechenden Mitarbeiter liegt in mind. zweifacher Ausführung ausgedruckt vor. Je einer dieser Ausdrucke befindet sich in unterschiedlichen Brandabschnitten. – Die Kontaktdaten zur Erreichbarkeit der Mitarbeiter werden regelmäßig auf Aktualität überprüft und ggf. aktualisiert. – Die Mitarbeiter werden regelmäßig im Hinblick auf die Ermittlung von Schwachstellen sowie der Begegnung von Störungen geschult.
Eine angemessene Protokollierung sowie Überwachung hinsichtlich der Einhaltung der technischen Vorgaben wird gewährleistet.
Entwicklungs-, Test– und Produktionsumgebungen werden für den sicheren und einheitlichen Betrieb der jeweiligen Software und des jeweiligen Systems getrennt.
Die Regelmäßigkeit wird hinsichtlich aller vorher genannten Umsetzungsmaßnahmen durch einen verbindlich festgelegten Turnus sichergestellt.

Tab. 7 Maßnahmenableitung § 5c Abs. 4 S. 3 Nr. 6 EnWG

Anforderung des § 5c Abs. 4 S. 3 Nr. 6 EnWG
Es sind Konzepten und Verfahren zur Bewertung der Wirksamkeit von Risikomanagementmaßnahmen im Bereich der Sicherheit der Informationstechnik zu etablieren.
Konkrete Umsetzungsmaßnahmen[13]
Es ist ein Risikobehandlungsplan einschließlich eines Umsetzungsplans für die weitere Behandlung der bestehenden Risiken vorhanden. – Die Risikomanagementmaßnahmen werden im Rahmen dieses Risikobehandlungsplans definiert, festgelegt und dokumentiert. – Verantwortlichkeiten, Rollen, Fristen, geplante Ressourcen und Kontrollmechanismen werden festgehalten. – Eine schrittweise Umsetzung sowie Überwachung und Bewertung wird vorgenommen. – Der Risikobehandlungsplan wird regelmäßig auf Aktualität geprüft und ggf. aktualisiert.

---

[13] Quellen der nachfolgenden Auflistung: DIN EN ISO/IEC 27005:2025-01, Abschn. 10.5 ff.; BSI, IT-Grundschutz-Kompendium, Stand 02/2023, Kap. „Glossar" S. 6, Kap. „Elementare Gefährdungen" S. 1 ff.; DIN EN ISO/IEC 27002:2024-01, Abschn. 5.35.

Tab. 8 Maßnahmenableitung § 5c Abs. 4 S. 3 Nr. 7 EnWG

Anforderung des § 5c Abs. 4 S. 3 Nr. 7 EnWG
Es sind grundlegende Verfahren der Cyberhygiene einzuführen sowie regelmäßige Schulungen im Bereich der Sicherheit der Informationstechnik durchzuführen.
Konkrete Umsetzungsmaßnahmen[14]
Aufgrund der Verfügung von Administratoren über in der Regel erweiterte Rechte innerhalb der Organisation werden die Rollen und Verantwortlichkeiten der Administratoren definiert, festgelegt, zugewiesen sowie innerhalb der Organisation bekannt gemacht. – Es wurde ein Rollen- und Berechtigungskonzept erstellt, welches administrative Verantwortungs- und Aufgabenbereiche definiert. – Das Rollen- und Berechtigungskonzept wird regelmäßig überprüft und aktualisiert. – Für wichtige Rollen dieser Mitarbeiter gibt es Vertretungsregeln, die sicherstellen, dass wichtige Rollen auch im Falle von kurzfristigen Ausfällen besetzt sind. – Diese Mitarbeiter haben klare, für den Fall von Ausfällen definierte Aufgaben. Es wird im Sinne des „Least-Privilege-Prinzips" sichergestellt, dass Administratorberechtigungen nur so weit vergeben werden, wie sie für die jeweilige Aufgabe zwingend erforderlich sind und diese gerade noch ausführbar ist. Es wird sichergestellt, dass alle administrativen Tätigkeiten nachvollziehbar protokolliert, regelmäßig überprüft und aktualisiert werden. – Die Protokollierung umfasst u.a. die Benutzerkennung, den Zeitpunkt, das Zielsystem sowie die ausgeführte Aktivität. – Protokolle werden manipulationsgeschützt gespeichert und regelmäßig analysiert, ausgewertet und angepasst. Es wird eine regelmäßige Überprüfung der Administratorzugänge sowie der Anzahl von Administrator-Benutzerkonten durchgeführt. – Jedes administrative Konto ist einer vorher benannten Person sowie ihrer Vertretung zuordenbar. – Das Passwort für den Administratorzugang ist ausschließlich dem dazugehörigen Administrator bekannt. – Nicht genutzte oder nicht eindeutig zuordenbare Benutzerkonten werden deaktiviert.
(Fortsetzung)

---

[14] Quellen der nachfolgenden Auflistung: Münch, Technisch-organisatorischer Datenschutz, Checkliste Nr. 03, Checkliste Nr. 05; Singh, Mohanty, Swagatika, Kumar, Cyber-hygiene: The key Concept for Cyber Security in Cyberspace, S. 8145, 8150, DIN EN ISO/IEC 27001:2024, Anh. A-5.15; Kersten/Schröder, ISO 27001:2022/2023 – Management der Informationssicherheit nach den aktuellen Standards, S. 120; DIN EN ISO/IEC 27001:2024, Anh. A-8.5; Anh. A-5.17; DIN EN ISO/IEC 27002:2024-01, Abschn. 5.17, 8.5; Empfehlung des BSI zur Passwortlänge sowie Informationen zum Umgang mit Passwörtern und einem Passwortmanagement: https://www.bsi.bund.de/DE/Themen/Verbraucherinnen-und-Verbraucher/Informationen-und-Empfehlungen/Cyber-Sicherheitsempfehlungen/Accountschutz/Sichere-Passwoerter-erstellen/sichere-passwoerter-erstellen_node.html.

Tab. 8 (Fortsetzung)

Es wird sichergestellt, dass Konfigurationen, einschließlich Sicherheitskonfigurationen, festgelegt, dokumentiert, umgesetzt, überwacht und regelmäßig überprüft werden.
- Für Hardware, Software, Netzwerke und Dienste werden Standardvorlagen für eine sichere Konfiguration aufgebaut, festgelegt und dokumentiert.
- Es wird gewährleistet, dass die Anzahl von Identitäten mit Privilegierten- oder Administrator-Zugangsrechten minimiert wird.
- Nicht notwendige, nicht genutzte oder nicht sichere Identitäten, Funktionen und Dienste werden deaktiviert.
- Standardmäßige Authentifizierungsinformationen wie Standardpasswörter des Anbieters werden geändert.
- Es werden Zeitüberschreitungseinrichtungen aufgerufen, die zu einer automatischen Abmeldung von Computergeräten nach einer vorher definierten Zeitspanne der Inaktivität führen.
- Konfigurationen werden sorgfältig auf Aktualität und Vollständigkeit geprüft.
- Alte, nicht mehr benötigte oder redundante Konfigurationen werden identifiziert und entfernt.
- Bei Änderungen von Konfigurationen werden diese vollständig und gründlich in einer geeigneten Testumgebung getestet sowie dokumentiert und protokolliert.
- Abhängigkeiten zu anderen Systemen oder Konfigurationen werden geprüft, identifiziert und dokumentiert.
- Ein regelmäßiger Vergleich der Ist-Konfigurationen mit den definierten Soll-Vorlagen wir durchgeführt.
- Bei Abweichungen werden Anpassungen vorgenommen.
- Diese können entweder in Form von automatischer Durchsetzung der definierten Soll-Konfiguration oder durch eine manuelle Analyse der Abweichung und anschließender Korrekturmaßnahmen erfolgen.

Es wird sichergestellt, dass für die sichere Zuweisung und Verwaltung von Authentifizierungsinformationen geeignete und sichere Authentifizierungsmethoden ausgewählt, eingesetzt und genutzt werden.
- Einschlägige Authentifizierungsmethoden werden im Vorfeld bestimmt, definiert und festgelegt.
- Es werden die in der Praxis grundsätzlich gebräuchlichsten Authentifizierungskategorien genutzt. Dazu zählen insbesondere Passwörter, PINs, TANs oder andere geheim gehaltene Informationen wie richtige Antworten auf Kontrollfragen (wissensbasiert); maschinenlesbare und einem spezifischen Subjekt zugeordnete Gegenstände wie Smartcards, USB-Token, Codegeneratoren (besitzbasiert); die Erfassung von etwa Merkmalen biometrischer Art bzw. überprüfbare Verhaltensmuster (inhärenzbasiert).
- Es wird auf Grundlage des Sicherheitsbedarfs der zu bearbeitenden Daten/Assets (risikoorientiert) abgewogen, ob nur eines der genannten Verfahren (schwache Authentisierung) oder mindestens zwei Varianten aus unterschiedlichen Kategorien gleichzeitig notwendig sind und verwendet werden (Multi-Faktor-Authentisierung, starke Authentisierung).
- Die gewählten Authentifizierungsverfahren werden in Richtlinien und Benutzerinformationen klar beschrieben, dokumentiert und regelmäßig auf Aktualität geprüft sowie ggf. aktualisiert.

(Fortsetzung)

Tab. 8 (Fortsetzung)

Der Umgang mit Authentifizierungsverfahren, -informationen und -mitteln wird im Vorfeld sorgfältig durch ein qualifiziertes Management vorbereitet.
- Passwörter und Co. werden auf Grundlage bewährter Verfahren wie ausreichende, vorher definierte und festgelegte Länge, Vermeidung von Trivialpasswörtern, Vermeidung früherer (alter) Passwörter u. v. m. gewählt.
- Passwörter und Co. werden regelmäßig gewechselt.
- Änderungen von Passwörtern und Co. sind nur durch die jeweils berechtigten Benutzer nach erfolgreicher Identitätsprüfung möglich.
- Inhärenzbasierte Authentifizierungsverfahren z.B. biometrischer Art werden basierend auf einer regelmäßigen Neuerfassung von Personenmerkmalen stetig aktualisiert.

Es werden regelmäßige Software-Updates durchgeführt.
- Eine Durchführung von Software-Updates erfolgt ausschließlich durch speziell berechtigte, geschulte Administratoren.
- Eine Inventarisierung der existierenden (Hard- und) Software wird regelmäßig durchgeführt.
- Sämtliche Software-Updates werden vollständig und gründlich in einer geeigneten Testumgebung ausgiebig getestet sowie dokumentiert.
- Es wird sichergestellt, dass die Funktionalität sämtlicher betroffenen Systeme auch nach der Installation von Updates uneingeschränkt erhalten bleibt.
- Abhängigkeiten zwischen Komponenten werden geprüft, identifiziert und dokumentiert.
- Die regelmäßige Wartung und Aktualisierung des Systems werden nach erfolgreichem Testen der Software sichergestellt.
- Es werden Systeme zur automatisierten Verteilung und Installierung von Software-Updates eingesetzt.
- Die manuelle Installation der Software-Updates auf einzelnen Systemen wird vermieden, um Fehlerquellen zu minimieren.
- Die (erfolgreiche) Installation der Software-Updates wird dokumentiert.
- Die Zuweisung eines konkreten Wartungsservices für den Betreiber wurde vorgenommen.
- Eine Informierung bei technischen Störungen etc. wird lediglich an den vorher benannten und zugewiesenen Wartungsservice vorgenommen.
- Jede Wartung und Aktualisierung wird dokumentiert.
- Es werden stets die neusten verfügbaren Versionen der Software und Betriebssysteme installiert.

Es wird zu der Installation von Antiviren-Software sowie regelmäßiger Aktualisierungen dieser verpflichtet.
- Virenschutzprogramme werden für sämtliche Systeme installiert und genutzt.
- Virenschutzprogramme werden regelmäßig automatisch aktualisiert.
- Das konkrete Programm erkennt sowohl bekannte als auch unbekannte Schadsoftware sowie Schadsoftware in verschlüsselten Dateien.
- Berichte über erkannte Schadsoftware werden regelmäßig ausgewertet und potenzielle Schwachstellen identifiziert.
- Infizierte Systeme werden unverzüglich vom Netzwerk getrennt.
- Die regelmäßige Wartung und Aktualisierung des Systems werden sichergestellt.

(Fortsetzung)

Tab. 8 (Fortsetzung)

Es werden regelmäßige Datensicherungen durchgeführt.
– Es wurden genaue und vollständige Datensicherungsrichtlinien mit Priorisierung der Daten je nach Kritikalität festgelegt.
– Die Daten werden regelmäßig auf Aktualität, Änderungen, Fehler und Vollständigkeit geprüft.
– Die Sicherungsmethoden werden vorher festgelegt.
– Die Sicherungssysteme werden regelmäßig gewartet und aktualisiert.
– Jede Datensicherung wird von der auszuführenden Person protokolliert und dokumentiert.
– Die Datensicherung wird durch Verschlüsselung je nach Risikograd der zugrundeliegenden Daten/Informationen geschützt.
– Es wird ein externer Ort zur sicheren Aufbewahrung in ausreichender Entfernung festgelegt. Dabei wird gewährleistet, dass die Datensicherungen angemessen physisch und umweltbedingt sowie vor Verlust, Diebstahl, unbefugtem Zugriff und physischen Gefahren wie Feuer oder Überschwemmungen am Hauptstandort geschützt sind.

Es werden regelmäßige Schulungen und Weiterbildungen zur Informationssicherheit für ein angemessenes IT-Sicherheitsbewusstsein durchgeführt.
– Ein geeigneter und abwechslungsreicher Schulungsplan für jeden Kompetenzbereich wird identifiziert, ausgearbeitet und umgesetzt.
– Die Informationssicherheitsrollen der Schulungsverantwortlichen werden im Vorfeld definiert und festgelegt. Die Durchführung der Schulungen wird durch die jeweils benannten Verantwortlichen vorgenommen.
– Sämtliche Mitarbeiter werden regelmäßig Schulungen zur Cybersicherheit unterzogen.
– Die Schulungsinhalte werden an die jeweiligen Mitarbeiter-Rollen sowie neuen IT-Sicherheitsbedrohungen und technischen Entwicklungen angepasst.
– Sensibilisierungsmaßnahmen werden über verschiedene geeignete Kanäle durchgeführt, z.B. Broschüren, Poster oder Newsletter. Der Einbau von interaktiven Übungen oder Rollenspielen für eine Sensibilisierung im Falle realer Bedrohungsszenarien wird sichergestellt.
– Es werden Schulungsunterlagen zur Verfügung gestellt.
– Eine Teilnahme ist für jeden Mitarbeiter verpflichtend.
– Die Teilnahme wird dokumentiert.
– Der Kenntnisstand der Mitarbeiter wird nach jeder durchgeführten Schulung durch Prüfungen oder Tests überprüft.

Die Regelmäßigkeit sämtlicher vorher genannter Umsetzungsmaßnahmen wird durch einen verbindlich festgelegten Turnus sichergestellt.

Tab. 9 Maßnahmenableitung § 5c Abs. 4 S. 3 Nr. 8 EnWG

Anforderung des § 5c Abs. 4 S. 3 Nr. 8 EnWG
Es müssen Maßnahmen eingeführt werden, die geeignet sind, den Einsatz von Kryptografie und Verschlüsselung durch geeignete Konzepte und Verfahren sicherzustellen.
Konkrete Umsetzungsmaßnahmen[15]
Der Anwendungsbereich wird durch entsprechende Krypto-Richtlinien definiert.   – Es wird etwa festgelegt, welche Informationen, Daten etc. verschlüsselt werden sollen und wann eine Nutzung der Verschlüsselung zwingend ist.   – Es wird etwa festlegt, welche Verschlüsselungsmaßnahmen bzw. -verfahren eingeführt werden sollen.   – Es wird sichergestellt, dass Vorgaben für Verträge mit Lieferanten, (Dienste-)Anbietern etc. enthalten sind, falls kryptografische Dienste künftig eingesetzt werden oder diese Lieferanten, (Dienste-)Anbieter etc. kryptografische Dienste bereitstellen.   Das Schlüsselmanagement ist durch entsprechende Richtlinien definiert.   – Es wird insbesondere der sichere Gebrauch, die sichere Aufbewahrung, der Schutz vor unbefugter Kenntnisnahme oder Änderung, unbefugtem Kopieren sowie unbefugtem Vorenthalten und die Lebensdauer sowie die Rotation und Vernichtung von kryptografischen Schlüsseln definiert und festgelegt.   – Es werden weitere Sicherheitsstandards angewandt, welche festlegen, wie digitale Zertifikate und kryptographische Schlüssel in elektrischen Energieversorgungs-Kommunikationssystemen generiert und gehandhabt werden.   Mitarbeiter werden für den korrekten Umgang mit kryptografischen Techniken und entsprechenden Schlüsseln regelmäßig geschult. Die Regelmäßigkeit wird durch einen verbindlich festgelegten Turnus sichergestellt.

---

[15] Quellen der nachfolgenden Auflistung: DIN EN ISO/IEC 27001:2024, Abschn. 10, 8.24; DIN EN ISO/IEC 27002:2024-01, Abschn. 5.35, 6.3, 8.24; ISO/IEC 27019:2024-10, Abschn. 8.24; IEC 62351-9.

Tab. 10 Maßnahmenableitung § 5c Abs. 4 S. 3 Nr. 9 EnWG

Anforderung des § 5c Abs. 4 S. 3 Nr. 9 EnWG
Es müssen Maßnahmen getroffen werden, die geeignet sind, die Sicherheit des Personals zu gewährleisten.
Konkrete Umsetzungsmaßnahmen[16]
Die Betreiber eines Energieversorgungsnetzes oder einer Energieversorgungsanlage müssen einer (strengen) Sicherheitsüberprüfung unterzogen werden.   – Die Sicherheitsüberprüfung wird für sämtliche Mitarbeiter, worunter auch Vollzeit-, Teilzeit- und Zeitarbeitskräfte fallen, durchgeführt.   – Es wird ein Sicherheitsbeauftragter ernannt, der für die Einhaltung von Sicherheitsrichtlinien verantwortlich ist und die regelmäßige Einhaltung von Vorschriften überwacht.   – Die Qualifikation jedes einzelnen Mitarbeiters wurde bereits im Vorfeld (im Bewerbungsprozess) durch entsprechende Nachweise wie dienstliche oder persönliche Zeugnisse festgestellt.   – Die notwendige Kompetenz für Sicherheitsaufgaben sowie die erforderliche Vertrauenswürdigkeit wurden im Vorfeld sichergestellt.   – Mitarbeiter bzw. „Schlüsselpersonal", mit Zugriff auf kritische Assets oder der Verantwortlichkeit für Betriebs- und Wartungsprozesse von kritischen Assets werden einer strengeren Sicherheitsüberprüfungskontrolle unterzogen, insbesondere wenn diese Werte für den Betrieb der Energieversorgungsnetze und Energieanlagen erforderlich sind.   Verantwortlichkeiten der Mitarbeiter sowie einschlägige Beschäftigungs- und Vertragsbedingungen wie eine Vertraulichkeits- und Geheimhaltungsvereinbarung sind vertraglich festzulegen.   – Neben den arbeitsrechtlichen Beschäftigungs- und Vertragsklauseln wurde insbesondere eine Zustimmung der Mitarbeiter über beschäftigungsverhältnisbezogene Bestimmungen der Informationssicherheit eingeholt.   – Dahingehend wurde ein Verhaltenskodex festgelegt.   Es wird sichergestellt, dass die Mitarbeiter und andere relevante Parteien die Auswirkungen einer Verletzung der Informationssicherheitsrichtlinien verstehen und erkennen, insbesondere um eine abschreckende Wirkung zu erzielen.   – Es wird ein vorher definierter, festgelegter, formaler und abgestufter Maßregelungsprozess eingeleitet, der seinerseits abhängig von der Schwere des Verstoßes sowie weiterer vorher definierter Faktoren ist.   – Einschlägige juristische, gesetzliche, regulatorische und vertragliche Anforderungen werden in der jeweils geltenden Fassung berücksichtigt, ermittelt, dokumentiert und auf dem neusten Stand gehalten.   – In der Folge werden Disziplinarmaßnahmen gegen den jeweiligen Mitarbeiter ergriffen.   – Diese werden im Vorfeld definiert und beinhalten etwa Personalgespräche oder Abmahnungen.   – Die Identität des Mitarbeiters im Rahmen dieser Disziplinarmaßnahmen wird geschützt.

(Fortsetzung)

---

[16] Quellen der nachfolgenden Auflistung: DIN EN ISO/IEC 27001:2024, Abschn. 10, 8.24; DIN EN ISO/IEC 27002:2024-01, Abschn. 5.35, 6.3, 8.24; ISO/IEC 27019:2024-10, Abschn. 8.24; IEC 62351-9.

Tab. 10 (Fortsetzung)

Sicherheitsbereiche wie Leitstellen, Technikräume oder Außenstandorte werden durch angemessene Zutrittssteuerung und Zutrittsstellen geschützt.
– Es werden Leitlinien definiert und festgelegt.
– Diese Leitlinien werden je nach Standort bzw. Räumlichkeit u.a. berücksichtigen, dass nur befugtes Personal Zutritt in den jeweiligen Bereich hat, eine gut sichtbare Kennzeichnung mit ggf. einer Schutzausrüstung getragen wird, Fluchtwege und Notausgänge vor unbefugtem Zugang gesichert und im Übrigen bekannt sind, ein physisches Logbuch geführt und überwacht wird, Authentifizierungsmechanismen für Zugangsrechte eingeführt und umgesetzt und persönliche Gegenstände kontrolliert werden.
Sämtliche physischen Räumlichkeiten werden sicherheitsüberwacht.
– Diese Überwachung wird etwa durch Wachpersonal, Einbruchsalarm und/oder Videoüberwachungssysteme gewährleistet, die ihrerseits ein geeignetes Mittel darstellen, um unbefugten Zutritt oder verdächtige Verhaltensweisen zu erkennen
– Einschlägige Schutzsysteme werden regelmäßig auf Schwachstellen inspiziert und gewartet.
– Einschlägige juristische, gesetzliche, regulatorische und vertragliche Anforderungen werden in der jeweils geltenden Fassung im Hinblick auf die einzusetzenden Überwachungssysteme berücksichtigt.
– Die Regelmäßigkeit wird durch einen verbindlich festgelegten Turnus sichergestellt.
Für die physische Sicherheit von Leitstellen werden entsprechende Vorgaben und Richtlinien definiert und angewandt.
– Für Leitstellen wird ein Standort mit einem stabilen Untergrund gewählt, der vorher festgelegt wird.
– Falls ein solcher Standort nicht verfügbar ist, ist in jedem Fall die Sicherstellung einer ausreichenden Tragfähigkeit des Baugrundes zu gewährleisten.
– Der Standort wird so gewählt, dass keine Gefährdungen durch Umwelteinflüsse zu erwarten sind.
– Außenstandorte werden zusätzlich durch physische Barrieren und/oder Zäune gesichert.
Betriebseinrichtungen und Schnittstellen, die sich außerhalb der gewohnten Räumlichkeiten des Betreibers befinden, wie Betriebseinrichtungen in Bereichen anderer Energieversorger, werden entsprechend geschützt.
Es wird sichergestellt, dass basierend auf den Ergebnissen der Risikobeurteilung, insbesondere mit Blick auf die identifizierten physischen und umweltbedingten Bedrohungen wie Feuer oder Überspannungen, entsprechende Schutzmaßnahmen getroffen werden.
– Es werden Systeme und Alarme installiert und konfiguriert, die ein frühzeitiges Erkennen der jeweiligen Bedrohungen ermöglichen.
– Es werden Stichprobenkontrollen bei Personen, Fahrzeugen oder Waren, die Zugang zu sensiblen Informationsverarbeitungseinrichtungen haben, auf das Mitführen von etwa Sprengstoffen oder Waffen durchgeführt.
– Es werden im Vorfeld sichere Lagerungseinrichtungen bestimmt, welche geeignet sind, den Schutz an diesen Ort verbrachter Informationen vor Katastrophen zu gewährleisten.
Es werden klare Regelungen im Hinblick auf eine aufgeräumte Arbeitsumgebung, insbesondere mit Blick auf kritische oder sensible Geschäftsinformationen festgelegt und angewandt.
Die Regelmäßigkeit wird hinsichtlich aller vorher genannten Umsetzungsmaßnahmen durch einen verbindlich festgelegten Turnus sichergestellt.

Tab. 11 Maßnahmenableitung § 5c Abs. 4 S. 3 Nr. 10 EnWG

Anforderung des § 5c Abs. 4 S. 3 Nr. 10 EnWG
Es müssen Maßnahmen getroffen werden, die geeignet sind, eine Verwendung von Lösungen zur Multi-Faktor-Authentifizierung oder kontinuierlichen Authentifizierung zu ermöglichen sowie gesicherte Sprach-, Video- und Textkommunikation und gegebenenfalls gesicherte Notfallkommunikationssysteme innerhalb der Einrichtung.
Konkrete Umsetzungsmaßnahmen[17]
Es werden geeignete und einschlägige Systeme, Infrastrukturen und Verfahren bereitgestellt, die eine Umsetzung der Verwendung von Multi-Faktor-Authentifizierung oder kontinuierlichen Authentifizierung ermöglichen. – Die Klassifizierung von Informationen und Daten, auf die zugegriffen werden soll, wird vorgenommen. – Die zu kombinierenden Techniken bzw. Authentifizierungslösungen im Rahmen der Multi-Faktor-Authentifizierung werden eruiert und festgelegt. – Die Funktionalität und Sicherheit der einzusetzenden Authentifizierungslösungen wird regelmäßig getestet und überprüft. – Sensible Daten werden bereits im Vorfeld technisch geschützt, bis der Anmeldevorgang erfolgreich abgeschlossen ist. – Es werden im Vorfeld beschränkte Verbindungszeiten bei Hochrisikoanwendungen gegen unbefugte Zugangsversuche implementiert. – Es werden Verfahren implementiert, die erfolglose und erfolgreiche Anmeldungen protokollieren. – Es wird ein Zeitintervall definiert und festgelegt, welches inaktive Sitzungen automatisch beendet. – Nach Ablauf der einschlägigen Zeitspanne wird die Sitzung durch das System beendet. – Es wird sichergestellt, dass ausreichend Ressourcen zur Verfügung stehen. – Dies wird regelmäßig geprüft, überwacht und entsprechend den Kapazitätsanforderungen angepasst. Es werden Sicherheitsrichtlinien für den Einsatz und die Nutzung von Sprach-, Video- und Telekommunikation innerhalb der Einrichtung oder im Rahmen von Prozesssteuerungsnetzwerken definiert und festgelegt. – Es wird exakt bestimmt und dokumentiert, wer Zugriff auf entsprechende Geräte hat. – Es werden Rollen und Verantwortlichkeiten im Vorfeld definiert, festgelegt und zugewiesen, die die einschlägigen Tätigkeiten ausführen dürfen, welche einen Zugriff auf Prozesssteuerungssysteme etwa durch mobile Geräte erfordern.

(Fortsetzung)

---

[17] Quellen der nachfolgenden Auflistung: DIN EN ISO/IEC 27002:2024-01, Abschn. 5.29 f., 5.35, 8.5, 8.6.; ISO/IEC 27019:2024-10, Abschn. 5.20, 6.7, 8.1, 8.40.

Tab. 11 (Fortsetzung)

- Die vorherige Festlegung der auszuführenden Aktionen, des Zeitraums sowie die präzise Spezifikation von notfallbedingten Ausnahmen des Geräts wurde vorgenommen.
- Es wurde bestimmt, welche Personen berechtigt sind, Änderungen am Gerät vorzunehmen, welche Arten von Änderungen zulässig und auf welche Weise diese vorzunehmen sind.
- Die Standorte sowie Kommunikationsnetzwerke, welche das Gerät für den Zugriff gebrauchen darf, wurden vorgegeben.
- Die Notwendigkeit von Prozessen und Vorgängen zur Verwaltung von Sicherheitsmechanismen wurden hinreichend definiert.
- Die Art der Verbindung des entsprechenden Geräts mit dem Prozesssteuerungsnetzwerk wurde festgelegt.
- Die Nutzung der Netzwerke wird in Prozesssteuerungs- und sonstige Netzwerke getrennt.
- Es wird bestimmt und festgelegt, welche Dateitypen übermittelt werden dürfen.
- Es wird bestimmt und festgelegt, welche Dateitypen unter keinen Umständen übermittelt werden dürfen.
- Eine Übermittlung dieser Dateitypen wird unterbunden.

Die in diesem Zusammenhang eingesetzte Hardware wird regelmäßig auf Aktualität überprüft und ggf. upgedatet/ausgetauscht. Tests und Audits werden regelmäßig durchgeführt, um die ordnungsgemäße Funktion zu gewährleisten.

Im Bereich der Prozesssteuerung der Energieversorgung werden spezielle Anforderungen insbesondere für Telekommunikationsdienstleistungen durch Externe für Krisen- und Notfallsituationen klar benannt und vertraglich festgelegt.

Die Verträge definieren, regeln, legen fest und überwachen spezielle Anforderungen für den Umgang mit Krisen und Notfällen, besonders bei Großstörungen, Naturkatastrophen, (Cybersicherheits-)Vorfällen sowie weiteren Notfallsituationen. Im Besonderen betrifft dies etwaige notwendige Bevorrechtigungsschaltungen, um eine ausreichende Unabhängigkeit von externer Energieversorgung zu gewährleisten.

Der Fernzugriff auf Prozesssteuerungssysteme unterliegt expliziten Sicherheitsmaßnahmen, die vorher definiert werden.

- Es wird explizit bestimmt und dokumentiert, ob ein Fernzugriff durch Mitarbeiter der Einrichtung, Lieferanten oder externen Parteien erfolgt.
- Es werden technische Verfahren eingesetzt, die lediglich eine mittelbare Verbindung zum Zielnetzwerk oder -system zulassen.
- Die über das Fernzugriffssystem auszuführenden Funktionen werden auf das notwendige Maß beschränkt.
- Der Sicherheitsstatus des Fernzugriffssystems wird regelmäßig geprüft.
- Das Sicherheitssystem wird regelmäßig gewartet und aktualisiert.
- Zulässige Zugriffsstandorte und/oder -systeme werden im Vorfeld definiert und erzwungen.
- Es wird sichergestellt, dass eine Überwachung und Kontrolle des Fernzugriffs regelmäßig stattfindet.
- Es wird sichergestellt, dass ausnahmslos autorisierte und verifizierte Werkzeuge verwendet werden.

(Fortsetzung)

Tab. 11 (Fortsetzung)

Es wird sichergestellt, dass wichtige Kommunikationsverbindungen mit den Notfallkontakten der eigenen Einrichtung, anderer Versorger, wichtiger Prozesssteuerungssysteme und/oder externen Notfallorganisationen verfügbar sind.
– Sämtliche in Frage kommenden eigenen Notfalldienste sowie externe Notfalldienste anderer Versorgungsunternehmen, wichtige Prozesssteuerungssysteme, wichtige Kontrollsysteme und externe Notfallorganisationen werden im Vorfeld identifiziert, klar benannt und mit ihren jeweiligen Zuständigkeiten und Erreichbarkeiten erfasst.
– Die Dokumentation des Einsatzes und der Erreichbarkeiten/Kontaktdaten liegt in mindestens zweifacher Ausführung ausgedruckt vor. Je einer dieser Ausdrucke befindet sich in unterschiedlichen Brandabschnitten.
– Die Kontaktdaten werden regelmäßig auf Aktualität überprüft und ggf. aktualisiert.
– Für wichtige Rollen der eigenen Mitarbeiter gibt es Vertretungsregeln, die sicherstellen, dass wichtige Rollen auch im Falle von kurzfristigen Ausfällen im Notfall besetzt sind.
– Diese Mitarbeiter haben klare, für den Notfall definierte Aufgaben.
– Diese Mitarbeiter werden regelmäßig für den Umgang mit verschiedenen technischen Notfällen geschult.

Es wird sichergestellt, dass bei der Planung der Wiederherstellung eines Systems berücksichtigt wird, dass hierfür erforderliche Kommunikationsverbindungen möglicherweise selbst von der Stromversorgung abhängig sein können. Dahingehend wird die Funktionsfähigkeit der Kommunikation auch bei einem Ausfall der Stromversorgung sichergestellt.

Die Regelmäßigkeit wird hinsichtlich aller vorher genannten Umsetzungsmaßnahmen durch einen verbindlich festgelegten Turnus sichergestellt.

Tab. 12 Maßnahmenableitung § 5c Abs. 4 S. 3 Nr. 11 EnWG

Anforderung des § 5c Abs. 4 S. 3 Nr. 11 EnWG
Der Einsatz von Angriffserkennungssystemen.
Konkrete Umsetzungsmaßnahmen[18]
Es wird sichergestellt, dass die einschlägigen Netzwerke, Systeme und Anwendungen regelmäßig auf Anomalien überwacht werden. – Eine Überwachung wird in regelmäßigen Abständen in Echtzeit vorgenommen. – Die Regelmäßigkeit wird durch einen verbindlich festgelegten Turnus sichergestellt. – Das einzusetzende Angriffserkennungssystem ist in der Lage, sich an verändernde Bedrohungslandschaften anzupassen. – Das einzusetzende Angriffserkennungssystem ist in der Lage, große Datenmengen zu verarbeiten. – Benachrichtigungen des Angriffserkennungssystems sind in Echtzeit möglich. – Neben anormalem Verhalten ist das Angriffserkennungssystem in der Lage, gewisse Signaturen und/oder Daten und/oder Netz- und Anwendungsverhaltensmuster zu erkennen. – Es wird eine Basis der normalen Ausgangssituation für normales Verhalten festgelegt und diese auf Anomalien hin überwacht. Es wird sichergestellt, dass Warnmeldungen empfangen werden können. – Der Einsatz von redundanten (Warn-)Systemen und Prozessen wird sichergestellt. – Die regelmäßige Überprüfung, Überwachung und Pflege des Systems werden vorgenommen. – Das Angriffserkennungssystem wird auf die Ausgangsbasis der Einrichtung angepasst und verbessert, um Fehlalarme zu minimieren. – Im Hinblick auf Fehlalarme werden entsprechende Verfahren zur Minimierung dieser eingesetzt. – Das Personal wird hinsichtlich der Reaktion auf Warnmeldungen regelmäßig geschult. Die Regelmäßigkeit wird hinsichtlich aller vorher genannten Umsetzungsmaßnahmen durch einen verbindlich festgelegten Turnus sichergestellt. Das Überwachungssystem enthält diverse, vorher klar definierte und einschlägige Aspekte, die berücksichtigt und aufgenommen werden. – Der eingehende sowie ausgehende Netzwerk-, System- und Anwendungsverkehr wird stets überwacht. – Der Zugang zu sämtlichen Systemen, Servern, kritischen Anwendungen etc. wird stets überwacht. – Die sich auf kritischer und administrativer Ebene befindenden System- und Netzwerkkonfigurationsdateien werden stets überwacht. – Es werden Ereignisprotokolle im Hinblick auf System- und Netzwerkaktivitäten geführt. – Die Sicherheitstools werden ebenso protokolliert. – Die Nutzung der Ressourcen sowie ihre Performance unter normalen Umständen/Bedingungen wird überwacht. Einschlägige juristische, gesetzliche, regulatorische und vertragliche Anforderungen werden in der jeweils geltenden Fassung im Hinblick auf die einzusetzenden Überwachungssysteme berücksichtigt. Die Überwachung wird in Übereinstimmung mit den entsprechenden Geschäfts- und Informationssicherheitsanforderungen vorgenommen.

---

[18] Quelle der nachfolgenden Auflistung: DIN EN ISO/IEC 27002:2024-01, Abschn. 5.35, 8.16.

Tab. 13 Maßnahmenableitung § 5c Abs. 4 S. 3 Nr. 12 EnWG

Anforderung des § 5c Abs. 4 S. 3 Nr. 12 EnWG
Die Nutzung bestimmter IKT-Produkte, IKT-Dienste und IKT-Prozesse i. R. d. Anlagen- und Netzbetriebs (bspw. Vulnerability Management), hat entsprechend den Anforderungen an die Cybersicherheitszertifizierung i. S. d. Cybersecurity Acts zu erfolgen.
Konkrete Umsetzungsmaßnahmen[19]
Sämtliche IKT-Produkte, IKT-Dienste und IKT-Prozesse werden im Sinne des Cybersecurity Acts zertifiziert. – Die Vertrauenswürdigkeitsstufen der IKT-Produkte, IKT-Dienste und IKT-Prozesse wird in drei Stufen eingeteilt: niedrig, mittel und hoch. – Die Einordnung wird auf Grundlage einer Abwägung des zugrundeliegenden Risikos im Hinblick auf die Wahrscheinlichkeit des Eintritts eines Sicherheitsvorfalls vorgenommen. Für den Zertifizierungsrahmen werden einschlägige internationale juristische, gesetzliche und regulatorische Anforderungen/Standards herangezogen. – Es wird eine regelmäßige Überprüfung der Konformität bzw. Nicht-Konformität der IKT-Produkte, IKT-Dienste und IKT-Prozesse durchgeführt. – Die Regelmäßigkeit wird durch einen verbindlich festgelegten Turnus sichergestellt. – Der Umgang mit Nicht-Konformität bzw. neu identifizierter Schwachstellen wird festgelegt.

Tab. 14 Maßnahmenableitung § 5c Abs. 4 S. 4 EnWG

Anforderung des § 5c Abs. 4 S. 4 EnWG
Die Bundesnetzagentur als Regulierungsbehörde kann in den IT-Sicherheitskatalogen nähere Bestimmungen zu Format, Inhalt und Gestaltung der erforderlichen Dokumentation über die Einhaltung der Anforderungen des jeweiligen IT-Sicherheitskatalogs durch die Betreiber der Energieversorgungsnetze und Energieanlagen sowie zur Behebung von Sicherheitsmängeln treffen. Die Bundesnetzagentur ist zudem befugt, in den IT-Sicherheitskatalogen auch Regelungen zur regelmäßigen Überprüfung der Erfüllung der Sicherheitsanforderungen zu treffen.
Konkrete Umsetzungsmaßnahmen[20]
Sofern die Bundesnetzagentur nähere Bestimmungen zu der erforderlichen Dokumentation über die Einhaltung der Anforderungen des jeweiligen IT-Sicherheitskatalogs durch die Betreiber der Energieversorgungsnetze und Energieanlagen sowie zur Behebung von Sicherheitsmängeln festlegt, sind diese zwingend zu berücksichtigen. – Die Betreiber werden sicherstellen, dass die entsprechenden Nachweise vollständig, nachvollziehbar und jederzeit prüfbar vorliegen. – Die Betreiber werden sich regelmäßig etwa über die Homepage der Bundesnetzagentur darüber informieren, ob nähere Regularien und Bestimmungen erlassen wurden. – Diese werden durch die Betreiber unverzüglich in ihre jeweiligen Systeme und Prozesse implementiert. – Die Regelmäßigkeit wird durch einen verbindlich festgelegten Turnus sichergestellt.

---

[19] Quellen der nachfolgenden Auflistung: Europäische Union, Verordnung (EU) 2019/881 des Europäischen Parlaments und des Rates vom 17. April 2019 über die ENISA und über die Zertifizierung der Cybersicherheit von IKT-Produkten, -Diensten und -Prozessen, https://eur-lex.europa.eu/legal-content/EN/ALL/?uri=CELEX%3A32019R0881, Stand: 2019.

[20] Quelle der nachfolgenden Auflistung: Bundesnetzagentur, IT-Sicherheitskatalog für Energieanlagen: https://www.bundesnetzagentur.de/DE/Fachthemen/ElektrizitaetundGas/Versorgungssicherheit/IT_Sicherheit/Anlagenbetreiber/start.html.

3 Fazit

Insbesondere im Energiesektor können Cyberangriffe weitreichende Konsequenzen für die gesamte Bevölkerung nach sich ziehen. Durch die NISs2-Richtlinie und ihre (geplante) nationale Umsetzung wurden die Anforderungen an die Cybersicherheit auch für den Energiesektor deutlich verschärft. U. a. soll der geplante § 5c Abs. 4 EnWG wichtige Mindestinhalte eines von (bestimmten) Betreibern von Energieversorgungsnetzen und/oder Energieanlagen einzuhaltenden Maßnahmenkatalogs normieren. Der Umsetzungsgrad dieser regulatorischen Vorgaben lässt sich technikgestützt mithilfe eines Metrikensystems verifizieren. Dieser Beitrag legt hierfür die Grundlage, in dem er im Rahmen des sogenannten Top-Down-Ansatzes zur Entwicklung teilautomatisiert überprüfbarer Metriken sowohl die relevanten rechtlichen Vorgaben systematisch erfasst als auch eine „Übersetzung" in konkret umsetzbare und überprüfbare Maßnahmen vorgenommen hat. in weiteren Schritten gilt es nun u. a., die einschlägige technische Datenbasis zu identifizieren, mithilfe derer sich diese Maßnahmen überprüfen lassen. Darüber hinaus müssen insbesondere Berechnungsvorschriften und Schwellwerte festgelegt werden, mit denen der Umsetzungsgrad der Maßnahmen ermittelt wird.

Danksagung. Dieser Beitrag wurden vom Bundesministerium für Bildung und Forschung (BMBF) und vom Hessischen Ministerium für Wissenschaft und Kunst (HMWK) im Rahmen ihrer gemeinsamen Förderung für das Nationale Forschungszentrum für angewandte Cybersicherheit ATHENE unterstützt. Der Beitrag wurde zusätzlich von der Europäischen Union als Teil des EDITH-Projekts 101081880 im Rahmen des European Digital Innovation Hub (EDIH)-Programms unterstützt.

Literatur

Appelt, Dominik/Enzmann, Matthias/Selzer, Annika: Cybersicherheit im Energiesektor – Überprüfung der Umsetzung von Cybersicherheitsmaßnahmen nach § 5c Energiewirtschaftsgesetz, DuD 2025, S. XX (im Druck).

BSI: Empfehlung des BSI zur Passwortlänge sowie Informationen zum Umgang mit Passwörtern und einem Passwortmanagement, über: https://www.bsi.bund.de/DE/Themen/Verbraucherinnen-und-Verbraucher/Informationen-und-Empfehlungen/Cyber-Sicherheitsempfehlungen/Accountschutz/Sichere-Passwoerter-erstellen/sichere-passwoerter-erstellen_node.html.

BSI: IT-Grundschutz-Kompendium, über: https://www.bsi.bund.de/SharedDocs/Downloads/DE/BSI/Grundschutz/IT-GS-Kompendium/IT_Grundschutz_Kompendium_Edition2023.pdf?__blob=publicationFile&v=4#download=1.

BSI: Technische Richtlinie TR-03185, über: https://www.bsi.bund.de/SharedDocs/Downloads/DE/BSI/Publikationen/TechnischeRichtlinien/TR03185/BSI-TR-03185.pdf?__blob=publicationFile&v=3.

BSI: BSI-Standards 200-1, 200-2, 200-3, über: https://www.bsi.bund.de/DE/Themen/Unternehmen-und-Organisationen/Standards-und-Zertifizierung/IT-Grundschutz/BSI-Standards/bsi-standards_node.html.

Bundesnetzagentur: IT-Sicherheitskatalog für Energieanlagen, über: https://www.bundesnetzagentur.de/DE/Fachthemen/ElektrizitaetundGas/Versorgungssicherheit/IT_Sicherheit/Anlagenbetreiber/start.html.

Bundesnetzagentur: IT-Sicherheitskatalog für Strom- und Gasnetze, über: https://www.bundesnetzagentur.de/DE/Fachthemen/ElektrizitaetundGas/Versorgungssicherheit/IT_Sicherheit/Netzbetreiber/artikel.html.

Diekmann, Tim: Was alles am Strom hängt, über: https://www.tagesschau.de/wirtschaft/energie/blackout-deutschland-vorbereitung-stromausfall-101.html.

Diel, Sarah/Kohn, Matthias/Schleper, Janine/Selzer, Annika: Datenschutzmetriken im Beschäftigungsverhältnis, DuD 2021, S. 821.

DIN-Media: DIN EN ISO/IEC 27005:2025-01: Informationssicherheit, Cybersicherheit und Datenschutz – Leitfaden zur Handhabung von Informationssicherheitsrisiken (ISO/IEC 27005:2022); Deutsche Fassung EN ISO/IEC 27005:2024, 2025-01.

DIN-Media: DIN EN ISO/IEC 27001:2024-01: Informationssicherheit, Cybersicherheit und Datenschutz – Informationssicherheitsmanagementsysteme – Anforderungen (ISO/IEC 27001:2022); Deutsche Fassung EN ISO/IEC 27001:2023, 2024-01.

DIN-Media: DIN EN ISO/IEC 27002:2024-01: Informationssicherheit, Cybersicherheit und Schutz der Privatsphäre – Informationssicherheitsmaßnahmen (ISO/IEC 27002:2022); Deutsche Fassung EN ISO/IEC 27002:2022, 2024-01.

DIN-Media: ISO/IEC 27019:2024-10: Information security, cybersecurity and privacy protection – Information security controls for the energy utility industry, 2024-10.

Europäische Union: Verordnung (EU) 2019/881 des Europäischen Parlaments und des Rates vom 17. April 2019 über die ENISA (Europäische Agentur für Cybersicherheit) und über die Zertifizierung der Cybersicherheit von IKT-Produkten, -Diensten und -Prozessen (Cybersecurity Act). Amtsblatt der Europäischen Union, über: https://eur-lex.europa.eu/legal-content/DE/TXT/?uri=CELEX:32019R0881.

Jäger, Bernd/Kraft, Reiner/Luhn, Sebastian/Selzer, Annika/Waldmann, Ulrich: Access Control and Data Separation Metrics in Cloud Infrastructures, Conference on Availability, Reliability and Security, IEEE Internet of Things Journal 2016, S. 205.

Kersten, H., & Schröder, K.-W. (2023). *ISO 27001:2022/2023 – Management der Informationssicherheit nach den aktuellen Standards, 1.* Wiesbaden: Auflage.

Luhn, Sebastian: Ein Rahmenwerk für Datenschutz-Metriken in der Cloud. GI-Jahrestagung 2015, S. 511.

Münch, Peter: Technisch-organisatorischer Datenschutz: Leitfaden für Praktiker, 4. Auflage, Hamm 2010.

Naumann, Jacqueline: Schnelleinstieg Informationssicherheit 2022/2024, 5. Auflage, Norderstedt 2024.

Singh, Debabrata/Mohanty, Namrata/Swagatika, Shrabanee/Kumar, Santosh: Cyber-hygiene: The key Concept for Cyber Security in Cyberspace, Test Engineering and Management 2020, S. 8145.

Sowa, A. (2011). *Metriken – der Schlüssel zum erfolgreichen Security und Compliance Monitoring, 1.* Wiesbaden: Auflage.

Open Access Dieses Kapitel wird unter der Creative Commons Namensnennung - Nicht kommerziell - Keine Bearbeitung 4.0 International Lizenz (http://creativecommons.org/licenses/by-nc-nd/4.0/deed.de) veröffentlicht, welche die nicht-kommerzielle Nutzung, Vervielfältigung, Verbreitung und Wiedergabe in jeglichem Medium und Format erlaubt, sofern Sie den/die ursprünglichen Autor(en) und die Quelle ordnungsgemäß nennen, einen Link zur Creative Commons Lizenz beifügen und angeben, ob Änderungen vorgenommen wurden. Die Lizenz gibt Ihnen nicht das Recht, bearbeitete oder sonst wie umgestaltete Fassungen dieses Werkes zu verbreiten oder öffentlich wiederzugeben.

Die in diesem Kapitel enthaltenen Bilder und sonstiges Drittmaterial unterliegen ebenfalls der genannten Creative Commons Lizenz, sofern sich aus der Abbildungslegende nichts anderes ergibt. Sofern das betreffende Material nicht unter der genannten Creative Commons Lizenz steht und die betreffende Handlung nicht nach gesetzlichen Vorschriften erlaubt ist, ist auch für die oben aufgeführten nicht-kommerziellen Weiterverwendungen des Materials die Einwilligung des jeweiligen Rechteinhabers einzuholen.

MIX
Papier aus verantwortungsvollen Quellen
Paper from responsible sources
FSC® C105338

If you have any concerns about our products,
you can contact us on
ProductSafety@springernature.com

In case Publisher is established outside the EU,
the EU authorized representative is:
**Springer Nature Customer Service Center GmbH
Europaplatz 3, 69115 Heidelberg, Germany**

Printed by Libri Plureos GmbH
in Hamburg, Germany